モデル条文・チェックリストですぐできる

ポストコロナの就業規則見直しの実務

特定社会保険労務士 **成澤紀美** 著

第一法規

はしがき

　企業にとって大切なのは、社員との信頼関係です。これはどんな時代であろうと変わりありません。企業を動かしているのは社員です。この社員との信頼関係なくして、企業の拡大・発展はあり得ません。

　2019年暮れから世界規模で感染が拡大してきた新型コロナウイルス感染症により、我々の生活や働く環境も大きく変わりました。新型コロナウィルス感染対策として、特にテレワークを導入する企業が増えたことによる労務管理への影響もあり、労働時間の管理や人事評価などの変更を余儀無くされた企業も見受けられました。

　本書は、ポストコロナを見据えつつ、社員の給与規定や労働時間といった労働条件、社員が遵守すべき職場内の規律やルールなどをまとめたものである就業規則について、どのような観点から見直しや改訂をすればよいか、人事労務業務に携わる方々の経験度合いに応じた解説をしたいとの想いから、各項目ともモデル条文・解説・ポイント・ポイント深掘りの構成にしました。

　労働各法は、これからも法改正を重ねていきます。使用者と労働者との間で良好な信頼関係を築いていくためには、法令遵守を基本としながら、自社にマッチした就業規則を策定し続けることが必要です。

　ぜひ拙書が、企業の拡大・発展の基本である、社員との信頼関係を築き続ける一助となりましたら幸いです。

　最後に、本書の企画提案・構成・編集に尽力いただいた方々へ、この場を借りて感謝申し上げます。

2021年11月

特定社会保険労務士　成澤紀美

目次

第3章の就業規則、第5章の付属規程のひな型については、下記のURLからダウンロードしてご利用できます。それぞれのご事情に合った体制整備にお役立ていただければ幸いです（2025年12月31日までダウンロード可能予定です）。

https://skn-cr.d1-law.com/

（注：「ハイフン」2か所、真ん中「d1」は「ディー（英小文字）」「数字の1（いち）」です）

凡　例

法令・通達及び判例の略称

略称	法令等の名称
安衛法	労働安全衛生法（昭和47年法律第57号）
安衛令	労働安全衛生法施行令（昭和47年政令第318号）
安衛則	労働安全衛生規則（昭和47年労働省令第32号）
育児・介護休業法	育児休業、介護休業等育児又は家族介護を行う労働者の福祉に関する法律（平成3年法律第76号）
均等法	雇用の分野における男女の均等な機会及び待遇の確保等に関する法律（昭和47年法律第113号）
高年齢者雇用安定法	高年齢者等の雇用の安定等に関する法律（昭和46年法律第68号）
個人情報保護法	個人情報の保護に関する法律（平成15年法律第57号）
個別労働関係紛争解決促進法	個別労働関係紛争の解決の促進に関する法律（平成13年法律第112号）
働き方改革法	働き方改革を推進するための関係法律の整備に関する法律（平成30年法律第71号）
パートタイム・有期雇用労働法	短時間労働者及び有期雇用労働者の雇用管理の改善等に関する法律（平成5年法律第76号）
労基法	労働基準法（昭和22年法律第49号）
労基則	労働基準法施行規則（昭和22年厚生省令第23号）
労契法	労働契約法（平成19年法律第128号）
労働時間等設定改善法	労働時間等の設定の改善に関する特別措置法（平成4年法律第90号）
労働施策総合推進法	労働施策の総合的な推進並びに労働者の雇用の安定及び職業生活の充実等に関する法律（昭和41年法律第132号）
労働者派遣法	労働者派遣事業の適正な運営の確保及び派遣労働者の保護等に関する法律（昭和60年法律第88号）

法令の条文の項に関する略称は、以下のとおりです
　　例：労働基準法第89条第1項　→労基法89①

平○. ○. ○基発○	平成○年○月○日付けで厚生労働省（または労働省）の労働基準局長当が下部機関に発出した第○号
○○事件（平○. ○. ○最判）	最高裁判所の○○事件に関する平成○年○月○日の判決

はじめに

ここでは、就業規則を作成する意味や法律上の必要性、届出先である労働基準監督署の役割、特に法令に違反していた際の是正指導について説明をしています。また、コロナ禍での働き方・今後の働き方について考えてみました。

就業規則ってそもそも何？

そもそも就業規則とは何なのでしょう。

労基法では、常時雇用する従業員が10人以上になったら、就業規則を作成し届け出なければならないとされています。また、就業規則には、必ず記載されなければならない内容も決められています。

しかし、法律で決められているから用意するだけでよいものでしょうか。

就業規則は、会社のルールブックです。

会社と社員との間で、働く上で守らなければならないこと、やってはいけないことなどのルールを明らかにしたものです。守るべきことだけではなく、会社の考え・方針や、会社として積極的にやってほしいことなども、しっかり伝えていくものとして上手く活用できると考えています。

会社は、世の中の動向に合わせて様々に変化していきます。関係する法律も改正されたり、行政通達が出されたり、裁判の判例により解釈が変わってきたりします。ルールブックである就業規則も、会社の方針や施策・法改正や解釈の変更に合わせて変わっていくべきものであり、変えていかなくてはいけないのです。

会社の立場からみれば、労働法令は労働者保護の立場にたっていますので、会社を守ってくれるものではありません。社員の立場からすれば、就業ルールが明確でないと安心して働くことができません。

インターネット上に出回っているひな型や既成のもので「取りあえず用意して届け出しておく」では、会社を守ることは決してできません。そこで働く社員も納得できる就業規則でないと、これからの多様な働き方に対応できるものではないのです。

ぜひ会社のルールブックである就業規則を上手く活用し、会社を成

長させ、社員も元気に活躍できる仕組み作りをしてほしいと考えています。

どんなときに用意するもの？

　労基法では、常時10人以上の労働者を使用する事業場に、就業規則を作成し、所轄労働基準監督署長に届け出なければならないとされています（労基法89）。

　また、就業規則は、企業単位ではなく事業場単位で作成し、届け出なければなりません。事業場とは、例えば1企業で2以上の営業所や店舗等を有している場合、企業全体の労働者の数を合計するのではなく、それぞれの営業所・店舗等を1つの事業場としてとらえ、常時使用する労働者が10人以上の事業場について就業規則を作成する義務が生じます。詳細は、第2章「社員が10人になったら就業規則は必要」で解説します。

何を書いていないといけないの？

　就業規則には、必ず記載しなければならない事項（以下「絶対的必要記載事項」といいます。）と、各事業場内でルールを定める場合には記載しなければならない事項（以下「相対的必要記載事項」といいます。）とがあります（労基法89）。このほか、企業が任意に記載することができる事項もあります。詳細は、第2章「就業規則には必ず書かなければならないものがある」で解説します。

　なお、就業規則の内容は、法令及び当該事業場において適用される労働協約に反してはなりません。法令または労働協約に反する就業規則については、所轄労働基準監督署長はその変更を命ずることができ

ます（労基法92）。こちらも、詳細は第2章「就業規則と法令等の関係」
で解説します。

届出が必要って？

　就業規則は、常時10人以上の労働者を使用する事業場では所轄労
働基準監督署長に届け出なければいけませんが、労働者数10人未満
の場合はどうかというと、就業規則の作成・届出義務がないだけです
ので、就労環境に関してルールを決めておきたい場合は、ぜひ就業規
則を作成することをお勧めします。

　具体的な内容については、第2章で解説します。なお、届出は電子
申請でも行うことが可能です。

就業規則を届け出る労働基準監督署ってどんな ところ？

　労働基準監督署は、厚生労働省の第一線機関であり、全国に321署
あります（2020年11月現在）。労働基準監督署の内部組織は、労基法
などの関係法令に関する各種届出の受付や、相談対応、監督指導を行
う「方面（監督課）」、機械や設備の設置に係る届出の審査や、職場の
安全や健康の確保に関する技術的な指導を行う「安全衛生課」、仕事
に関する負傷などに対する労災保険給付などを行う「労災課」、会計
処理などを行う「業務課」から構成されています（署の規模などによっ
て構成が異なる場合があります）。

　企業がよく関わりがあるのは「方面（監督課）」になります。

「方面（監督課）」では、主に以下の業務を行っています。

◆申告・相談の受付

　　法定労働条件に関する相談や、勤務先が労基法などに違反して

いる事実について行政指導を求める申告を受け付けます。

◆監督指導

　計画的に、あるいは働く人からの申告などを契機として、労基法などの法律に基づいて、労働基準監督官が事業場（工場や事務所など）に立ち入り、機械・設備や帳簿などを検査して関係労働者の労働条件について確認を行います。これを臨検監督といいます。監督の結果、法違反が認められた場合には、事業主などに対しその是正を指導します。また、危険性の高い機械・設備などについては、その場で使用停止などを命ずる行政処分を行います。

　監督指導は、以下の通り、4種類に分類されます。

①　定期監督

　最も一般的な調査で、年度初めに出される「労働行政運営方針」に基づく当該年度の監督計画により、労働基準監督署が任意に調査対象を選択し、法令全般に渡って調査をします。多くの場合は、事前に調査日程を連絡してから行われますが、予告なしで調査に来る場合もあります。

②　災害時監督

　一定程度以上の労働災害が発生した際に、原因究明や再発防止の指導を行うための調査です。

③　申告監督

　労働者からの申告（告訴や告発）があった場合に、その申告内容について確認するための調査です。この申告監督の場合、労働者を保護するために労働者からの申告であることを明らかにせず、定期監督のように行うケースと、労働者からの申告であることを明かして呼出状を出して呼び出すケースとがあります。

④　再監督

　監督の結果、是正勧告を受けた場合に、その違反が是正され

たかを確認するためや、是正勧告を受けたのに指定期日までに是正報告書を提出しなかった場合に、再度行う調査です。再三の監督指導に対し是正改善がされていない場合には、最終的に司法警察として逮捕・送検されることになります。

【司法警察事務】
　度重なる指導にもかかわらず、法違反の是正が行われない場合など、重大・悪質な事案については、刑事事件として取調べなどの任意捜査や、捜索・差押え、逮捕などの強制捜査を行い、検察庁に送検します。

労働基準監督署の臨検監督で法律違反が見つかった場合、どうなるの？

臨検監督では、監督結果に応じて、以下のケースとなる可能性があります。

・法令違反がなく、問題がなかった
・【指導票を交付】法令違反とまではいかないものの、改善が必要な場合
・【是正勧告書を交付】明らかに労基法等への違反がみられた場合
・【使用停止等命令書を交付】労働者に危険があり、緊急を要する場合

「指導票」や「是正勧告書」が交付される場合は、あくまでも行政指導ですので厳密には法的強制力はありません。ただし実際には、法的強制力がないからといって無視できず、指導票や是正勧告書に記された内容に対し労働環境を改善し、その結果を報告することになります。

前述の通り、労働基準監督官は「司法警察官」としての立場でもあり、違反者を逮捕・送検できる権限を持っているため、是正勧告を無

視し続けると、悪質なものであるとして書類送検となってしまう可能性があるからです。そのため「指導票」や「是正勧告書」が交付された場合には、速やかに労働環境を改善し是正報告書を提出するのが賢明でしょう。

【臨検監督の一般的な流れ】

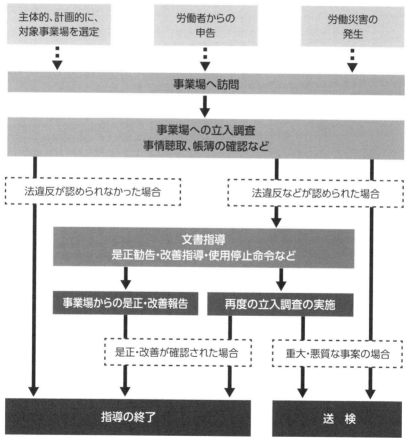

（注1）上図は一般的な流れを示したものであり、事案により、異なる場合もあります。
（注2）事業場への監督指導は、原則として予告することなく実施しています。
出典：「労働基準監督署の役割」（厚生労働省）（https://www.mhlw.go.jp/new-info/kobetu/roudou/gyousei/dl/131227-1.pdf）を加工して作成

一方で、安全衛生基準に違反していたり、労働者に急迫した危険があると認められると「使用停止等命令書」が交付され、「行政処分」となります。行政処分は法的強制力があるため、従わない場合は「6か月以下の懲役」または「50万円以下の罰金」となる可能性もあります。

就労にも大きな影響があった新型コロナウイルス感染拡大

　2020年初頭から始まった新型コロナウイルス感染拡大は、日常生活や働き方にも大きな影響を与えました。変異型コロナウイルスの登場などにより、緊急事態宣言も数度の発令と延長がされ、2021年10月時点では、感染者数の下げ止まり感がありますが、今後も感染者数の増減を繰り返しながら、感染収束に向かうと予想されています。

　新型コロナウイルス感染対策により、テレワーク／リモートワーク（以下「テレワーク」といいます。）が急速に拡大しましたが、あまりにも急な対応だったこともあり、働き方のルールが定まらずにテレワークを行った企業も多く見かけることとなりました。

　2020年4月に緊急事態宣言が発出されて以降、海外への渡航はもちろんですが、国内での移動も自粛となり、その後、県をまたいでの移動が解禁された後も、感染拡大前と同じような状況には戻っていません。各方面から「完全に元に戻ることはないだろう」「ウィズコロナ・ポストコロナの世界では新様式を受け入れていくしかない」といった声が聞かれるようになってきましたし、当方も同様の考えを持っています。人が集まる施設での感染対策の徹底、音楽イベント等のオンライン開催が当たり前になり、飲食業界でもテイクアウトサービスを充実させ、ライフスタイルの変化に併せています。

　働き方についても、今後は「出社が当たり前の仕事」が減っていき、テレワークが定着する職種が増えていくでしょう。オフィスワークで

も、フレックスタイム制の導入が進み、時差出勤が当たり前になり、週休3日制も進んでいく可能性があります。

　特に、時差出勤については、テレワークが導入しにくい企業でも対応しやすく、通勤時の満員電車を避けられるメリットもあり、新型コロナウイルス感染症対策として、導入しやすい手法の1つといえます。職場内では、飛沫感染を防止するための仕切り版の設置や、手指の消毒・マスク着用（配布）・換気を義務づけることは企業に求められる対策です。

　一度、テレワークに取り組んで「意外とできるんだな」と感じた会社では、オフィスに全員がそろって働くことが当然という働き方は終わりを迎えるかもしれません。建設・建築現場や工場等の製造業、小売業、旅行業等では「現場で働く」のが当然で、テレワークが行えない仕事は多数あります。現場で働くことが前提の職種については、できるだけ安全に移動・働けるように、テレワークができる仕事は、できるだけテレワークでという方向性で進んでいくと考えられます。

ウィズコロナでは採用の現場も様変わり

　緊急事態宣言が発令されて以降、多くの企業でテレワークが導入されました。移動自体がリスクになるといわれる状況の中、面接採用の現場でも同様にオンライン面接の導入が進んでいます。今や一次面接では、多くの企業がオンライン面接を実施するようになりました。

　Web面接・オンライン面接でよく活用されるのは、無料で使える「ZOOM」「Skype」「GoogleMeet」等のWeb会議用サービスです。中にはアカウント登録等が不要で応募者に「Web会議用のURL」を伝えるだけで実施できるサービスもあり、比較的実施しやすい環境があります。パソコンがなかったり、マイク・カメラ等の設備がなかった

としても「スマホで代用可能」なので、一気に広がってきました。

　なお、一次面接はWeb上で行いますが、二次面接・最終面接は、直接面会をして行っている企業がほとんです。

今後はジョブ型雇用の導入が増える？

　テレワークが急速な広がりを見せている中、人材確保に向けて採用企業側も様々な取組みをしています。今まで日本社会に根付いていた年功序列の考え方が通じなくなってきていて、ポストコロナの世界では、時代の変化とともに採用への考え方、雇用への考え方も大きく変わってきています。

　その中の代表的なものが「ジョブ型雇用」です。ジョブ型雇用は、仕事の範囲を明確にすることで「より専門性を高める」方向性の採用方式です。

　ジョブ型雇用でイメージしやすいのは「急に専門職の方が辞めてしまった場合」に「その枠を埋めるために、同じようなスキル・資格をもった経験者を募集する」というシチュエーションです。ジョブ型雇用では「すべての仕事に取り組んでもらう」のではなく、「空いた穴を埋めるための専門の仕事」をしてもらうことになり、実際の仕事に合わせて人材を採用していく形になります。

　ジョブ型雇用はテレワーク向きといえる採用方法で、ポストコロナの代表的な雇用になるといわれています。

ポストコロナにおける仕事に対する考え方・働き方の変化と就業規則

　これからは、テレワークで対応可能な仕事は、できるだけ在宅で取り組めるようにするのが当たり前になっていくでしょう。働く側の心

理としても「満員電車の通勤負担」は大きいですし、「苦痛だった通勤時間を、自分の時間に充てられる」というメリットがあります。そのため、企業側が積極的にテレワークを推奨していかないと、優秀な人材であればあるほど、働く環境面への不満で退職していくリスクが高まっていきます。

　今後、ワクチン接種が増えても、直ちに元の生活スタイルに戻るとは思えませんので、出社している人たちに対しては、アルコール消毒液の確保やマスクの配布、換気の徹底、飛沫感染防止のためのアクリ

【コロナ禍前後の働き方の変化】

	コロナ前の働き方	ポストコロナの働き方
働く場所	・会社に出社して働くのが当たり前 ・テレワークは限られた職種だけ	・業務に応じて働く場所を選ぶ ・分散型の働き方
コミュケーション	・リアルなコミュケーションが主 ・表情や声のトーンなど、身体情報で伝えられることも多い	・オンラインでのコミュケーションが増える ・オンラインが故の伝え方・正確性を求められる ・身体情報も求められるコミュケーションはオフィスで行われる
就業規則の主な規定	・労働時間、休憩、休日、休暇 ・服務規律 ・退職、解雇、懲戒 ・安全配慮	これまでの規定を見直し ・労働時間（働き方に合わせた形態、フレックスタイム制・裁量労働制など）さらに働き方に応じた規定を追加 ・副業、兼業 ・感染症対策 ・ハラスメント防止 ・ソーシャルメディア利用 ・セキュリティ対策

ル板設置や、机と机の間に仕切り版を用意することも大切です。インフルエンザ等の他の感染症もありますし、進められるところから準備をしておくことが求められます。社員が安心して働ける環境を整えることは企業の責務であり、企業側も変化も求められています。この変化についていけない企業は、優秀な人材の流出が進み、求心力を失っていく危険性があります。

　また、同時に求められるのが、古くから日本の企業に染みついている考え方です。「働き方改革」でも触れられていますが、「長時間労働こそ努力の証」「会社に一番長くいた人が一番頑張っている」というような考え方は通じなくなり、「テレワークは楽なんでしょ？」と思うような人材は、今後、企業に必要とされなくなります。

　ポストコロナの働き方、仕事のやり方については、ジョブ型雇用の考え方に近くなり、労働時間ではなく仕事の成果に対して評価していく制度が求められます。優秀な人材に長く働いてもらうためには、環境整備が求められています。

　最近は、新型コロナウイルス対策を講じながらの就労に慣れてきたこともあってか、テレワークをやめて全員職場で仕事をする形に戻すという企業も見られます。社員とのコミュニケーション上で必要であれば致し方ありませんが、単に出社している方が仕事をしている感があるというだけであれば、まったく意味がありません。

　職種や業務内容によって、テレワークと現場で働くことを使い分ける「ハイブリッド型」の職場環境を整備していくのが、これからの働き方を実現できるのではないでしょうか。

第1章

就業規則の構成と役割

この章では、様々な雇用形態から生じる問題に対処するため就業規則を定める必要性がある点、就業規則の基本的な構成、就業規則によるリスク回避について説明をしています。就業規則を法改正にも適宜対応した内容に改定しつつ、会社の人事制度を文書として表しておくことで、不必要な労務トラブルを回避することができるのです。

就業規則を定める意義

　多くの社員が所属する企業では、労働条件を統一的に設定し、かつ職場の規律を規則として設けることが、事業経営のために必要になります。企業は、事業経営上の必要性から、職場でのルールや労働条件を「就業規則」として定めるのが一般的です。

　本来、賃金や労働時間などの労働条件は、使用者（企業）と労働者間での個々の合意契約によって定めされるべきもので、使用者が一方的に定めることができる就業規則に定めるべきものではありません。

　就業規則は、「就業に関する規則」という言葉本来の意味からしても、労働者が就業するにあたり遵守すべき規則として設けるのが本来の姿といえます。

　就業規則は、労働契約の開始から終了までの全過程で労働者を拘束する（会社と労働者との約束ごとを決めている）重要な役割を担っています。労使間の約束ごとを決めているものであるからこそ、法律で就業規則を事業場単位で作成することを求めています。さらに、就業規則には、事業場での最低労働条件を画するという機能を持ち合わせていることと、事業場単位であれば、労働者の労務提供の内容がほぼ統一的で画一的に定めることができ、また多数の労働者を協働させる事業場で、労働条件を公平的に適用させることができるのです。

　そのため、職場内の規律を明確にするために明文化され、広く周知し理解をしてもらうのが、就業規則に求める本来の意義といえます。

労働基準法と就業規則

　憲法25条1項に「すべて国民は、健康で文化的な最低限度の生活を営む権利を有する」と定め、同27条2項では「賃金、就業時間、

休息その他の勤労条件に関する基準は、法律でこれを定める」として、国が労働条件に直接介入することを明らかにしています。

　本来、労働契約は、民法と同様に、その契約内容である労働条件について、使用者と労働者との合意で定められるのが原則です。しかし現実には、労使間の関係は対等ではなく、歴史の中で弱者の立場であった労働者の権利を守るために、憲法に基づいて刑罰による強制力をもって最低労働条件を定めるものとして制定されたのが労基法です。

　労基法13条では「この法律で定める基準に達しない労働条件を定める労働契約は、その部分については無効とする。この場合において、無効となった部分は、この法律で定める基準による」と定めています。これは労基法の労働契約に対する効力として、労基法で定める基準に満たない労働条件を定める労働契約の部分を無効とする強行的な効力と、無効となった労働契約の内容は、労基法に定めのある事項については、これが労働契約内容となるという効力が与えられているものです。このように労働条件の最低基準を画する効力により労働者保護を図っているといえます。

　この結果、交渉力の弱い労働者についても、労基法の定める労働条件の保障を超えて、同じ事業場で雇用されている他の労働者と同程度の労働条件が保障されることになります。

　労基法は、就業規則に対し、事業場内での労働条件の最低基準を与えることにより、個々の労働者の労働条件を相対的に引き上げることを可能にし、その保護を図るという役割を求めているといえるでしょう。

労働トラブルが増え、就業規則の役割が重要に

⑴ スペシャリスト、即戦力というものの…

　就業環境での特徴として、雇用が多様化し、個別化している傾向が

あります。会社としてみれば、社内事情を理解しマネジメントが得意なゼネラリストはほしいものの、各分野で活躍してほしいスペシャリストも求めています。それも即戦力として期待したいのです。

現実には、即戦力として活躍してくれる社員はめったになく、多くは実力を発揮してくれるまで一定期間を必要とします。一定期間を必要とする場合、その間に、会社の期待度にもブレが出てきますし、社員の側も「こんなはずじゃなかった」「自分はもっと活躍できるはず」と不満が溜まってくることがあります。

こういった人材に会社が対応を誤ると、様々な問題を引き起こす危険性をはらんでいるのです。

(2) 非正規社員の比率が高い

雇用形態が多様化する、つまり、正社員以外に契約社員やパート・アルバイトを活用することが増えています。また最近では、育児休業後に短時間社員として勤務するなど、雇用形態以外にも働き方そのものが多様化してきています。

会社は人件費を調整する方法の一つとして、正社員以外の期間雇用者を活用し、業務の繁閑に応じて対応人数を調整したり、業務内容に応じて必要スキルを保有している人材を一定期間活用したりします。

期間雇用者の中には、正社員と同じか、または正社員以上の能力があるケースもあります。そうなると、期間雇用者であるという雇用の不安を抱えつつ、一方で「正社員と同じ仕事をしているのに待遇に差がある」と、不満を抱える者が出てきたりします。

また、雇用形態の多様化が進むと、会社側としては、会社固有のスキルや知識の継承ができにくくなり、職場に一体感がなくなったり、社員の流動化が進み採用コストや教育コストがかさんだりするという問題も生じてきます。

⑶ 企業内組合の減少、個別ユニオンへの加入増加

　「令和2年労働組合基礎調査の概況」（厚生労働省）によると、労働組合の推定組織率は17.1%と、前年より0.4ポイント増えています。パートタイム労働者の組合員数も年々増え続け、137万5千人が加入し、前年に比べて4万2千人（3.1%）の増、全労働組合員数に占める割合は13.7%で、前年より0.4ポイント上昇しています。

　労働者個人が自由に加盟できる、いわゆる「ユニオン」も増加傾向にあり、様々な業種・業態で組合が結成されています。

　これらの動きから、労働組合の組織率は増えているものの、従来のように会社と労働組合が団体交渉によって労働条件を決定するという、集団的労使関係のシステムが機能しなくなってきているのが現状です。その結果として、労働者個人が、自身で様々な知識を得て、場合によってはユニオンへ加入し、果ては労働基準監督署へ訴え出ることにより、自分の労働条件を正常化・正当化しています。

　これにプラスして、個別労働関係紛争解決促進法や労働審判法などにより、行政側も労働トラブル解決の場を整備し、スピーディーに解決しようとしています。

　実際に行政の紛争解決手段の利用は増えており、2020年度の個別労働紛争相談件数は27万8千件、あっせん申請は減少し4,255件、労働審判は3,665件の申し立てが行われています（厚生労働省「令和2年度個別労働紛争解決制度の施行状況」）。

　これらいずれの場面でも就業規則が必要となり、また就業規則の内容が問われているのです。

就業規則の構成を考えてみよう

就業規則の構成を整理すると、①総則、②服務規律・懲戒、③労働条件、④業務命令権・人事権の4つから構成されています。

(1) 総則

就業規則を定めることの目的、就業規則がどの雇用形態にまで及ぶのか、従業員の定義、遵守事項、労働条件の変更など、就業規則全体に関する定義付けをします。ここで適用範囲などを明確にしておくことで、就業規則の意義が具体的になります。

上記以外では、会社のビジョン・経営理念を分かりやすく記載をし、社員としての責務についても明示することで、会社が今後どういった方向に進んでいくのか、行こうとしているのか、また個々の社員がどのような行動を取るべきなのかも、就業規則を通して社員に浸透させることができます。

(2) 服務規律・懲戒

就業規則には、就業に関する規則という通り、服務規律という社員が行うべき行為に関する規範が定められます。これは労基法で義務付けられているものではありませんが、企業で働く上での一定の規律が必要であり、これを行動規範として定めています。

社員が労務を提供する上での行動規範である以上、これに違反をした場合には、程度の差こそあれ懲戒処分の対象となり得ます。働く上で守ってほしいルール、やってはいけないルールを、企業に合わせ自由に規定すべきものといえます。

例えば、就業時のルール（休暇取得時の手続き、職務専念、職務上禁止される行為、安全衛生のためのルール、職場の整理整頓など）、会社財産の保全に関する規律や秘密保持など、従業員としての地位・身分の関する定めをします。

　企業を取り巻く環境の変化に応じて、社員に守ってもらうべき服務規律の内容も見直しが必要になります。特にIT環境の変化は目まぐるしく、今まではＰＣ等の情報漏えいに注意をしておけば事足りていたものが、スマートフォン等の携帯端末の普及により、社外での情報管理や社員の情報発信方法に関しても注力していかなればならない状況になっています。

　企業に対し、秩序を維持する義務を負っている社員側からみれば、服務規律の新設・変更は不利益変更にあたるのではないかとの考えも成り立つといえます。この点について、使用者（企業側）は会社の秩序を維持する権限を持っており、服務規律は、社員が当然守らなければならない事項を確認する意味で定めたものといえますので、これを新設・変更することについては、このような目的で行う限り、労契法10条（就業規則による労働契約の内容の変更）で定められている規程に照らしても、基本的には有効であると解釈されます。

　ただし、服務規律に違反した際の懲戒処分内容が妥当かどうかの判断は異なります。懲戒処分に該当するとした行為の程度に比較して、過度な処分を科す場合には、そのような処分は無効となる場合もありますので、実際の運用場面においても注意が必要です。

【労働契約法10条】
　使用者が就業規則の変更により労働条件を変更する場合において、変更後の就業規則を労働者に周知させ、かつ、就業規則の変更が、労働者の受ける不利益の程度、労働条件の変更の必要性、変更後の就業規則の内容の相当性、労働組合等との交渉の状況その他の就業規則の変更に係る事情に照らして合理的なものであるときは、労働契約の内容である労働条件は、当該変更後の就業規則に定めるところによるものとする。ただし、労働契約において、労働者及び使用者が就業規則の変更によっては変更されない労働条件として合意していた部分につ

⑶ 労働条件

　労働条件は、就業規則のキモともいえます。

　労働時間・休憩・休日・休暇など、ここでは社員の就業条件の基本となる、労働時間や休日に関するものを詳細に定めていきます。職種や雇用形態によって労働時間が異なる場合には、個別の労働時間について具体的に定める場合もあります。

　変形労働時間制を採用する場合は、就業規則だけでなく労使協定も必要となります。

　休日は、土曜・日曜など固定的なものとするのか、4週で4日の変形休日制を採用するのかを検討します。また法定休日をどうとらえるのかも明確にしておく必要があります。

　休暇は企業が任意に設定できるものですので、他社の例や就業規則のひな型をそのまま利用するのではなく、どんな休暇を用意するのが妥当か、それぞれの休暇は有給とするのか無給とするのかなど、自社に合った休暇として検討します。休日・休暇は、年次有給休暇の取得状況と合わせて考えていかないと、年間休日数にも大きく影響してきます。

　労働条件として定める内容に関しては、労使協定が締結されていなければ無効となる場合もあり、就業規則と合わせて用意していかなければいけません。

　労契法により、「労働契約内容として就業規則に定めれば、個別の合意がなくとも、合理的な労働条件を定めていれば、労働契約の内容となる」という法理が確立したことにより、これまで以上に、就業規則に網羅的に労働条件を定めることが定着してきました。

　就業規則には、労基法89条の絶対的必要記載事項である労働条件

だけでなく、労働契約内容として合意される労働条件が網羅的に定められることで、より一層、就業規則の柱の1つとなっています。

【労働契約法7条】
　労働者及び使用者が労働契約を締結する場合において、使用者が合理的な労働条件が定められている就業規則を労働者に周知させていた場合には、労働契約の内容は、その就業規則で定める労働条件によるものとする。ただし、労働契約において、労働者及び使用者が就業規則の内容と異なる労働条件を合意していた部分については、第12条に該当する場合を除き、この限りでない。

⑷ 業務命令権・人事権

　企業が組織を円滑に運営していくためには、労働者に対し、様々な業務命令や人事権を行使することが必要になります。ところが、労働契約を締結しても当然に労働契約の内容とはならない業務命令権や人事権があり、これら権利を企業が得るためには労使で合意することが求められます。これら権利を合意により取得するために、就業規則に定めるようになりました。

実は労働トラブルが起きるように会社がしている？

　いろいろな考え方・価値観をもった社員、正社員・契約社員・パート・アルバイトと様々な雇用形態の社員がいる職場では、通り一遍の対処だけでは労働トラブルを防ぐことはできません。

　また、労働各法に関する多くの情報や解説などが、インターネット上で、いつでもどこでも誰でも収集できるため、労働者なりに解釈し、会社に対して訴えをしてくるようになりました。従来の考え方・価値

観では、労働トラブルへの対処はできなくなっています。

　とはいうものの、労働トラブルの実際では「言った・言わない」「聞いた・聞いてない」「労働条件がどうなっているのかさっぱり分からない」「就業規則にあることと実際とはまったく違っている」といったご相談が、未だに多いのです。つまり、労働条件や就業ルールが適当だったり、明確になってなかったり、就業規則が手元にあっても見直しがされてなかったり、あっても社員に見せられないものだったりという状態がために、労働トラブルが起きているのです。社員が一方的にトラブルを起こしていると思いがちですが、トラブルが起きるような状況に会社がしているともいえるのです。

　では、会社はどう対処していくべきでしょう。

　まずは就業規則を用意する、それも巷に出回っている「ひな型」をそのまま使うのではなく、自社の価値観や考え方を盛り込み、就業ルールをわかりやすく明確にしたものを作成する必要があります。

　就業規則は法律で決まっている内容を盛り込まなくてはいけませんが、それ以外に制限があるものではありません。堅苦しい表現では社員に伝わらないと感じた場合は、わかりやすい表現に置き換えてみたり、「です・ます調」の表現でも構いません。

　何度もいいますが、就業規則は会社のルールブックです。

　「社員にはあまり見せたくない」という就業規則では、労働トラブルが増えることはあっても、残念ながら減ることはないのです。

　会社では様々な働き方をする社員を組織し、一定の秩序を保って運営し発展していかなくてはいけません。社員の働き方・働く目的を明確にし、働く上でのルールを整備していかなくてはいけないのです。

法改正や行政通達の動きに要注意！

　労働関連の法律は、世の中の動きに合わせて改正が行われます。法律が改正されると、それまで就業規則で有効となっていた内容が今後は適用されなくなったり、知らない間に、就業規則の内容よりも法律が有利になってしまっていることがあります。

　法律の主旨と企業の就業ルールにズレがあったりすると、これも労働トラブルの火種になりかねません。また重要な裁判例が出てきたときや、各法律の具体的な運用方法の行政通達も、自社の就業規則で定めてあった内容にズレが出てくることもありますので、注意が必要です。

　「とりあえず1度作っておいたから」では、現在の労働トラブルには対応できません。新しい法律や行政通達に常に対応できているよう、定期的なメンテナンスをしなくてはならないのです。

就業規則には2つの側面がある

　就業規則には、就業条件や就業上のルールが定められています。会社によって内容は異なるものの、労働条件に関すること、賃金に関すること（賃金規程として別になっているのがほとんど）、退職金の支給や解雇など退職に関すること、健康診断など安全衛生に関すること、服務規律、表彰や制裁、災害補償など、会社の人事労務管理に関する内容ばかりです。

　つまり、就業規則は「人事制度」を文書として表したものなのです。

　会社の人事制度は、常に変化しています。変化に合わせて内容を見直さなければいけませんし、関係法律が改正されれば、これも対応しなければいけません。

このように、常に見直しを繰り返している就業規則は、会社で働く上で守るべきルールを示したものであり「会社のルールブック」として利用されるべきものです。最低限の必要事項をまとめ、条文立てて用意しておけばいいやではなく、トラブルの種が生まれないよう、実際の運用に合ったルールブックを用意することが、最低限求められるものとなります。

人事・労務管理の施策を上手く社員にアピールし、社員を育て会社が成長しているところでは、「就業規則＝ルールブック」を型通りに用意するのではなく、様々な場面で積極的に活用しています。

就業規則には、2つの側面があります。

1つは、文字通りルールブックとして、法律に照らしながら、いかに自社にあったルールを明文化し、社員に理解してもらうか。

もう1つは、人事・労務管理制度をどう組み立て、就業規則を人材マネジメントツールとしてどう活かしていくべきか。

人事制度というと、人事考課や賃金制度、定年と退職金の仕組みといったことを想像しがちですが、これらの仕組みを考えていく上では、労働関連の法律を根底に、会社の制度を考えていかなくてはいけません。また考えられた制度は、文書化し社員に理解してもらい、実際に運用されなければ意味がなく「絵に描いた餅」で終わってしまうのです。

就業規則は、社員が働く上でのルールを理解するためのルールブックでもあり、社員を積極的に活かしていくためのマネジメントツールの役割も果たしているといえます。

就業規則が労務リスクから会社を守ってくれる

　企業には、働く人がいる以上、多かれ少なかれ様々なリスクを抱えています。このリスクを「労務リスク」といい、主に以下の5つに分かれるととらえています。

① **人的リスク**

　　社員が起こす不祥事・違反、内部情報の漏えい、人材の流出、モチベーションダウンによる企業力低下

② **費用発生リスク**

　　未払い賃金、労働・社会保険未加入による保険料徴収

③ **訴訟リスク**

　　ハラスメントや過労死による損害賠償請求、労災隠しの告発・送検

④ **行政処分リスク**

　　許認可の取り消し、一定期間の業務停止命令

⑤ **風評被害リスク**

　　法令違反による企業名公表や、インターネットやSNSへの書き込みなどによる信用失墜・イメージダウン

　就業規則は、これらの労務リスクを抑制し管理する機能を担っています。

　就業規則が会社のルールブックだからといって、何でも好きに定めてもよいというものではなく、関係法令に則って作成することが求められます。関係法令に基づいてルールを作成し、そのルールが会社の運営上にどのような影響を与えるのかを常に考える＝コンプライアンスリスクへ対応していくことにつながっていきます。

　ルールブックの機能としては、社員に守ってほしいこと・やってはいけないことを明確にし、社員に周知していくというのがあります。

これにより社員の不祥事を未然に防ぐ、ルール違反をした際には明確で客観的な処分をすることにつながっていきます。

　一方で、ルールブックである以上は、会社も就業規則を守らなければいけません。関係法令に基づいて定められた就業規則を用意するということは、会社に法令遵守を強いているといえ、長時間労働や未払い残業代、ハラスメント行為などを防止する意味が含まれています。

　このように就業規則は、会社の諸事情や就業環境を十分に考慮した上で準備がされていれば、会社が抱える労務リスクを直前のところで防いでくれるものといえます。

　就業規則が持つ役割と機能をしっかり理解し、自社の就業規則をよりよく・上手く活用できるものとして整備をしていただきたいと思っています。

第2章

就業規則の作成・届出

この章では、就業規則を作成し届出する際の手順を主に説明をしています。労働基準法ほか関連各法でどのように定められているのか、就業規則への記載事項、就業規則の作成から社員への周知・届出までのプロセス、意見書への記載と労働者代表の選出方法など、いずれも適正に対処し就業規則そのものが無効にならないようにしなければいけません。

社員が10人になったら就業規則は必要

Point
1. 常時10人以上の労働者を使用する使用者は、就業規則を作成し、行政官庁に届け出なければならない
2. 就業規則の内容を変更した場合も同様

　労基法89条には「常時10人以上の労働者を使用する使用者は、就業規則を作成し、行政官庁に届け出なければならない。」とあります。これは就業規則を作成しなければならないし、届け出もしなければならないということです。就業規則を作成はしているものの届け出していなければ、労基法違反になります。

　では、この「常時10人以上」はどういった状況を表すのでしょう。

　まず人数には、正社員だけでなく、契約社員やパート・アルバイトなども含まれます。派遣社員は、派遣元企業の労働者として数えますので、派遣先では労働者数に含みません。

　「常時」の状態については、一時的に10人未満となったとしても、採用募集を行って補充を考えているような場合は「常時10人以上」とします。逆に、普段は10人未満であるものの、業務量の増加により一時的に従業員を補充し10人以上の状態であった場合には「常時10人以上」であるとはしません。

　また、就業規則を準備する場合、「事業場単位」で作成することとされます。この事業場単位とは「1企業＝1事業場」ということではなく、本社以外に働く場所がある場合には、例えば支店・店舗・工場など各々の事業場単位で作成するものとされます。ただ、本社以外に複数の就労場所があった場合でも、本社と同じ就業規則が適用されるというときは、本社と一括して届け出を行うという方法もあります。

　さて、「常時10人以上」の労働者がいない場合は、就業規則は本当に必要ないのでしょうか。

　この場合、就業規則が作成されていなくても、労基法上での違反を問われることにはなりません。社員ごとに労働・雇用契約書を取り交わしているし、契約書内に就業条件が定めてあり、その内容にも問題がないのであれば、確かに事は足りるともいえます。

　ただ、労働・雇用契約書だけでは会社の姿勢やルールを伝えきれるものではありません。将来に向けて会社を成長させたい、社員に持てる力を発揮してもらいたいと考えているのであれば、今は10人未満の社員であったとしても、就業規則の本来持つ役割と機能を活かし、会社のルールブックとして活用していくためにも、会社の姿勢やルールを示した就業規則を準備していくべきではないでしょうか。

就業規則には必ず書かなければならないものがある

Point　就業規則の記載事項は3つ
1. 必ず記載しなければならない絶対的必要記載事項
2. 定める際に記載しなければならない相対的必要記載事項
3. 記載するかは自由な任意記載事項

　就業規則を作成するとき、あるいは今あるものを見直すときに、就業規則に必ず定められていなければならない事項が書かれているか、また、書かれている内容に問題はないか確認をします。これは、「必ず記載されていなければならないもの＝絶対的記載事項」と、「会社がルールを設けた場合には記載しなければならないもの＝相対的記載事項」とに分かれます。

【絶対的記載事項（労基法89①～③）】
（1）労働時間関係
　始業及び終業の時刻、休憩時間、休日、休暇ならびに労働者を二組

以上に分けて交替に就業させる場合においては就業時転換に関する事項

〔具体的事項〕始業、終業の時刻／休憩時間／休日／休暇（年次有給休暇、育児休業、生理休暇など）／交替勤務がある場合は交替勤務のルール

(2) 賃金関係

賃金の決定、計算及び支払の方法、賃金の締切り及び支払の時期並びに昇給に関する事項

〔具体的事項〕賃金（基本給や各手当）の決定方法、計算方法／賃金の支払い方法／賃金の締切日と支払日／昇給について（時期、方法など）

(3) 退職関係

退職に関する事項（解雇の事由を含みます。）

〔具体的事項〕退職、解雇、定年となる理由／退職、解雇、定年の際の手続きなど

【相対的記載事項（労基法89③の2～⑩）】

(1) 退職手当関係

適用される労働者の範囲、退職手当の決定、計算及び支払の方法並びに退職手当の支払の時期に関する事項

〔具体的事項〕支給される対象者／金額の決定方法、計算方法／支払方法／支払時期

(2) 臨時の賃金・最低賃金額関係

臨時の賃金等（退職手当を除きます。）及び最低賃金額に関する事項

(3) 費用負担関係

労働者に食費、作業用品その他の負担をさせることに関する事項

(4) 安全衛生関係

安全及び衛生に関する事項

(5) 職業訓練関係

職業訓練に関する事項

(6) 災害補償・業務外の傷病扶助関係
　　災害補償及び業務外の傷病扶助に関する事項
(7) 表彰・制裁関係
　　表彰及び制裁の種類及び程度に関する事項
(8) その他
　　事業場の労働者すべてに適用されるルールに関する事項

　絶対的記載事項は、その名の通り、必ず就業規則に定めておかなければいけません。どの時間働けばいいのか、いつ休みがとれるのか、給与はいつ・どのような形で支払われるのかという、具体的に決まっていないと社員が働く上で（労務を提供する上で）困ってしまうものを指しています。

　同様に、退職するときや解雇となったときも、どういった方法で退職の手続きをすればいいのか、解雇となる理由にはどういったものがあるのかなどが決まっていないと、会社と社員との雇用契約を解除する際にトラブルになりかねませんので、絶対的記載事項に含まれています。

　対して、相対的記載事項は、会社のルールとして定めるのであれば就業規則にも記載をしなければならないものとされています。ほかに定めている制度がないのであれば、記載する必要はありません。

　例えば、退職に関する事項は、労働者を雇用している以上は必ず起こることですので絶対的記載事項となります。一方で、退職金を支給するかどうかは会社によって異なりますので、相対的記載事項となります。退職金を支給するのであれば、どういう場合に支給されるのか、支給される額はどの程度なのか、どういう形で支給されるのかなどをルール化しておかないと、個人事情に左右されたものとなってしまいます。

また、退職金は制度化された場合に「賃金債権」となりますので、トラブルにならないためにも就業規則にルールを定めておく必要があります。

　元々、労基法は昭和22年に施行された法律で、終戦後早い段階で施行された法律です。古くから徒弟制度などが一般的であった日本では、働く側の権利が圧倒的に弱く、中間搾取なども当たり前に行われていたところを、法律で労働者を守ろうという背景からスタートしていますので、労基法は労働者保護の立場にあるものといえます。

　就業規則には、上記の絶対的記載事項・相対的記載事項のほかに、任意的記載事項があります。これはどういった内容を定めても構わないもので、「第1章（総則）」として就業規則の目的を定めているものなどが該当します。総則以外にも、会社独自のルールがある場合はそれを記載する、他にも小売業など接客がメインの業種では、接客時の心構えやマナーなどをあえて記載することもあります。

　就業規則を自社に合ったものとする、ルールブックとして活かすには、絶対的記載事項・相対的記載事項・任意的記載事項のどの項目に該当するものが定められているか、制限されている項目に漏れや不十分なところはないか、会社のルールが明確になっているか、などを常に考えながら行っていく必要があります。

就業規則は会社も拘束するものである

Point
1．就業規則は、会社も社員も遵守する義務がある
2．就業規則に定められていないルールは原則として無効になる

　就業規則の作成・届出義務は会社にあります。法律で定められた内容は当然のことですが、法律で定められていない内容をルール化するには、就業規則に定めることで有効となります。

　就業規則に定めた就業条件は、社員だけを拘束するものではなく、会社も拘束されるものです。つまり、就業規則に定められていないことは、原則としてやってはいけないことになります。

　これは前述の絶対的記載事項・相対的記載事項のいずれも当てはまります。例えば、始業・終業時刻として、9〜18時（休憩は60分）と定められていた場合、18時以降は働かせてはいけません。また休憩も60分与えなければならないのです。

　そうはいっても18時以降も仕事をしなければいけない場合もありますし、就業時間を変更する必要がある場合もあります。そういう時のために、３６（サブロク）協定を締結し労働基準監督署へ届け出ることで、一定の制限の下で残業をするものとなります。

　同様に、就業時間を変更する必要が出る時に備えて、就業規則内に「業務上の都合により、就業時間を変更し、始業時間を繰り上げ、または繰り下げる場合がある〜」などと定めておきます。

　解雇なども同様です。就業規則に解雇や懲戒処分に関する定めがなければ、例え社員の取った行動が原因で会社に著しい損害を与えたとしても、懲戒処分とすることもできず、果ては正当な解雇理由に該当するはずのものでも、規定がないことによって解雇することができないことも考えられます。

　このように、就業規則を定めた会社も拘束される、社員へは会社のルールを示し説明責任を果たすという点において、就業規則は抽象的すぎず、細かすぎず、適当な頃合いをもって定めておく必要があるといえます。

　これから就業規則を作成する、または今の就業規則を見直すという場合に、自社の就業規則が効果があり有効なものとしていくためにも、後述の「第3章　就業規則条項別解説」をぜひ参考にしてください。

就業規則の手続きプロセスを把握する

Point
1. 就業規則の内容を会社が周知していない、もしくは周知方法が十分ではない場合は無効になってしまう
2. 就業規則の作成・変更するときは、過半数組合または労働者の過半数代表者の意見を聴かなくてはいけない

【就業規則の手続きプロセス】

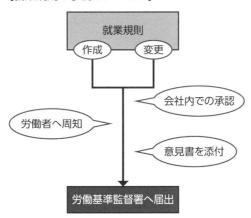

就業規則の手続きは、具体的には、以下の流れで行っていきます。

⑴ 就業規則案を会社で作成する

・ 現行の課題を確認

・ 作成スケジュールを検討

・ 労働条件の異なる社員を分類し定義付けする

・ 企業の経営理念や経営方針から就業規則に盛り込む内容を確認

・ 現行の労働条件が各法令に違反していないかチェック

⑵ 過半数組合または労働者の過半数代表者への説明・意見聴取

・ 労働者の過半数が所属する労働組合がある場合は、その労働組合へ説明し意見聴取

・ 労働者の過半数が所属する労働組合がない場合は、労働者の過

半数を代表する者へ説明し意見徴収

(3) 労働基準監督署へ届け出る

・ 上記(2)の意見を意見書へ記入し署名をしてもらう

・ 就業規則届（変更届）を用意し、届け出る就業規則と合わせて提出

(4) 決められた方法で社員に周知する

次のいずれかで周知します。

・ 常時見やすい場所に掲示するか、常備しておき、いつでも見られるようにする

・ 就業規則そのものを配布する

・ グループウェアや共有サーバー等に就業規則データを保管しておき、いつでも内容を確認できる状態にしておく

労働者代表の選出方法

Point
1. 労働者代表は、管理監督者以外で、適正な方法で選出されていること
2. 労働者代表を選出する際の「過半数」の母数は、在籍しているすべての人を算定にいれるべき

　就業規則の届け出にあたり、必ず聞かれるのが「労働者代表をどうやって選べばいいのか？」ということです。社内に労働組合があるケースは限られており、多くの企業では社員の中から労働者代表を選出しなければいけません。

　まず、労働者代表になるには条件があります。

　1つは、労基法41条2号に該当する「管理監督者」ではないこと。これは労基法でいうところの管理監督者であり、役職名で判断するものではありませんが、例えば、課長職以上は管理職としており、管理

性に照らしても妥当である場合には、課長職以上の社員を除いて代表者を選出することとなります。2つめは、就業規則の作成・変更にあたり会社から意見を聴かれる者を選ぶとした上で、その会社の事情に応じた適正な方法により選出される必要があります。

　そうはいっても、社員から自主的に労働者代表を選ぶということはやりにくいため、会社が社員から依頼されたことを明らかにした上で、代表選出の方法や具体的な手続きを代わって行うのは可能です。多くの会社では、会社側が労働者に代わって選出手続きを行っています。

　選出にあたり、下記の方法では、代表が選出されても無効とされますので注意が必要です。

① 労働者を代表する者を使用者が一方的に指名している場合

② 親睦会の代表者が自動的に労働者代表となっている場合

③ 一定の役職者が自動的に労働者代表となるとされている場合

④ 一定の範囲の役職者が互選により労働者代表を選出している場合

では、具体的にどのような方法で労働者代表を選出するのでしょうか。一例として、以下の方法もあります。

・ 社員に労働者代表を選出する旨を通知し、自薦・他薦を問う

・ 自薦または他薦された者に対して、代表となってほしいかどうかについて、期限を設けて賛成・反対の意思表示をしてもらう

・ 過半数から賛成を受けたものを労働者代表とし、選出された結果を通知する

　ちなみに、選出方法について、行政通達では「労働者の話し合い、持ち回り決議等労働者の過半数が当該者の選任を支持していることが明確になる民主的手続が該当する」とされています。

　最近は、電子メールや社内ウェブを利用しての投票も増えています。これらの方法であっても、上記の民主的手続きに該当していれば問題ありません。

　具体的には、メールの場合、過半数代表者を選出する理由や趣旨及び立候補者名を明らかにし、信任する際は「信任する」と明示したメールを返信するよう記載したメールを、投票権のあるすべての労働者に送信します。社内ウェブを利用する場合は、各自が投票可能なシステムを利用し、過半数代表を選出する理由や趣旨および立候補者名を明らかにし、信任する際に投票するように通知する形をとります。

　いずれの方法も、労働者の過半数が立候補者を選任し信任していることが確認できる形であることが肝要です。メールでの選任の際に「返信がなければ信任したとみなす」として扱うケースがみられますが、この方法だと各自が立候補者を選任し信任しているかが明確になる民主的な手続きであるとされませんのでご注意ください。

　また、過半数代表者を選出する理由に含まれていないものへの意見聴取や労使協定締結は無効になりますので、この点についても十分ご注意ください。

　それでは次に、過半数となる「母数」はどうやって決めるのでしょう。

　この母数の定義は法律で明確に定められておらず、行政解釈（昭46.1.18 45基収6206、昭63.3.14基発150、平11.3.31基発168）では、労基法9条の定義によるのが妥当とされています。労基法9条「職業の種類を問わず、事業又は事務所に使用される者で、賃金を支払われる者」である、管理職を含めたほぼすべての労働者が対象になるというわけです。

　つまり、上述の通り、管理監督者は過半数代表者には選出できませんが、全労働者数には含みます。行政通達では、役職名が管理職であったとしても労働時間管理をしている場合には、労働者代表の選出権があるとされています。したがって、管理監督者を除いた社員全員により過半数代表者を選出していたとしても、選出された人物は過半数代

表者とはなりませんので注意が必要です。

　以上より、労働時間の規制のない管理監督者としている者、年少者、育児・介護休業者、出張中の者、長期欠勤、休職者、出向者など、在籍しているすべての方を「労働者の過半数」の算定に入れるべきだとされています。

意見書は何を書くのか

Point　1. 労働者の過半数代表者より意見を「聴け」ばよい
　　　　　　2.「聞く」ではなく「聴く」。同意を求めるものではない

　作成・変更した就業規則を労働基準監督署に届け出る際には、必ず「意見書」を添付します。これは、労働者の過半数代表者より就業規則に関する意見を聴いたとの証明をするもので、過半数代表に意見を記入してもらい、署名をしてもらいます。

　どういうことかというと、過半数代表者には、就業規則の内容について「同意」してもらうことを求めるのではなく、賛成できる点もあれば、反対する点もあるという意見を率直に記入してもらえばよいのです。中には、法律に違反していないものの、もっとよい労働条件にしてほしいという意見が出てくる場合もあります。様々な意見が出て、仮に反対されたとしても、これをもって新しい就業規則を直ちに変更する必要はなく、就業規則の効力にも影響はありません。

　では、意見書そのものの提出を拒否された場合はどうなるのでしょう。この時は、使用者側（会社）が過半数代表者に意見を聴き、意見書への記載・署名を求めたものの拒否されたという事実を書面で用意し、就業規則作成（変更）届に添付して届け出をすれば、法律上の問題は問われないこととなります。

　実際に上記のような状況になるとすれば、意見書の提出そのものを

拒否するという社員との関係性に、そもそもの問題点があるわけで、就業規則の作成以前に、会社と社員との関係回復・良好な関係へ改善することが先に行われるべきといえます。

就業規則は全部届け出なくてもよい？

Point　1．就業規則に記載された細則は、その規程も含めて就業規則になる
　　　　　　2．細則も就業規則と一緒に届け出る

　一般的に、就業規則とは別に、賃金規程・育児介護休業規程・退職金規程・出張旅費規程など、いくつもの規程が用意されています。これは、就業規則に全部の内容を盛り込んで就業規則そのものがわかりにくくならないようにするために、また見直しや修正がしやすいようにするために、通常はそれぞれの内容に応じて分けて定めておきます。

　この場合、就業規則内で「別途、●●規程により定める」など、別規程で規定されていると記載をします。出張旅費規程など、就業規則に直接関連性はないものの全社員に適用されるものについては、個別に規程を設けていきます。いわゆる細則とされるものになります。

　では、就業規則を届け出る際に、どこまで届け出しなければいけないのでしょう。

　結論からいくと「すべての労働者に適用される事項、または労働者のすべてに適用される可能性がある事項については就業規則への記載が必要であり、別規程を作成する場合は、その規程も含めて就業規則となる」という点です。

　行政通達（昭25.1.20基収3751、平11.3.31基発168）では、旅費に関する一般的規程を作る場合には、労基法89条10号により就業規則の中に規定しなければならないとされ、出張旅費に関する規定も就業規則に定めなければならないとされているのです。

全社員に適用されるものは当然のこと、一部の社員についてのみ適用される規程は、例えば福利厚生的なものであっても、就業規則と一緒に届け出をしなければいけません。

就業規則の届出方法

Point
1. 就業規則の届出は、紙で用意し管轄労働基準監督署へ持参・郵送以外に、CD-ROM 等の電子媒体や e-gov での電子申請も可能
2. 本社とそれ以外の支店や営業所の就業規則が同じ場合には、本社一括届出が可能

　就業規則を届出する場合、就業規則（関連規程を含む）に就業規則届、意見書を添えて行います。直接労働基準監督署へ持参・郵送する際には、正副2部を用意し、1部は届出印を押印し返送してもらいます。

　CD-ROM 等の電子媒体に就業規則データを保管し届出する際は、指定のフォーマットに基づいてデータを用意して電子媒体に保管をし、媒体を管轄の労働基準監督署へ送付します。

　e-govでの電子申請で届出する際は、事前に電子証明書を取得しておく必要がありますので、初めて電子申請を行うときには時間に余裕をもって届出準備を進めます。届出の際に必要となる就業規則届の様式と意見書は、e-gov内で直接入力しデータを用意します。

　本社一括届出では、就業規則（関連規程を含む）に就業規則届と意見書（一括する事業場すべてで用意）、まとめて届出する事業場の一覧表を用意します。e-govによる電子申請も可能で、この場合、前述の様式（届出書、意見書、事業場一覧）をe-gov内で直接入力しデータを用意します。

就業規則の届出と就業規則の有効性

Point
　　　1. 就業規則の届け出は「事業場単位」が基本
　　　2. 届け出されていない就業規則は、労基法に違反しているが、原則として有効性がある

　作成・見直しされた就業規則への労働者代表からの意見書を提出してもらったら、労働基準監督署へ届け出をします。

　届け出る際には、次のものを揃えます。

① 就業規則作成（変更）届

② 労働者代表の意見書

③ 就業規則（関連規程も含む）

　就業規則作成（変更）届の様式は決められていませんが、各都道府県労働局にダウンロードサンプルが用意されています。

　（参考）東京労働局　https://jsite.mhlw.go.jp/tokyo-roudoukyoku/hourei_
seido_tetsuzuki/hourei_youshikishu/youshikishu_zenkoku.html

　初めて就業規則を作成した際は、全文を添付し届け出します。見直しによる変更の際は、変更部分の新旧対照表を用意し、これに変更された就業規則を合わせて届け出してもよいですし、変更された就業規則全文を届け出ても構いません。

　届け出は「事業場単位」となります。本社で一括し届出を行う場合には、対象となる事業場数の就業規則を用意し、事業場ごとに労働者代表の意見を聴き意見書を用意する必要があります。

　また、就業規則の届出にあたり、届け出されていない就業規則は有効なのかどうか質問が多くされます。これについては、届け出されていない行為そのものは労基法に違反しているものとなりますが、労働者代表の意見を聴き、就業規則の周知もされているようであれば、就業規則の効力自体には影響はないとされています。

ただ会社を成長させていくためにはコンプライアンスは基本であり、届出がされていない状態であれば、すぐにでも対処すべきといえます。

就業規則の周知は法律で決まっている

Point　1. 周知する方法は法律で決まっているものから選ぶ
　　　　　2. 社員全員が「どこに就業規則があるか」を理解していること

　労働基準監督署に届出をした就業規則は、社員全員が確認できるよう「周知」をします。この周知する方法については、会社が独自に決めたものでいいのかというと法令で定められています。

【労働基準法施行規則52条の2】
1. 常時各作業場の見やすい場所へ掲示し、又は備え付けること。
2. 書面を労働者に交付すること。
3. 磁気テープ、磁気ディスクその他これらに準ずる物に記録し、かつ、各作業場に労働者が当該記録の内容を常時確認できる機器を設置すること。

　これら3つの方法から、会社が周知しやすい方法で行うこととなります。

　「常時各作業場の見やすい場所」は、社員が自由に確認できる場所に設置しておきます。総務部のカギのかかる書棚に入っている、上司の机の引き出しにしか入っていないなどは「×」です。

　「書面を労働者に交付する」は、文字通り、印刷した就業規則を手渡しすることになります。この方法を取る場合は、ナンバリングをし退職時に返還してもらうなど、会社によって管理方法が異なります。

　「磁気テープ、磁気ディスクその他これらに準ずる物に記録し～」は、

就業規則をPDF化し社内の共有サーバーやグループウェアで自由に
いつでも見られる状態にしておき、かつ、保管場所を社員が把握して
いるようになっている状態などを指します。

労働契約法による就業規則の周知

Point　1. 就業規則の周知は、労働契約法でも定められている
　　　　　2. 労働者がその内容を知り得る状態であることが肝要

　労基法106条1項及び前述の労基則52の2条による就業規則の周知
義務のほかに、労契法7条及び10条による周知があります。労契法
7条で「使用者が合理的な労働条件が定められている就業規則を労働
者に周知させていた場合には」として、就業規則の周知を、就業規則
の内容が労働契約内容を拘束する効力を生じさせるための手続き要件
として定めています。

　また、労契法10条で就業規則による労働条件の不利益変更を定め
ており、「変更後の就業規則を周知させる」ことを、効力発生のため
の手続き要件として定めています。

　そして、具体的な周知方法としては、どちらの場合も労基法106条
1項に定められる周知方法である必要はなく、実質的にみて適用され
る事業場の労働者が、変更後の就業規則の内容を知り得る状態にあれ
ば足りると考えます。

就業規則と法令等との関係

■ 就業規則と労働協約、労働契約との関係

1．就業規則、労働協約、労働契約の優位性を理解する

　労基法92条では、「就業規則は、法令又は当該事業場について適用される労働協約に反してはならない」とあります。つまり、労働協約のほうが就業規則よりも優位に立つということになります。ただし、労働協約に反する就業規則は、「その部分について」無効となるものであって、就業規則全文が無効となるものではありません。

　労働協約とは、労働組合と使用者との間で結ばれるものですので、例え就業規則の内容が労働協約に反する場合でも、この労働協約を結んだ労働組合に加入していない人については、労働組合法17条（一般的拘束力及び同18条（地域的一般的拘束力）が適用されない限り、

【一般的拘束力】
　一つの事業場に常時使用される同種の労働者の４分の３以上が一つの労働協約の適用を受けるときは、ほかの同種の労働者にも適用されるもの。

【地域的一般的拘束力】
　一つの地域において従業する同種の労働者の大部分が一つの労働協約の適用を受けるときは、当該労働協約の当事者の双方または一方の申立てに基づき、労働委員会の決議により、厚生労働大臣または都道府県知事が、当該地域で従業する他の同種の労働者及びその使用者も当該労働協約の適用を受けるべき決定をすることができるとされているもの。この地域的な一般的拘束力の制度は、職業別または産業別労働組合が締結する横断的労働協約を前提としている。

その労働協約は適用されません。つまり、就業規則の規定がそのまま適用されることになります。

　労働協約は「労働組合と使用者またはその団体との間の労働条件その他に関する」ものであり、「書面に作成し、両当事者が署名し、または記名押印すること」によって効力が生じます。この有効期間の上限は3年です。

　就業規則と労働契約の関係性では、就業規則で定める基準に達しない労働条件を定める労働契約は、その部分について無効となります。例えば、就業規則で「1日の所定労働時間は7時間」とされているところ、労働契約では「8時間」としている場合のように就業規則で定める基準に達しない部分があるときは、その部分のみを無効とし、この無効となった部分については就業規則の規定に従う（つまり、「1日7時間」となる）ことになります。就業規則で「1日の所定労働時

【就業規則の手続きプロセス（労働時間の場合）】

法令：労基法、労契法、労働組合法など

1日の所定労働時間：8時間

労働協約：法令に反してはいけない

1日の所定労働時間：9時間（法令を上回る）	NG
1日の所定労働時間：7時間45分	OK

就業規則：法令、労働協約に反してはいけない

1日の所定労働時間：8時間（労働協約を上回る）	NG
1日の所定労働時間：7時間30分	OK

労働契約：法令、労働協約、就業規則に反してはいけない

1日の所定労働時間：7時間50分（就業規則を上回る）	NG
1日の所定労働時間：7時間	OK

優先順位

間は 7 時間30分」としている場合に、労働契約で「7 時間」とすることは、就業規則で定める基準以上の労働条件をこの労働契約で定めているので有効です。つまり、この場合の労働者に適用される所定労働時間は「7 時間」となります。

2 就業規則と労使協定の関係①

> **Point**
> 1. 労使協定は締結するだけでよいものと、労働基準監督署に届出が必要なものとがある
> 2. 労使協定は事業場すべての労働者に適用されるが、労働協約は締結する労働組合員に適用される

　就業規則を作成・見直しすると、定められた就業ルールによっては労使協定が必要になる場合があります。

　労使協定とは、文字通り「労働者」と「使用者」との間で就業条件等に関して協議をし、協議した内容を書面にし取り交わしをした約束ごとです。ここでの「労働者」は、いわゆる「事業場に労働者の過半数で組織する労働組合があるときは、その労働組合、ないときは労働者の過半数を代表する者」になります。

　労働組合がある場合は、労働組合と交渉をした内容を書面にします。労働組合との間で締結されたものは「労働協約」といい、締結された内容が適用される範囲は労働組合の加入員となります。組合員以外には適用にならないのです。ただし、事業場の労働者の多数を占める労働組合と締結された労働協約は、組合員以外にも適用されることもあります。

　労使協定は労働者の過半数代表者と締結しますので、締結された内容は、その事業場全体に適用されるものとなりますが、労働協約は労働組合と締結しますので、原則的には組合加入員に適用されるものとなります。

　労使協定は、締結する内容を有効にするために取り交わせばよいものと、締結した内容を労働基準監督署に届け出て有効となるものとに分かれます。以下、届出が必要な労使協定となりますので、労使協定を締結したら忘れずに届け出を行ってください。

① 貯蓄金管理に関する協定（労基法18）

② １年単位の変形労働時間制に関する協定（労基法32の４）

③ １か月単位の変形労働時間制に関する協定（労基法32の２）

④ １週間単位の非定型変形労働時間制に関する協定（労基法32の５）

⑤ 時間外・休日労働に関する協定（労基法36）

⑥ 事業場外労働に関する協定（労基法38の２）

⑦ 裁量労働に関する協定（労基法38の３、38の４）

3 就業規則と労使協定の関係②

Point
1. 労使協定の締結を要件に「労基法に違反しない」という免罰効果がある
2. 労働協約は労使双方の合意とし、一方的な変更や協約破棄等は認められない。労働者の要求に関するすべての事項が協約の対象となる

　労使協定は労基法を根拠とし、労働者と使用者との間の約束ごとになります。また、労使協定の締結を要件に「労基法に違反しない」という「免罰（罰を免れる）効果」があります。

　この「免罰効果」とは、どういったことを指すのでしょう。

　企業は、労基法に基づいた就業ルールを設け、労務管理を行わなければいけないのですが、「１日８時間、１週40時間までしか労働させてはならず、１分でも超えたら違反である」などとなると、実質的に企業経営は成り立っていきません。とはいえ、労基法の制限を超えて労働させると、直ちに法律に違反することとなり、場合によっては罰則が適用されてしまいます。

このような法律に違反する行為と、法律の罰則が適用されるのを逃れる（罰を免れる）ために必要とされるのが「労使協定」になります。

　ただし、労使協定には、上記のような免罰効果があるだけで、現実に労働者に具体的な業務の指示をするためには、例えば時間外労働や休日勤務のように、就業規則等の根拠が必要とされます（昭63.1.1基発1）。

　対して労働協約は、労働組合法を根拠とするもので「使用者と労働組合との書面による協定」になります。労使双方の合意が必要で、一方的な変更や協約破棄等は認められません。労働組合が協約締結の主体となるため、労働者の過半数未満しか加入していない少数組合員の組合であっても協約の締結権があります。労働協約は、協約を締結した労働組合の組合員のみが拘束されますので、他の労働組合の締結した労働協約は、自分たちの組合員には適用されません。

　ただし、例外的なものとして「一般的拘束力」というのがあります。この場合、拡張適用されるのは、労働協約のうち「規範的部分」とされる労働者の待遇に関する部分（賃金や労働時間・休日など）で、労働組合と使用者の関係である「債務的部分」には適用されません。

　とはいえ、労組法を根拠とする協約が締結されると、これは他の労働者にも適用されることとなります。例えば、少数組合が変形労働時間制導入反対と叫んでいても、労働者の過半数が加入している労働組合が変形労働時間制について労働協約を締結すると、そこに加入していない少数組合も、締結された内容に拘束されることになります。

　労使協定と労働協約は、効果も拘束力も異なるのです。

4 就業規則と労働契約の関係①

Point　1. 就業規則は一方的、労働契約は双方向
　　　　　2. 一定の条件を満たしている就業規則の内容は、労働契約の内容
　　　　　　となる

　就業規則は、労働者代表の意見を聴くものの、会社が一方的に作成・見直しをします。労働者代表が就業規則の内容に反対意見をいったとしても、就業規則が無効になるわけではなく、反対意見に対して就業規則を変更する義務もありません。現実としては、いくら労基法に違反していないとしても、社員の多くが反対する就業規則を一方的に制定しようとすれば、上手く機能するものではありません。

　対して、労働契約は、会社と社員が双方合意した契約になります。労働者である社員が自身の労務を提供し、会社が提供された労務に対して賃金を支払うという基本的な契約のほか、労働時間や休日・退職時のルールなど働く上での様々な内容に対し合意をするものとなります。

　では、就業規則と労働契約との関係はどうなるのでしょう。

　就業ルールを定めていく上で、この就業規則と労働契約との関係を理解しておく必要があります。

　抑えるべき要件は2つあります。

①　就業規則は一方的に定められるものだが、就業規則に定めてある労働条件が合理的であるかどうか

②　就業規則は労働者にきちんと周知されているか

　この2つの要件を満たしていれば、「就業規則に定めてある内容＝労働契約の内容」となり、会社と社員の両方に適用されることとなります。ここでいう「合理的」は、会社と労働者の権利や義務を比較し、どちらかに不利益になっていないかということです。一般的には労働

者が不利益になっているケースが多いとされますが、中には会社が不当な義務を負っている場合もあります。

また「周知」については、労基法で定める方法だけではなく、実態としてどうなっているかで判断がされます。

5 就業規則と労働契約の関係②

> **Point**
> 1. 労働契約の内容が就業規則を下回っている場合は、就業規則が優先される
> 2. 労働契約の内容が就業規則を上回っている場合は、労働契約が優先される

　就業規則と労働契約の内容が違う場合は、どちらが優先されるのでしょう？

　一定の要件を満たしている就業規則は、労働者代表が反対したとしても合理性があるものとして、労働契約の内容として成立します。

　では、個別に会社と締結された労働契約の内容と就業規則とが異なるときは、どちらが優先されるのでしょう。

　この場合、「就業規則で定める基準に達しない労働条件を定める労働契約は、その部分について無効とする。無効となった部分は、就業規則で定める基準による。」とされています（労契法12）。

　つまり、労働契約の内容が就業規則を下回っている場合は、就業規則が優先されることとなります。逆に、労働契約の内容が就業規則を上回っている場合は、労働契約が優先されることとなります。

　さらに、就業規則が法令に違反している場合は、違反している部分について無効となり、法令の定めが適用されます。

6 就業規則と労働協約の関係

Point 1. 就業規則が労働協約に反している場合は、反している部分が無効となり、労働協約が適用される

　では、労働組合と締結する労働協約との関係はどうなるでしょうか。

　労働協約と就業規則の関係性からみれば、就業規則が労働協約に反している場合は、反している部分について無効となり、労働協約が適用されることとなります。また、労働協約の場合は「反している部分が無効」とされている点、上回っているか下回っているかではなく、「反している点のみ」の扱いとなるところが異なります。上回ることも下回ることも無効であると考えることができます。

　労働協約が適用されるのは、原則として労働組合員になりますので、適用される範囲も異なることとなります。

労使慣行の効力

Point 1. 労使慣行は法的効力を持たないが、労使関係で継続的に行われてきた事実が一定の効力を持つことがある
2. 就業規則に明確に定められておらず、反復継続した労使慣行がある場合、労使慣行が解釈の基準となることがある

　労使慣行とは、就業規則に定められていない就業上のルールが存在し、反復継続的に行われてきたものをいいます。労使慣行はあくまでも事実の積み重ねに過ぎませんので、これ自体に法的効力はありませんが、このような一定の事実の積み重ねが、労使関係で一定の効力をもつ場面があります。

　労使慣行は、使用者がこれに反した権利を行使すると「権利の濫用」として無効とされる場合があります。例えば、一定の服務規律違反を

していたことを黙認し放置する状態が長期間継続していた場合、違反した行為を黙認・放置していたという「労使慣行」があるにも関わらず、ある日突然、懲戒処分にするようなことは、懲戒権行使の濫用と判断される可能性があります。

　このような労使慣行を是正するためには、一定の予告期間を設けて労働者に周知と通知をする必要があります。

　例えば、就業規則には始業終業時刻が「午前9時から午後6時」としか定められておらず、始業時刻の定義や始業時刻までに行わなければならないことについて明確に定められていない場合、従業員が長年にわたり午前8時に出社しタイムカードを打刻し、着替え等をして午前8時10分から業務を開始していたとすると、始業時刻にタイムカードを打刻するという行為が、反復継続した労使慣行といえれば、これが就業規則にある始業時間の解釈基準とされることがあり得ます。

第3章

就業規則条項別解説

この章では、就業規則の各条文について、「解説」「ポイント」「ポイント深掘り」に分けて説明をしています。カテゴリー毎に分かれていますので、気になる条文だけを読むことができます。

また、モデル条文中に付けられている数字と、解説内の数字とが関連付けられていますので、モデル条文から逆引きで解説を確認することもできます。

〔例〕

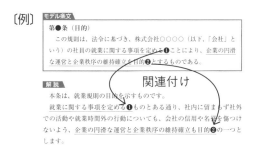

1. 総則

就業規則を定める目的・誰に対して適用されるのかなどを定めます。

 総則は、就業規則の目的や範囲を定めるんだ
特に誰に適用されるかは、うっかりすると正社員以外にパート・アルバイトにも適用されてしまうから気をつけようね

 そうなんですね
適用範囲は気をつけるようにします

目的

モデル条文

第●条（目的）

　この規則は、法令に基づき、株式会社○○○○（以下、「会社」という）の社員の就業に関する事項を定める❶ことにより、企業の円滑な運営と企業秩序の維持確立を目的❷とするものである。

解説

　本条は、就業規則の目的を示すものです。

　就業に関する事項を定める❶ものとある通り、社内に留まらず社外での活動や就業時間外の行動についても、会社の信用や名誉を傷つけないよう、企業の円滑な運営と企業秩序の維持確立も目的❷の一つとします。

　ここでは「会社及び社員は、この規則を遵守し、共に協力して社会的使命の達成に努めなければならない〜」とは定めません。

　上記のように定めている就業規則を、よく見かけることがありますが、就業規則の目的は、社員に守ってもらいたい・やってはいけない

就業ルールを定める点にあると考えます。

　確かに、就業規則に定められた内容は会社も社員も拘束しますが、その内容は、労働者代表の意見を聴くものの、会社側が法律に基づいて一方的に定められるものです。定められた内容は労働契約として成立するものとなりますので、ここでは上記のようには定めません。

　また、「本規則に定める事項は、関係諸規程のほか、労働基準法その他法令に定めるところによる〜」とする条文もよく見かけます。

　就業規則の内容は、一つひとつを検討した上で定められ、労働契約の内容として、会社と社員双方とを拘束するものとなります。ここに「関係法令に定めるところによる〜」と、法律の準用が定められると、本来は労働契約の内容で成立・有効となっているものに、法律上の解釈や遵守を求められ、労働契約内容として従わなければならなくなったり、従うべきかどうかのトラブルに発展する可能性も否めませんので、これを定めることは避けるべきといえます。

　「うちの就業規則は法令に遵守している」という点を社員にアピールしたいとされる企業もありますが、条文としての意味をよく考えてから、定めるかどうかを判断してほしいところです。

ポイント

1 就業規則の目的は、社員に守ってもらいたい・やってはいけない就業ルールを定めるもの
2 「関係法令に準じる〜」は、余計な内容を労働契約とされる可能性があるため避けるべき

ポイント深掘り

　就業規則には、労働者の就業に関する事項を定めていますが、その前提にある法令上の基準は、労基法等関係法令に定められています。しかし、就業規則には、労働者の就業に関するすべての事項が定められているわけではありません。就業規則内に定めがない事項については、労基法等関係法令の規定によることになります。

　就業規則で定める基準に達しない労働条件を定める労働契約は、その部分については無効となります。この場合において、無効となった部分は、就業規則で定める基準によることになります（労契法12）。また、就業規則は法令または事業場に適用される労働協約に反してはなりません（労基法92）。

社員の定義及び適用範囲

モデル条文

第●条（社員の定義及び適用範囲）

1. この規則で社員とは、第○条に定める手続きによって会社に採用され❶、期間の定めなく正社員の呼称で採用された者をいう。

2. この規則は、次の各号に定める者に適用しない❷。

　①有期契約社員❸

　　一定の期間を定めて会社に採用され、職務の内容及び勤務地のいずれかに制限があり、所定労働時間または所定労働日数を個別に定める雇用契約書により決定する者

　②パートタイマー❸

　　一定の期間を定めて正社員の指示に基づく業務補佐として会社に採用された者で、職務の内容及び勤務地のいずれにも制限があり、週の所定労働時間が正社員の所定労働時間より短く、所定労働日数

を個別に定める雇用契約書により決定する者

③無期転換社員❸

　有期契約社員及びパートタイマーのうち、雇用契約が反復更新されて通算5年を超えたもののうち、第○条に定める手続きによって、期間の定めのない労働契約（無期労働契約）を締結したとみなされた者

④定年後嘱託者❸

　定年後に、一定期間を定めて雇用され、職務の内容および勤務地のいずれかに制限があり、所定労働時間または所定労働日数を個別に定める雇用契約書により決定する者

⑤その他の特殊雇用形態者❹

3. 前項各号に定める者については、別に定める就業規則または個別の契約に従うものとする。

解説

　就業規則が適用される範囲を定める重要な条文です。どこまでの雇用形態まで就業規則が及ぶのかを、具体的に明確に定めておきます。

　1項で「〜に定める手続きによって会社に採用された者」❶とありますが、これは会社が定める採用手続きを経ることで雇用されているものであると特定しています。

　2項では、1項と逆に「適用しない場合」❷を定めています。これは本就業規則がどこまで適用され、どこからは適用されないのかを明示するための条文です。

　通常は、個別具体的に適用除外となる雇用形態❸を明示し、さらに、万が一想定している雇用形態以外の雇用❹が発生する場合に備えて「前項の社員とは異なる雇用形態により業務に従事する者」とし、正社員以外の雇用形態を除くようにします。この場合、適用除外とされ

た雇用形態❸を対象とする就業規則を別に定めておかないと、就業規則が適用されない労働者が残ってしまい、労基法89条に違反することになりますので注意が必要です。

　また併せて、就業規則が適用される職種を、技術職・営業職・事務職などと定めておく場合があります。これは職種によって労働時間の管理方法が異なる場合などに、定める内容との定義付けがしやすく、わかりやすくするために行います。

 ポイント

■1正社員以外のどこまでの雇用形態に就業規則で定めた内容が及ぶのかを具体的にする
■2常時10名以上の労働者を使用する場合に、正社員以外に就業規則が適用されないとしたときに、他の雇用形態の労働者に対する就業規則を作成する必要がある

 ポイント深掘り

　就業規則は、すべての労働者について作成する必要があります。しかし、就業規則は、必ずしもすべての労働者について同一のものでなければならないわけではありません。同一の事業場であっても、通常の労働者と勤務態様の異なるパートタイム労働者等については、一定の事項について特別の規定を設けたり、別の就業規則を定めることができます。パートタイム労働者等について、規程の一部を適用除外とする場合や全面的に適用除外とする場合には、就業規則本体にその旨明記し、パートタイム労働者等に適用される規定を設けたり、別の就業規則を作成しなければなりません。

　働き方改革による改正により、2020年４月（中小企業におけるパートタイム労働者、有期雇用労働者については2021年４月）から、パートタイム労働者や有期雇用労働者、派遣労働者の待遇について、職務内容、職務内容・配置の変更範囲等を考慮して、通常の労働者との間で不合理な待遇差を設けることは禁止されています（パートタイム・有期雇用労働法８・９、労働者派遣法30の３）。賃金だけでなく、福利厚生、休暇などすべての待遇が対象となります。パートタイム労働者等と通常の労働者との間で、賃金等について取扱いに違いがある場合は、その理由が不合理ではないことが必要です。

規則遵守の義務

モデル条文

> **第●条（規則遵守の義務）**
> 1. 社員は、この規則及び付属規程を遵守し、誠実に各々その義務を履行し、相互に協力して社業の発展と労働条件の向上に努めなければならない。
> 2. 社員は、諸規則、諸規程に定められたことについて知らないことを理由として、職務上の責任を逃れることはできない。
> 3. 社員は、この規則に基づき誠実に職務を遂行し、職場の秩序維持に貢献しなければならない。

解説

　労働条件は労使の合意により定められるものであり、就業規則にその内容を定めて双方の合意内容とすべきものです。ここでは、労働契約内容が定められている就業規則を従業員が守るべきであることを、あらためて確認する意味で定めます。

　就業規則には従業員の義務を定めるのが本来の姿であるため、ここ

では従業員の遵守義務についてのみ定めます。

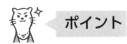

■就業規則は従業員が守るべきであることを、あらためて確認する

労働条件の変更

モデル条文

> 第●条（労働条件の変更）
>
> この規則に定める服務規律及び労働条件等については、法律の改正、社会状況の変動及び会社の経営内容・方法の変動等の業務上の必要性により、就業規則の変更手続きによって変更することがある❶。

解説

本来であれば、労働条件を変更する場合、特に労働者に不利益になる点については合意がなければ認められるものではありません。

一方で、企業が労働契約を解消するための「解雇」を行うことに法律上の制限もされているため、労働契約を解消する＝解雇することは、一定の手続きを経ないと行いにくい状況にあるのが現実です。

そこで、雇用を確保する代わりに、一定の要件を満たしていれば、労働者との合意によらず就業規則を変更することで、「労働契約内容＝労働条件」を変更することを認めるものとしています（労契法8、10）。このような条文を定めなくても、上記のように一定の要件の下で就業規則を変更することができますが、変更することがある❶という点を明確にする意味で、あえて定めるという目的もあります。

ただし、この条文は見方によっては、雇用を確保しているとも解釈できます。

　会社の諸事情（企業規模・業種・労働者の公正・就業状況の実態など）により、解雇に関する解釈や有効性が異なるため、必ずしも本条を定めることがよいとは限りません。企業規模が大きいほど、解雇権濫用に関する措置を厳しく求められる傾向にあるため、このような条文を定めても問題ないと思われます。企業規模によっては、かえって雇用確保と解釈される可能性も否めませんので、本条を定めるかどうかは、各企業の状況に応じて十分に検討する必要があるといえます。

　なお、アルバイト・パートなど非正規社員は、雇用保障の見返りとして就業規則の不利益変更は想定されていないと考えます。また、非正規社員は、有期雇用契約が一般的であることから、期間内の労働条件変更は想定されておらず、労働条件を変更する必要があれば、契約更新時に新たな労働条件として定めれば足りるでしょう。

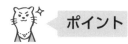

ポイント

1 一定の要件の下で労働条件の変更があり得ることを確認させる意味がある

2 企業規模によっては逆効果になる場合もあるので要検討

副業・兼業

モデル条文

【副業・兼業を原則として認めていないケース】

第●条（二重就業の禁止）

　社員は、他の職務に従事し、または事業を営んではならない。ただし、会社の承認を事前に得た場合はこの限りではない。

【副業・兼業を原則として認めているケース】

第●条（副業・兼業）

1. 社員は、勤務時間外において、<u>他の会社等の業務に従事することができる</u>❶。

2. 会社は、社員からの前項の業務に従事する旨の<u>届出</u>❷に基づき、当該社員が当該業務に従事することにより次の各号のいずれかに該当する場合には、これを禁止または制限することができる。

①<u>労務提供上の支障がある場合</u>❸

②<u>企業秘密が漏えいする場合</u>❹

③会社の名誉や信用を損なう行為や、信頼関係を破壊する行為がある場合

④競業により、企業の利益を害する場合

解説

(1) 会社が副業・兼業を認めていない場合

　副業・兼業（以下「副業等」といいます。）に係る相談、自己申告等を社員が行ったことにより、不利益な取扱いをすることはできません。他の会社等に雇用される形での副業等のほか、事業主となって行うものや、請負・委託・準委任契約により行うものも含まれ、労働契約であるか否かは実態に基づいて判断します。

　しかしながら、労基法の労働時間規制、安衛法の安全衛生規制等を潜脱するような形態や、合理的な理由なく労働条件等を労働者の不利益に変更するような形態で行われる副業等は認められず、違法な偽装請負の場合や、請負であるかのような契約としているが実態は労働契約だと認められる場合等においては、就労の実態に応じて、労基法等の規定の適用を受けることになります。

(2) 副業・兼業を原則として認めている場合

　労働者の副業等について、裁判例では、労働者が労働時間以外の時間をどのように利用するかは基本的には労働者の自由であることが示されていることから、1項で労働者が副業・兼業できる❶ことを明示しています。

　なお、どのような形で副業等を行う場合でも、過労等により業務に支障を来さないようにする観点から、就業時間が長時間にならないよう配慮することが望ましいです。

　労働者の副業等を認める場合、労務提供上の支障❸や企業秘密の漏えい❹がないか（※1）、長時間労働を招くものとなっていないか等を確認するため、2項で労働者からの事前の届出❷により労働者の副業等を把握することを規定しています。特に、労働者が自社、副業・兼業先の両方で雇用されている場合には、労基法38条等を踏まえ、労働者の副業等の内容等を把握するため、次の事項を確認することが考えられます。

- ・ 他の使用者の事業場の事業内容
- ・ 他の使用者の事業場で労働者が従事する業務内容

　また、労働時間通算の対象となるか否かの確認を行い、対象となる場合は、併せて次の事項について確認し、各々の使用者と労働者との間で合意しておくことが考えられます（※2）。

- ・ 他の使用者との労働契約の締結日、期間
- ・ 他の使用者の事業場での所定労働日、所定労働時間、始業・終業時刻
- ・ 他の使用者の事業場での所定外労働の有無、見込み時間数、最大時間数
- ・ 他の使用者の事業場における実労働時間等の報告の手続
- ・ これらの事項について確認を行う頻度

（※１）副業等の開始後に、副業等の状況について労働者からの報告等により把握し、労働者の健康状態に問題が認められた場合には適切な措置を講ずること、副業等を行う労働者に対して、禁止される競業行為の範囲や、自社の正当な利益を害しないことについて注意喚起すること等が「副業・兼業の促進に関するガイドライン」（2020年９月改定）に記載されていますので、ご参考ください。

（※２）副業等を行う場合の労働時間管理については、「副業・兼業の場合における労働時間管理に係る労働基準法第38条第１項の解釈等について」（令２. ９. １基発0901第３）に、労働時間の通算や簡便な労働時間管理の方法について考え方が示されていますので、その考え方に基づき通算を行うことになります。

【労働基準法38条】

　労働時間は、事業場を異にする場合においても、労働時間に関する規定の適用については通算する。

【昭23. 5 .14基発769】

　「事業場を異にする場合」とは事業主を異にする場合をも含む。

 ポイント

❶副業・兼業を認める場合は、認める要件・制限する要件を具体的に定める

❷副業・兼業先での労働時間を把握し管理する場合は、３６協定の範囲内であるか、長時間労働や休日勤務の実態把握を行うこと

 ポイント深掘り

　裁判例では、労働者の副業等について各企業の制限が許されるケースは、２項各号で規定したような場合であることが示されていると考

えられます。

　各号に該当するかどうかは各企業で判断いただくものですが、就業
規則の規定を拡大解釈して、必要以上に労働者の副業等を制限するこ
とのないよう、適切な運用を心がけることが必要です。

　また、1号（労務提供上の支障がある場合）には、副業等が原因で
自社の業務が十分に行えない場合や、長時間労働など労働者の健康に
影響が生じるおそれがある場合、労基法36条6項2号及び3号に基
づく時間外労働の上限規制（時間外労働及び休日労働の合計の時間数
について、1か月100時間未満及び2～6か月平均80時間以内とする
こと）や自動車運転者の労働時間等の改善のための基準（平元労告7）
等の法令等に基づく使用者の義務が果たせないおそれがある場合が含
まれると考えられます。

　裁判例でも、自動車運転業務について、隔日勤務に就くタクシー運
転手が非番日に会社に無断で輸出車の移送、船積み等をするアルバイ
トを行った事例において、「タクシー乗務の性質上、乗務前の休養が
要請されること等の事情を考えると、本件アルバイトは就業規則によ
り禁止された兼業に該当すると解するのが相当である」としたものが
あることに留意が必要です（都タクシー事件・昭59.12.18広島地決）。

　なお、就業規則で副業等を行うことや、その内容・労働時間等につ
いての労働者からの届出を定めていた場合に、労働者から届出がなさ
れずに副業等が行われたことを把握したときについては、まず、労働
者に届出を求め、本条2項各号で規定したような場合に該当しないか
の確認や、該当しない場合であって労働時間の通算の対象となるとき
は、他の使用者の事業場での所定労働時間等の確認を行い、適切に、
労働時間の管理を行いつつ、労働者が副業等を行うことができるよう
にすることが望ましいです。

　副業等に関する裁判例を掲載しますので、副業等の導入の際にご参考ください。

◆マンナ運輸事件（平24.7.13京都地判）

　運送会社が、準社員からのアルバイト許可申請を4度にわたって不許可にしたことについて、後2回については不許可の理由はなく、不法行為に基づく損害賠償請求が一部認容（慰謝料のみ）された事案。

◆地位確認等請求事件（通称：東京都私立大学教授懲戒解雇）（平20.12.5東京地判）

　教授が無許可で語学学校講師などの業務に従事し、講義を休講したことを理由として行われた懲戒解雇について、副業は夜間や休日に行われており、本業への支障は認められず、解雇無効とした事案。

◆十和田運輸事件（平13.6.5東京地判）

　運送会社の運転手が年に1、2回の貨物運送のアルバイトをしたことを理由とする解雇に関して、職務専念義務の違反や信頼関係を破壊したとまでいうことはできないため、解雇無効とした事案。

◆小川建設事件（昭57.11.19東京地決）

　毎日6時間にわたるキャバレーでの無断就労を理由とする解雇について、兼業は深夜に及ぶものであって余暇利用のアルバイトの域を超えるものであり、社会通念上、会社への労務の誠実な提供に何らかの支障を来す蓋然性が高いことから、解雇有効とした事案。

◆橋元運輸事件（昭47.4.28名古屋地判）

　会社の管理職にある従業員が、直接経営には関与していないものの競業他社の取締役に就任したことは、懲戒解雇事由に該当するため、解雇有効とした事案。

（参考：在職中の秘密保持義務に関する裁判例）

・古河鉱業事件（昭55.2.18東京高判）

　労働者は労働契約に基づき労務を提供するほか、信義則により使用者の業務上の秘密を守る義務を負うとした上で、会社が機密漏洩防止に特段の配慮を行っていた長期経営計画の基本方針である計画基本案を謄写版刷りで複製・配布した労働者に対する懲戒解雇を有効と判断した事案。

（参考：在職中の競業避止義務に関する裁判例）

・協立物産事件（平11.5.28東京地判）

　労務者は、使用者との雇用契約上の信義則に基づいて、使用者の正当な利益を

不当に侵害してはならないという付随的な義務を負い、原告の就業規則にある従業員の忠実義務もかかる義務を定めたものと解されるとしたうえで、外国会社から食品原材料等を輸入する代理店契約をしている会社の従業員について、在職中の競業会社設立は、労働契約上の競業避止義務に反するとされた事案。
出典：厚生労働省「副業・兼業の促進に関するガイドラインわかりやすい解説」（厚生労働省）
(https://www.mhlw.go.jp/content/11200000/000695150.pdf) を一部加工して作成

作成・見直しチェックポイント

☐就業規則の目的は、社員に守ってもらいたい・やってはいけない就業ルールであることを理解したか

☐余計な点を労働契約とされる可能性があるため、就業規則の目的への関係法令の準用は避けたか

☐正社員以外の雇用形態に、就業規則で定めた内容がどこまで及ぶのか具体的に定めたか

☐常時10名以上の労働者を使用する場合に、正社員以外に就業規則が適用されないとき、他の雇用形態の労働者に対する就業規則を作成したか

☐一定の要件の下で労働条件の変更があり得ることを確認したか

☐解雇に関する解釈や有効性を考慮して、労働条件の変更について定めたか

☐副業・兼業を認める場合、認める要件・制限する要件を具体的に定めたか

2.人事

重要度　★★

> 人事・採用に関する内容を定めます。
>
> まず、採用基準や採用手続き、採用時の提出書類、試用期間など、雇用されてから試用期間を経て正社員として正式に雇用されるまでに必要とされるものを定めます。特に試用期間については、期間の長短に関するもの、試用期間中に不採用となる場合の基準など、解雇に結びつくものもあり、定めるにあたっては注意が必要です。
>
> ほかには「身元保証」に関する定め、人事に直結する「異動」に関する詳細、「休職」「復職」のルールなどを定めます。
>
> これらは、法律で義務付けられているものではありませんが、企業の人事運営上必要となるものであり、適切に定めておかないとトラブルの元となりかねません。

先月入社した鈴木さん、他の社員とあまりなじんでないような気がするんです。仕事もいつも遅れがちですし……

入社したばかりで、他の社員との接し方に悩んでるんじゃないでしょうか。仕事が遅れがちみたいですが、仕事の内容や期限もしっかり伝えているか気になりますね

ミスコミュニケーションは、ちょっとしたことから始まります。試用期間中は、特に意識して様子を伺うことも大事です

採用の方法

モデル条文

第●条（採用の方法）

　会社は、入社を希望する者の中から、書類審査、面接試験等の<u>所定の選考❶</u>を行い、それに合格した者を社員として採用する。

解説

　パート・アルバイトと正社員など、雇用形態に応じて求める能力やスキルも異なります。これらを明確にする意味でも、採用方法や採用基準の違いは明確にするのが適切といえます。

　就業規則では、それぞれの雇用形態（この場合は正社員に対するもの）ごとの採用方法や採用基準を具体的にすべきといえます。

　条文では「所定の選考」❶としていますが、運用上は、正社員に対する選考基準・方法としては書類選考〜複数回の採用面接とし、パート・アルバイトに対しては採用面接回数を1回に留めるなどの方法をとります。

ポイント

❶雇用形態に応じた採用基準・方法を定めるべき
❷雇用形態ごとの区分を明確にするためにあえて就業規則に定める

入社希望者の提出書類

モデル条文

第●条（入社希望者の提出書類）

1. 会社に入社を希望する者は、次の各号の書類を提出しなければならない。ただし、会社が認めた場合は、その一部を省略することがある。

①履歴書（提出日前3か月以内に撮影した写真貼付）❶
②健康診断書（提出日前3か月以内に受診したもの）❷
③卒業見込み証明書または最終学歴の卒業証書の写し
④職務経歴書（職務経験がある場合）
⑤採用条件となっている技術または資格を証明する書類
⑥そのほか会社が必要とする書類

2. 会社は、前項に基づき提出を受けた書類については、提出後6か月
以内に返却または消却❸する。

　採用選考時に提出してもらう書類の種類と提出条件を定めていま
す。入社希望者と企業との雇用契約が成立していないのに、このよう
な定めをする必要があるのかとの意見もありますし、現に定めていな
い就業規則も多くあります。行政が提供しているひな型でも定められ
ていませんが、提出物として何が必要かを明確にする便宜上、就業規
則に定めておくことに問題はありません。

　最近は、提出される履歴書❶で自筆のものを見ることは極めて少な
くなりましたが、本人の性格や行動特性を図る意味でも、自筆の履歴
書を提出させるようにすべきと考えます。上手い・下手な文字という
ことではなく、書き方からうかがい知れるものが多くあるからです。
コロナ禍では、リモートでの採用面接を行うところが多くなったせい
か、履歴書自体もワードで入力しPDFデータとして送ってくるケー
スも多くなりました。こういった場合には、採用面接前にアンケート
を記入してもらい、記入された内容や書き方から、本人の性格や行動
特性を図ることも大事になります。

　また、健康診断書❷の提出にあたり、入社前の健康診断を実施でき
ないのではという意見があります。しかし、これから採用する人物が
心身ともに健康であり、会社との雇用契約の中で労務を提供してもら
えるかどうかを確認することは、とても重要なファクターになります。
その意味で一定期間内に受診した健康診断書を提出させることは、就
業規則に明確に定めておく必要があると考えます。

　2項として、提出書類の処分❸について定めています。これは不採
用となった場合に提出書類の返却を求めてくる応募者に対し、会社は

書類を返却せず処分することを定め、個人情報を適切に取り扱うことを明らかにするためのものとなります。

ポイント

1 法律上定める義務はないものの、適切な採用選考を実施するために便宜上必要な書類を定めておく

2 本人の性格や行動特性を図る上では、自筆履歴書もしくは自筆アンケートを提出してもらう

3 入社前に健康状態を確認することは極めて大事

採用時の提出書類

モデル条文

第●条（採用時の提出書類）

1. 社員として採用された者は、会社が指定する日までに、前条に定める書類とともに、次の各号の書類を提出（送付による方法を含む。以下本条にて同じ）または提示しなければならない**❶**。ただし、選考に際して提出済みの書類を除く。

①入社承諾書：採用通知書の受領日より原則として7日以内**❷**に提出

②誓約書**❸**：入社日まで**❹**に提出

③身元保証書：入社日までに提出

④通勤経路届出書：入社日までに提出

⑤給与の口座振込同意書：入社日までに提出

⑥住民票記載事項証明書**❺**（内容は個人番号（以下、「マイナンバー」という）が記載されていないものに限る）：入社日までに提出

⑦給与所得の扶養控除等異動申告書：入社日までに提出

⑧本年分源泉徴収票（入社年において所得がある場合）：入社日まで

に提出

⑨年金手帳、雇用保険被保険者証（所持者のみ）：入社日までに提出

⑩身分証明書（免許証等）：入社日までに提出

⑪知的財産権の帰属に関する確認及び譲渡書❻：入社日までに提出

⑫秘密保持誓約書❼：入社日までに提出

⑬必要により、資格証明書、学業成績証明書、卒業証明書

⑭健康診断書：入社日までに提出

⑮マイナンバーカード、通知カード（住民票に記載されている氏名、住所等、記載事項が一致しているもの）またはマイナンバーが記載された住民票の写しもしくは住民票記載事項証明書（マイナンバーカードまたは通知カードについて対面で本人確認を行う場合は原本の提示、送付の場合は写しの送付による）

⑯その他会社が必要と認めたもの

2. 前項の書類のうち会社が認めた場合は、その一部を省略することがある。

3. 正当な理由なく指定された期間内に第1項各号で定められた書類の提出を怠る場合は、採用を取り消す措置をとることがある。

4. 在職中に上記提出または提示書類の記載事項において、マイナンバー、氏名、現住所、家族の状況等に異動があった場合は、速やかに所定の様式により会社に届け出なければならない。

解説

　会社は労務管理上個人の情報を入手する必要があり、入社にあたり様々な書類の提出を求めます。

　この時、社員の情報入手以外に、就業条件や服務規律が定められている就業規則に対し包括的に同意を得る形で、労働契約の内容とするために、誓約書❸の提出を義務付けます❶。この誓約書の内容として

は、採用する者から入手する個人情報の取扱いや会社の営業情報等に関する守秘義務を果たすことへの同意を得るものとなります。

　住民票記載事項証明書❺は、現住所の把握のために提出してもらいます。住民票の提出を求めるケースがありますが、本籍・出生地に関する情報について入手は行わないよう行政指導がされていますので、住民票や戸籍謄本等の提出を求める場合は、必要とする理由を説明した上で行う必要があります。

　上記以外の提出書類として、「知的財産権の帰属に関する確認及び譲渡書」❻「秘密保持誓約書」❼「自家用車利用に関する届出」などを提出させる場合もあります。これらは業種や職種に応じて用意をすることとなります。

　書類の提出時期を「速やかに」としているケースがよくありますが、提出時期は「入社日まで」❹「○日以内」❷と具体的に明示をし、提出が遅れがちな社員へ厳しく対処できるようにします。

　また、入社時に提出された書類の内容に後日変更が生じる場合を考慮し、4項に届出期限を設けて具体的に定めておきます。

　最近は、会社所定の様式を用意せず、メール文面で連絡をするケースもよく見かけます。

　会社が必要とする情報が不足していたり、また、届け出ルールが徹底されにくい点を考えると、一定の書式で届け出をすることを義務づけ、しっかりとした管理を行うべきでしょう。

ポイント

■1会社が必要と考える書類を提出してもらう

■2提出期限は「入社日まで」「○日以内」など具体的に決めておき、提出遅延に対処できるようにする

ポイント深掘り

■マイナンバーカードと通知カード

　本人確認においては、マイナンバーカード、通知カードまたは個人
番号が記載された住民票の写しもしくは住民票記載事項証明書の提示
を受けて確認します。その際、写し（コピー）を受領できない場合も
ありますので、「提示」による方法も追加しています。

　通知カードは、2020年5月25日以降、新規発行や再交付は行われ
ません。引き続き、マイナンバーを証明する書類として通知カードを
使用するには、通知カードに記載された氏名、住所等が住民票に記載
されている事項と一致していることが必要です。変更がある場合は、
その他の書類での証明となります。

　なお、「通知カード」に代わるマイナンバーを個人に通知する「個
人番号通知書」は、「マイナンバーを証明する書類」や「身分証明書」
として利用することはできません。

　また、マイナンバーの提出を拒否する場合は、会社はマイナンバー
制度の趣旨を説明して再度提出を求めます。最近は、労働社会保険手
続きでマイナンバーが必須となってきていますので、提出されないと
正しく手続きがされない点も説明に加えて行います。

採用の取消

モデル条文

第●条（採用の取消）

　会社は、入社に際し履歴を偽り、または不実の陳述をした者につい
て、採用を取り消す❶。ただし、この規定は経歴詐称に関する懲戒規
定❷の適用を排除するものではない。

74

解説

　入社後間もないときに、従業員として一定の労働提供が行われたと評価できない場合、使用者・従業員双方にとって入社の事実を消し去ることにメリットがあるよう、採用取消❶について定め、入社時の合意により、取消を可能にしようとするものです。

　使用者は、一方的告知による懲戒解雇の選択も可能です。この点について、経歴詐称を理由とする懲戒解雇❷を有効とした最高裁判例があります（炭研精工事件・平3.9.19労判615-16）。

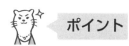

ポイント

❶後でトラブルにならないよう、採用の取消について定める

身元保証人

モデル条文

第●条（身元保証人）

1. 身元保証人は、1名以上とする。

2. 身元保証人は、一定の職業に従事し、独立の生計を維持する成人❶でなければならない。

3. 社員は、身元保証人になることはできない❷。

4. 身元保証人の期間は、5年間とする。なお、会社が特に必要と認めた場合、その身元保証の期間の更新❸を求めることがある。

5. 身元保証人が、次の各号の一に該当するときには、直ちにこれを更新し、新たに身元保証人を届け出なければならない。

①死亡または失踪の宣告を受けたとき

②破産の宣告を受けたとき

③その他、会社が身元保証人を不適格と認めたとき

　身元保証は、従来、採用した社員の業務適性と本人が会社に届け出た内容を保証する人物保証の意味と、会社に万が一損害を与えた場合の損害補償の意味がありました。

　2020年4月の民法改正により、身元保証時の損害賠償に金額の上限を設けなければならなくなったため、現実的には、損害賠償の意味で求めることよりも、人物保証の意味で活用するケースが増えています。最近は特に、精神疾患を発症し本人と連絡が取れなくなるケースがあり、このような状況になった際の連絡先として必要になります。

　身元保証人として認める要件としては、独立生計者❶であることが第一要件となります。よく配偶者を身元保証人として認める場合もありますが、万が一の場合を考慮し、同一生計者は認めないようにします。また、社員間で身元保証とする❷ことは、会社が求める要件とは異なるため、これも認めません。

　身元保証人では「保証期間の更新」❸がよく問題になります。身元保証に関する法律では、保証期間を定めていない場合は3年の効力があり、保証期間を定めている場合には5年までとされています。保証期間を更新する場合は、最大5年までとなります。

　また、どの程度まで保証を必要とするのかも、よく問題になります。入社時から退職まで保証を求める場合もあれば、当初の5年間で本人の人物保証は担保できているとして1回で終わらせる場合もあります。身元保証人に求めたい保証事項に応じて期間を設定するとよいでしょう。

　最近の傾向として、以前に比べると親族数が少なくなってきているため、身元保証人を2名揃えることが難しいケースや、外国人労働者の場合はどうするのかなども課題となっています。

　身元保証人は法律で義務付けられているものではないため、社員が

提出を拒むこともできるでしょうし、会社側も提出拒否を理由に採用取り消しとすることもできるでしょう。身元保証人が用意できない場合の対処も、十分に検討しておく必要があるといえます。

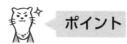 **ポイント**

❶保証期間を定めない場合は３年間、期間を定める場合は５年間
❷法律上の義務はないが、身元保証人が用意できない場合の対処も検討が必要

試用期間

モデル条文

第●条（試用期間）

1. 新たに採用した者については、<u>原則として入社日より○か月間❶</u>を試用期間とする。ただし、特殊の技能または経験を有する者には、試用期間を設けない、または短縮することがある。

2. 前項の試用期間は、各人との雇用契約書により期間を伸長する場合がある。

3. 試用期間中または試用期間満了の際、次の各号のいずれかに該当する場合は、引き続き社員として勤務させることが不適当であると判断し、<u>本採用は行わない❷</u>。

①会社へ提出した書類の記載事項または面接時に申し出た事項が、事実と相違することが判明したとき

②業務遂行に支障となる恐れがある既往症を隠していたことが判明したとき

③本規則第○○条（解雇）に該当する事由があったとき

④所属長の指示に従わず、職場のチームワークを乱したとき

⑤正当な理由のない遅刻・早退・欠勤が多いとき

⑥健康上、業務に耐えうる状態でないと会社が判断したとき

⑦勤務態度が悪く、もしくは業務に対する熱意がなく、社員としての適格性がないと会社が認めたとき

⑧通常の教育研修をしたにもかかわらず、一定水準に達しないとき

⑨必要な業務を習得する能力がなく、本採用とするに不適当と会社が認めたとき

4. 所定の試用期間では、社員としての採用諾否の判断ができない者、または業務に習熟していない者については、本人と協議のうえ、試用期間を延長することがある。その場合には、延長する期間を明示する。

5. 本採用となった場合にのみ、試用期間は勤続年数に通算する。

解説

　試用期間は、文字通り、入社後の一定期間❶を「試用」期間とし、この間に採用した社員の人物や能力を確認・評価し、その後正社員とするかどうかを判断する期間になります。この期間が設けられた労働契約を「解雇権留保付労働契約」とされます。

　「解雇権留保付労働契約」とは、試用期間中に問題がなければ、本採用となった日からの雇用を約束するというものです。

　試用期間中に本採用とするには難しい❷と判断された場合の労働契約解除＝解雇は、通常の解雇より会社側に自由性がある程度認められるものとなります。そうはいっても、やみくもに辞めさせることができるというものではなく、解雇する理由に無理がないか、一方的なものになっていないかなどの判断がされることとなります。

　試用期間中は、定期的に面談を実施し、業務上の課題や勤務態度などに問題があったら適切に指導をし、経過を確認することを繰り返し

ていく必要があります。

　また、どうしても試用期間満了で解雇せざるを得ないという場合には、期間満了日にいきなり「今日で終わりです」とするのではなく、少なくとも30日以上前には本人と話し合い、伝えるべきといえます。

　<u>試用期間の長さ❶</u>についてよく質問がありますが、一般的には3～6か月程度が妥当とされます（判例では最長1年とされているようです）。

　試用期間中の勤務態度として不適当とされる事項については、条文内に具体的に定めておく場合と、包括的な表現に留めておくケースとに分かれます。それぞれに一長一短があり、具体的に定めると定めた内容以外が無効となる場合もあり、包括的な表現に留めると解雇事由そのものが無効になる場合があります。自社の方針や考え方で、どのような定め方がいいのか検討が必要となります。

 **ポイント**

❶試用期間中の解雇は通常の解雇より裁量範囲が広い
❷期間中の教育・指導が大事。定期的な面談でしっかり指導を

 ポイント深掘り

　試用期間を設ける場合に、その期間の長さに関する定めは労基法上ありませんが、労働者の地位を不安定にすることから、あまりに長い期間を試用期間とすることは好ましくありません。

　試用期間中の解雇については、最初の14日間以内であれば即時に解雇することができますが、試用期間中の者も14日を超えて雇用した後に解雇する場合には、原則として30日以上前に予告をしなけれ

ばなりません。予告をしない場合には、平均賃金の30日分以上の解雇予告手当を支払うことが必要となります（労基法20、21）。

試用期間内の解雇についても労契法第16条の規定は適用されるため、その理由は、客観的に合理的であり、社会通念上相当である必要があります。一般的には、試用期間中の解雇は、通常の解雇よりも広い範囲で認められると考えられていますが、無制限に解雇が可能であるわけではありません。

判例では、採用前に知ることのできなかった重大な事実が判明した場合など、解約の趣旨や目的に照らして客観的に合理的な理由が存在し、社会通念上相当と認められる具体的な事情がある場合にのみ許されるとされています（三菱樹脂事件・昭48・12・12最大判）。

労働条件の明示

モデル条文

第●条（労働条件の明示）

　会社は、労働者を採用するとき、採用時の賃金、就業場所、従事する業務、労働時間、休日、その他の労働条件❶を記した労働条件通知書を交付して労働条件を明示❷するものとする。

解説

労働者を雇い入れる際、労働者に賃金、労働時間、その他の労働条件❶を明示することが必要です。

特に、労働条件を明示するに当たり、次の①から⑥までの項目（昇給に関する事項を除きます。）については、原則、書面の交付により明示❷する必要があります（労基法15、労基則5）。

①　労働契約の期間に関する事項

②　期間の定めのある労働契約を更新する場合の基準に関する事項

　（注：期間の定めのある労働契約を更新する場合に限る）

③　就業の場所及び従事すべき業務に関する事項

④　始業及び終業の時刻、所定労働時間を超える労働の有無、休憩時間、休日、休暇並びに交替制により就業させる場合における就業時転換に関する事項

⑤　賃金（退職手当及び臨時に支払われる賃金等を除く。）の決定、計算及び支払の方法、賃金の締切り及び支払の時期並びに昇給に関する事項

⑥　退職に関する事項（解雇の事由を含む。）

　さらに、パートタイム労働者については、雇入れに際して、昇給、退職手当、賞与の有無、相談窓口についても、文書の交付等により明示しなければなりません（パートタイム・有期雇用労働法6①）。

　また、採用内定により労働契約が成立していると解される場合がありますが、この場合には、採用内定に際して、内定者に労働条件を書面で明示する必要があります。

【労働契約の成立過程】

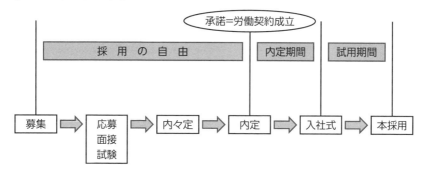

ポイント

1労働条件の明示は、原則書面で行う
2労働者が希望すれば、電子メール等での明示も可能

ポイント深掘り

労働者が、以下のいずれかの方法を希望した場合には、希望した方法で労働条件の明示を行うことができます。

・ ファクシミリを利用して送信する方法
・ 電子メールその他のその受信をする者を特定して情報を伝達するために用いられる電気通信（有線、無線その他の電磁的方法により、符号、音響、または影像を送り、伝え、または受けることをいう。以下「電子メール等」という。）の送信の方法（当該労働者が当該電子メール等の記録を出力することにより書面を作成することができるものに限る。）

「電子メール等」は、具体的には、以下の方法での対応が可能です。

① Eメール、Yahoo!メールやGmail等のウェブメールサービス
② ＋メッセージ等のRCS（リッチ・コミュニケーション・サービス）や、SMS（ショート・メール・サービス）
③ LINEやFacebook等のSNSメッセージ機能

ただし、ブログやホームページへの書き込みのように、誰もが内容を閲覧でき、書き込みができるものについては、「受信をする者を特定して情報を伝達するために用いられる電気通信」には含まれないとされているため、労働条件の明示方法として利用することはできません。

コラム	労働契約の原則

①　合意原則

　労働契約は、労働者及び使用者が対等の立場における合意に基づいて締結し、または変更すべきものです（労契法3①）。契約締結はもちろん、労働条件の変更等についても両当事者の合意が必要であって、一方的な変更はできません。

②　均衡考慮の原則

　労働契約は、労働者及び使用者が就業の実態に応じて、均衡を考慮しつつ締結し、または変更すべきものとするのが、均衡考慮の原則です（労契法3②）。これは、就業の実態が同様である場合はもちろん、仮にある程度の差異があるとしても、双方の労働条件が均衡のとれたものであるとする原則です。均衡考慮の原則を踏まえると、社会的に著しい格差がある場合には、不法行為（民法709）や公序良俗違反（民法90）となる場合があります。

③　仕事と生活の調和の原則

　労働契約は、労働者及び使用者が仕事と生活の調和にも配慮しつつ締結し、または変更すべきものとされています（労契法3③）。これは、いわゆるワーク・ライフ・バランスの考えを労働契約の原則として取り入れたものです。

④　信義誠実・権利濫用の禁止

　労働者及び使用者は、労働契約を遵守するとともに、信義に従い誠実に、権利を行使し、及び義務を履行しなければなりません（労契法3④）。また、労働者及び使用者は、労働契約に基づく権利の行使に当たっては、それを濫用することがあってはなりません（同法3⑤）。

人事異動

モデル条文

第●条（人事異動）

1. 会社は、正社員に対し、その者の能力、体力、経験等を勘案して配置を行う。ただし、業務の都合により必要がある場合は、正社員に配置転換、職務の変更❶、転勤❷、出向❸その他人事上の異動を命じ、または担当業務以外の業務を行わせることがある。

2. 前項の人事異動を命じられた者は、<u>正当な理由</u>❹なく、これを拒む
   ことはできない。

3. 異動、出向を命じられた場合は、指定された期日までに着任しなけ
   ればならない。

4. 社員は、異動の際に、会社が指定する日までに業務の引継ぎを行わ
   なければならない。

5. 会社は、子会社・関連会社、取引関係のある企業、その他これに準
   ずる取引先に対して、正社員の人材育成、業務支援、連携強化、そ
   の他の事由により、正社員に<u>出向</u>❸を命じる場合がある。このとき、
   社員は<u>正当な理由</u>❹なしにこれを拒むことはできない。

6. 出向期間は、原則として3年以内とする。ただし、必要に応じて2
   年間を限度に延長することがある。

7. 出向先での労働条件は、出向元での労働条件を原則として下回らな
   いようにする。出向先での労働条件が出向元の労働条件を下回る場
   合は、会社はその解消に努める。

8. 出向元での復帰は、原則として原職に復職するものとする。

9. 転籍を命じる場合は、社員の同意を得て行う。

【解説】

　<u>配置転換・職務変更</u>❶は、労働条件の変更は行わずに、職場を変更
したり、担当業務を変更することを意味しています。

　<u>転勤</u>❷は、社員の居住地の変更を伴う勤務場所の変更を意味し、こ
れに合わせて、職種や職位の変更も行ったりします。期間も複数年に
渡り、長期間になるのが一般的です。

　<u>出向</u>❸は、社員として元の会社の在籍しながら、他の企業で、そこ
の企業の社員から指揮命令を受け、長期間勤務することを意味します。
出向先の企業としては、同じ企業グループ間の場合もあれば、業務提

携先企業へ出向する場合もあります。出向に関しては、労契法14条において、権利濫用規制の定めがあるものの、具体的な法律があるわけではなく、その中で指揮命令権が相手先企業に移るという点では、業務上の必要性や、企業間契約など厳しい規制が求められます。

　いずれも、正当な理由❹がない限り社員側の拒否権はない点がポイントで、企業側の業務命令権の下、それぞれが指示されることとなります。よく転勤拒否の正当な理由として認められるものに、親族の療養看護により同居が必要であり長距離の移動はできないなどがありますが、これも個別の事情に応じて判断され、必ずしもすべて正当な理由となるわけではありません。

　企業側もいきなりの異動命令を行うのではなく、一定期間前に内示をし、準備期間を与えるなどの配慮も求められるものとなります。

　また、特定の職種に限定して採用されている場合や、勤務地域を限定して採用されている場合には、これらの労働条件が変更となる異動の申込みは原則として行うことができず、行うためには、本人の同意が必要になります。

　いずれにしろ、無茶な異動はトラブルの元です。

　企業側に業務命令・指示権があるとはいえ、短期間で一方的に業務命令をするのではなく、社員への配慮をしながら行うべきといえそうです。

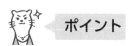 ポイント

■1 人事異動は、企業側に業務命令・業務指示権があり、正当な理由がなければ社員は拒否できない

■2 トラブルにならないためには、企業側も短期間で一方的に異動命令をするのではなく、社員への配慮をしながら行うべき

休職事由

第●条（休職事由）

1. 社員が次の各号の一に該当するときには休職を命ずる。ただし、1号、2号及び6号の休職事由が業務外の傷病を原因とする場合に、当該傷病が休職期間中の療養によって治ゆする可能性が低い場合には、休職を命じることなく普通解雇とする場合がある。

   ①業務外の傷病による欠勤が2か月以内に通算20日にわたったとき❶で、その傷病が治ゆしないとき（治ゆとは、従来の業務を健康時と同様に通常業務できる程度に回復することを意味する）

   ②業務外の傷病により、常に所定労働時間の勤務ができない等完全な労務提供ができず、またその回復に一定の期間を要するとき

   ③公の職務につき、業務と両立しないと会社が認めたとき（公職休職）

   ④出向を命じられ、または会社の命令により他の法人・団体等の業務に従事するとき（出向休職）

   ⑤法令に定められた疾病にかかり、医師の診断により必要と認められたとき

   ⑥前各号のほか、これに準じる理由により会社が休職をさせることが必要と認めたとき

2. 会社は、前項における業務外の傷病による社員の休職の要否を判断するにあたり、その健康状態を記した診断書の提出を受けるほか、会社の指定する産業医もしくは専門医の意見を聴き、これらの意見に基づき要否の判断を行うものとする。この場合、社員は正当な理由なく、これを拒否することはできない。

3. 試用期間中の社員には、休職は与えない。

> 4. 会社は、無期転換社員が第1項第1号、2号、5号及び6号に該当
>   する場合は休職を与えるものとする。

解説

　休職とは、社員が労務を提供することができない、または提供でき
ない理由が生じた場合に、使用者（企業）が労働契約を残したままで
労務提供を一定期間免除することです。

　最近は、私傷病休職、特に精神疾患による休職が増えており、復職
できない場合の解雇猶予措置としての意味が重要となります。

　休職と復職はセットで定められますが、この休職・復職とも法律で
決められているものではなく、企業がどう定めるかにより内容も異
なってきますので、休職をルールとして運用するには、就業規則に定
めておく必要があります。

　では、就業規則に休職・復職ルールが定められていない場合は、ど
うなるでしょう。この場合、状況によっては解雇権濫用ともされかね
ませんので、私傷病により長期欠勤となっている社員を、すぐに解雇
するのではなく、一定期間の欠勤を認め、休職と同様の扱いをとって
から解雇とする形にすべきと考えます。

　欠勤を経て休職を指示する場合、欠勤期間をどうカウントするかと
いう点もよく問題になります。

　よくあるのは「欠勤となってから○日経過した場合〜」と定めてい
るケースで、この形では、起算日がいつになるのか、一度欠勤状態か
ら元に戻り、再度欠勤を繰り返した場合は、休職を指示することがで
きないのか、など疑問が生じてきます。この休職を指示するまでの欠
勤期間をどうカウントするかについては、モデル条文にあるように、
一定期間内に一定数以上の欠勤が生じている❶状況であれば、休職を
指示するという方法もあります。

休職期間中の社会保険料負担など、社員自身には相応の負担も発生します。企業側にも同様に負担が残ったままとなります。

　休職・復職は、企業規模や実情に応じて個別に設定するものといえます。

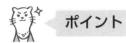

■休職は法律で決められたものではないため、就業規則に具体的な定めがないと有効とはならない

■特に私傷病による休職では、休職指示をするまでの経過期間をどうカウントするかが大事

　休職していた理由がなくなることで休職は終了し、職場に復帰することになりますが、休職期間満了時点で当該休職事由が依然として存続している場合、解雇または自然退職として取り扱われることになります。

　休職事由が消滅したかどうかの判断に関しては、特に傷病休職での労働者の治ゆをめぐって争いが生じることがあります。休職していた労働者は、どのような状態にまで回復すれば、解雇または自然退職とされずに復職可能と判断されるのかが問題となるわけです。

コラム　復職の要件とされる「治ゆ」の判断

　裁判例では、復職の要件とされる「治ゆ」とは、「従前の職務を通常の程度に行える健康状態に復したときをいう」（平仙レース事件・昭40.12.16浦和地判）

とし、従前の職務を遂行することが可能な程度に回復していない場合には、復職可能状態にあるとは認められず、労働者が就労可能な範囲で労務を提供することを希望したとしても、使用者にはこれを受領する義務はなく、また、そのような労務提供を受領するためにそれに見合う業務を見つけなければならない義務もないと判断しています（アロマ・カラー事件・昭54.3.27東京地決）。

　しかしその一方で、当初は軽易業務に就かせることで徐々に通常業務に移行できるという回復状態にある場合には、使用者は、労働者の復帰にあたってそのような労働者の状態への配慮を行うことを義務づけられることもあるとされています（エール・フランス事件・昭59.1.27東京地判）。その後、債務の本旨に従った履行の提供があるか否かにつき判断した片山組事件最高裁判決（平10.4.9最一小判）の考え方が、復職の要件とされる「治ゆ」の意義についても応用されています。

　つまり、上記裁判例のように、休職期間満了時において原職に復帰できる状態にはないが、従前業務より軽易な業務での職場復帰を希望し、当該労働者に労働契約上職種の限定がない場合には、企業規模などを考慮しつつも、使用者は現実に配置可能な業務の有無を検討する義務を負うと判断され、休職期間が満了した労働者に対して、そのような検討によって軽減業務を提供せずに、退職扱いや解雇を行った場合には、当該退職扱い等は就業規則上の要件不該当ないし解雇権濫用として無効とされています（キャノンソフト情報システム事件・平20.1.25大阪地判）。

　ただし、休職前にすでに業務を軽減されていた労働者の休職期間満了を理由とする解雇について、同じ判断枠組みによりながら、復職にあたって検討すべき従前の業務とは、休職前に実際に担当していた軽減された業務ではなく、本来通常行うべき業務を基準とすべきとして解雇を容認したものもあります（独立行政法人Ｎ事件・平16.3.26東京地判）。

　また、職種が限定されている場合でも、休職期間満了時に直ちに従前業務に復帰はできないものの、比較的短期間で復職可能であるときには、休業または休職に至る事情、使用者の規模、業種、労働者の配置等の実情からみて、短期間の復帰準備時間を提供したり、教育的措置をとったりすることなどが信義則上求められるというべきで、このような信義則上の手段をとらずに、解雇することはできないとして、解雇を無効とした裁判例もあります（全日本空輸事件・平13.3.14大阪高判）。

　なお、使用者による治ゆの判断に関して、労働者は診断書の提出等による協力

をしなければならず（大建工業事件・平15.4.16大阪地決）、時には主治医の診断書を提出するだけでは足りず、使用者の指定する医療機関での受診等が求められることもあります（全国電気通信労働組合事件・平2.9.19東京地判、日本ヒューレット・パッカード事件・平27.5.28東京地判）。

休職期間

モデル条文

第●条（休職期間）

1. 前条の定めによる休職期間は次の各号のとおりとする。

①私傷病休職❶の場合

　勤続3年未満：原則として6か月以内

　勤続3年以上：原則として1年以内

　無期転換社員：原則として6か月以内

②自己都合休職の場合：会社が必要と認めた期間

③公職休職の場合：就任期間

④出向休職の場合：必要な期間

⑤前条第○項第○号の場合：医師が必要と認めた期間

⑥前条第○項第○号の場合：会社が必要と認めた期間

2. 休職期間は、必要に応じて期間を延長し、または短縮することがある❷。

3. 私傷病による休職の場合で、休職期間満了前に復職し、復職の日から3か月以内に再び同一または類似の事由❸により労務の提供ができず休職する場合は、前後の期間を通算する❹。

解説

　休職期間は、休職理由に応じて設定します。期間をどの程度とするかは各企業の規模や考え方によって検討すべきであって、他社事例に

沿ってというものではありません。

　とはいえ、あまり極端に短い期間も、復職との整合性が取れなくなったり、解雇予告の観点からはおススメしません。

　特に私傷病休職❶の期間を検討する際には、勤続年数で休職期間を分けるか、試用期間中や入社後一定年数までは休職を認めない、など、法律の制限がない一方で、就業規則に定めた内容は労働契約内容となる点に注意をし、慎重に検討すべきといえます。

　個別の休職期間を原則的に定めておきますが、個々の事情によっては休職期間を企業側の裁量により長短する場合が出てきます。これに対応できるよう「必要に応じて期間を延長し、または短縮することがある」❷と定め、企業側に裁量権があることを確保します。

　また、私傷病休職❶の場合、休職〜復職を繰り返すケースが多いことから、復職後に同一・類似傷病❸が再発し再度休職となる際に、前の休職期間と通算し休職期間をカウント❹するようにします。

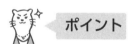 ポイント

❶休職期間は企業の規模や考え方で個別に設定する
❷休職は試用期間中や入社後一定期間まで認めなくてもよい

休職の取扱い

モデル条文

第●条（休職の取扱い）

1. 休職期間は原則として勤続年数に通算❶しない。ただし、会社都合による休職及び会社が特別の事情を認めた場合は、この限りではない。
2. 私傷病による休職者は、療養に専念しなければならない。
3. 休職期間中であっても社員の資格を有するため、会社の規則・命令

等を守らなければならない。

4. 会社は、休職期間中の者に対し、会社指定の医師の受診を命じることができ、社員は正当な理由がない限り、これに応じなければならない。

5. 休職期間中の社員は、会社の求めに応じ次の書類を提出し、自己の傷病等について、原則として1か月に1回以上報告しなければならない。ただし、会社が認めた場合は省略することがある。

　①主治医または会社が指定した医師の診断書（業務外または業務上傷病による休職時）

　②その他会社が必要と判断したもの

6. 休職期間中、出向休職を除き賃金は支給しない❷。

7. 休職期間中、一時的に出勤をしても、出勤した日より1か月以内に同一または類似の理由で欠勤するようになった時は期間の中断は行わない❸。

8. 休職の命令は、同一または類似の事由につき2回まで❹とする。

9. 休職期間中の社会保険料の本人負担分については、会社が指定する日までに会社が指定する方法によって支払うものとする。

解説

　休職期間を勤続年数に通算❶するかどうかは、企業側の判断になります。通常は、労務を提供している期間ではないため、勤続年数に通算することはしません。

　年次有給休暇の付与日数を計算する際には、在籍期間が基本となるため、勤続年数として取り扱います。ただし、出勤率を満たしていなければ、年次有給休暇の当年分の付与はありません。

　賃金については、労務の提供がありませんので無給扱い❷とします。企業によっては、一定期間の休職には一部賃金を支給する場合もあり

ます。また、私傷病による休職の場合には、健康保険から傷病手当金が支給されますが、これは支給開始から1年6か月まで（2022年1月より法改正あり）の支給となります。

　また、休職期間が中断され、再度の休職期間をカウントすることのないよう、同一・類似の理由による欠勤が一定期間内に発生した場合には、休職期間が通算される❸ようにしておきます。

　合わせて、休職発令についても、同一・類似の理由によるものは一定回数まで認める❹ようにし、これ以上の休職は解雇とするよう明確に定めておきます。

 ポイント

■休職期間は勤続年数に通算せず、休職命令も一定回数までとする
❷休職期間中は労務の提供がないので「無給」。会社によっては一部有給とする場合もある

 ポイント深掘り

　業務外の事由による病気やケガの療養のために休業する場合に、一定の要件に該当したときは、健康保険から傷病手当金が支給されます。この傷病手当金が支給される期間は、支給が開始された日から最長1年6か月とされており、1年6か月の途中で仕事に復帰し、その後再び同じ病気やケガにより仕事に就けなくなった場合でも、支給期間として計算されるため、支給開始から1年6か月を経過した場合は、傷病手当金は支給されません。

　今回、がん治療のために入退院を繰り返すなど、長期間にわたって療養のため休暇を取りながら働くケースがあること等から、健康保険

法が改正され、支給を始めた日から支給期間を通算して1年6か月間支給されることとなりました（2022年1月施行）。

改正施行日より前から傷病手当金を受給しており、暦の通算で支給開始から1年6か月を経過していない場合は、改正内容が適用される経過措置を設けています。

復職

モデル条文

第●条（復職）

1. 休職事由が消滅、または休職期間が満了した時は、原則として直ちに旧職務に復職させる。ただし、業務の都合その他の事情により旧職務へ復職させることが困難な場合は、旧職務と異なる職務に配置することがある。

2. 私傷病による休職者❶が復職する場合（休職期間満了前を含む）は、医師の診断書❷を提出するか、会社が指定する医療機関での診断❸を受けなければならない。会社は、診断内容及び当該社員の業務内容等を総合的に勘案し、復職させるかどうかを決定する。

3. 前項での診断書提出に際し、会社が診断書を発行した医師に対する意見聴取を求めた場合、社員はその実現に協力しなければならない。

4. 社員が第2項の会社が指定する医療機関での検診を正当な理由なく拒否❹した場合、第2項の診断書を休職事由が消滅したか否かの判断材料として採用しない。

5. 復職後6か月以内に同一または類似の事由により欠勤または完全な労務提供をできない状態に至った場合は、復職を取り消し、直ちに休職を命じる。この場合の休職期間は、当該復職前の期間（残日数が30日に満たない場合は、30日）と通算する。

6. 休職期間満了後においても休職事由が消滅せず勤務不能な時は、満

了の日をもって<u>自然退職❺</u>とする。

解説

　<u>私傷病休職❶</u>の場合、傷病が治っているかどうかの判断が必要になります。治っていれば復職することができますが、治っていなければ労働契約は終了となります。

　この場合、労働契約の終了については、就業規則に<u>自然退職❺</u>と定めているのか解雇と定めているのかで扱いが異なります。自然退職であれば、定年と同じに休職期間満了日をもって退職となりますが、解雇の場合は、解雇予告や解雇予告手当などの扱いが必要となります。

　<u>私傷病休職❶</u>では、前述のとおり「治っているかどうか」を判断します。この判断材料として<u>診断書❷</u>を使用しますが、提出された診断書だけでは判断がつきませんので、通常は、休職期間中に本人と面談をし、傷病の状況を確認します。この時点で疑義がある場合には、<u>会社が指定する医療機関で診察❸</u>を受けてもらったり、診断書を作成した医師との面談を求めたりして、健康状態や再発の可能性などを確認します。

　傷病については個人的な事情になり、社員が指定医との面談を<u>拒否❹</u>する場合も想定されますので、それぞれの対応を拒否した場合の扱いも定めておきます。

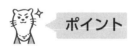

ポイント

❶休職期間満了時の扱いは就業規則の定め方により異なる

❷私傷病休職の場合は、提出された診断書の扱いと休職期間の通算が大事

作成・見直しチェックポイント

□採用基準・方法は、雇用形態に応じて定めたか

□雇用形態ごとの区分を明確に定めたか

□適切な採用選考を実施するための必要書類を定めたか

□本人の性格や行動特性を図るため、自筆履歴書もしくは自筆アンケートの提出を定めたか

□入社前に健康状態を確認できるよう定めたか

□会社が必要と考える書類の提出を定めたか

□必要書類の提出期限は「入社日まで」「○日以内」など具体的に決めたか。提出遅延に対処できるようにしたか

□後でトラブルにならないよう、採用の取消について定めたか

□試用期間中の解雇は、通常の解雇より裁量範囲が広いことを確認したか

□試用期間中における教育・指導のために、定期的な面談を設けたか

□身元保証期間を定める場合は5年間、定めない場合は3年間としたか

□身元保証人が用意できない場合の対処を検討したか

□労働条件の明示は、原則書面で行うことを定めたか

□労働条件の明示について、労働者の希望があれば電子メール等も可としたか

□人事異動は、正当な理由がなければ、社員は拒否できないことを定めたか

□異動命令は、短期間かつ一方的に行うのではなく、社員への配慮をしながら行うこととしたか

□私傷病による休職において、休職指示をするまでの経過期間のカウント方法を定めたか

□休職期間は、自社の規模や考え方によって、個別に設定したか

□休職は、試用期間中や入社後一定期間まで認めなくてもよいことを
　確認したか

□休職期間は勤続年数に通算せず、休職命令も一定回数までとしたか

□休職期間中の賃金について定めたか

□休職期間満了時の扱いについて定めたか

□私傷病休職者の復職について、診断書の扱いと休職期間の通算方法
　について定めたか

3. 労働条件
（労働時間、休憩、休日、休暇）

重要度 ★★★

> ここでは、働く上での大事な要素となる労働時間、休憩、休日、休暇について定めます。
>
> 労基法では、労働条件のうち、特に労働時間・休憩・休日・休暇について細かく定められています。これは使用者側が一方的に労働条件を定めないよう、法律で厳しく制限をしているためです。
>
> 法律に反することなく、労働時間等のルールを設ける必要があります。
>
> また、職種や雇用形態によって労働条件が異なる場合には、個別かつ具体的に定める場合もあります。
>
> なお、ここで定める内容に関しては、労使協定が締結されていなければ無効となる場合もあり、就業規則と合わせて用意していかなければいけません。

うちの会社は、毎日9時から18時まで働かないといけません。それなのに、18時近くに「これ急ぎなんだけど、明日の朝までに用意して」って言われて、残業になってしまいます。週に2〜3回は言われるんです……おまけに、残業代も支払われていないみたいです……

先月はイベント業務もあってか、お休みがほとんどありませんでした。休日に出勤した分、お休みがほしいです

それは困りましたね……法律では1日・1週で働く時間が決まってるんですよ。1か月の残業時間にも上限がありますし、休日出勤も制限があります。働いた分は残業代も支払われていないといけません

最近はリモートワークも増えてきましたので、様々な働き方ができるようになってきました。働き方にあった就業規則を用意していく必要がありますね

3-1　労働時間

労働時間

モデル条文

> **第●条（労働時間）**
>
> 1. 1日の所定労働時間は○時間とし、始業・終業時刻は原則として次の通りとする。ただし、個別に締結する雇用契約書で別途定めた場合は、この限りではない。
>
>   始業：○○時　終業：○○時
>
> 2. 始業時刻❶とは、所定の就業場所で業務を開始（実作業の開始）する時刻をいい、終業時刻❶とは、業務の終了（実作業の終了）の時刻をいう。
>
> 3. 会社は、業務の必要性がある場合、第1項の始業・終業時刻を繰上げ、繰下げ、または労働時間を変更❷することがある。

解説

　始業・終業時刻は、就業規則に必ず定めなければいけません。これを絶対的必要記載事項といいます（第2章「就業規則には必ず書かなければならないものがある」参照）。

　ここでは、原則的な所定労働時間を定めておき、そのほか、変形労働時間制を採用する場合には、それぞれの条文で対象者や適用される労働時間などを具体的に定めます。

　2項では、始業・終業時刻❶に対する定義について定めています。始業・終業時刻とは何を意味するのかを具体的にし、賃金支払の基準であることも明らかにします。これは、始業時刻ギリギリに出社し、実際の業務を開始するのは始業時刻を過ぎてからだったり、終業時刻より前に業務を終了しておき、終業時刻になったら直ちに帰社すると

いう行為を抑制するためでもあり、また、このような就業状況が当たり前になっている場合には、就業規則違反であると明確にするためでもあります。始業・終業時刻の定義をすることで、よい就業ルールを定着させ、適切な労務管理を行っていけるようにします。

　始業・終業時刻の変更❷については、業務上の都合により業務の開始・終了時刻を変更したり、労働時間を変更する事態が発生したときに、企業側に変更命令権がある旨を、あらかじめ就業規則に定めておくことで、包括的な合意を得ておくものとなります。

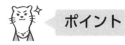 **ポイント**

❶所定労働時間は、就業規則に必ず定めなければいけないもの
❷始業・終業時刻の定義を明確にし、よい就業ルールを定着させる

 ポイント深掘り

　使用者は、労働者に休憩時間を除き、1週間に40時間を超えて労働させてはなりません。また、1週間の各日については、休憩時間を除き、8時間を超えて労働させることはできません（労基法32）。これを、法律が定める労働時間の上限であることから「法定労働時間」といいます。違反には、6か月以下の懲役または30万円以下の罰金が科せられる（同法119）ほか、法定労働時間を超える当事者の約束は無効とされ、無効となった部分は法定労働時間通りに直されます（同法13）。

　なお、法定労働時間を超えて働かせる場合には、使用者は従業員の過半数代表と書面の協定（36協定）を締結し、所轄労働基準監督署長に届け出て、割増賃金を支払わなければなりません（同法36、37）。

　特例として、公衆の不便を避ける等の理由で、①小売・卸売・理容・美容の事業、②映画・演劇館等の興行事業、③診療所・社会福祉施設などの保健衛生事業、④旅館・飲食・娯楽・接客事業について、それぞれ常時10人未満の労働者を使用する事業場では、休憩時間を除き、週の法定労働時間は44時間（１日は８時間）とされています。

【特例措置対象事業場の例（常時10人未満の労働者を使用する場合に限る)】

商　業	物品の販売、配給、保管、賃貸、理容の事業
映画・演劇業 （映画の製作の事業を除く）	映画の映写、演劇、その他興行の事業
保健・衛生業	病者または虚弱者の治療、看護（病院、診療所、社会福祉施設）、浴場業、その他の保健衛生業
接客・娯楽業	旅館、料理店、飲食店、接客業、ゴルフ場、公園・遊園地、その他の接客娯楽業

　法定労働時間の１週40時間、１日８時間とは、労働者がどういう状態にある時間なのでしょうか。これが「労基法上の労働時間」の概念の問題です。

　判例では、「労基法上の労働時間とは、労働者が使用者の指揮命令下におかれている時間をいう」との判断基準が確立しています（三菱重工業長崎造船所事件・平12.3.9最判）。そして、厚生労働省の「労働時間の適正な把握のために使用者が講ずべき措置に関するガイドライン」（平29.1.20基発0120第3）でも、「労働時間とは、使用者の指揮命令下に置かれている時間のことをいい、使用者の明示または黙示の指示により労働者が業務に従事する時間は労働時間に当たる」としています。

　このガイドラインでは、例として、①使用者の指示により、就業を命じられた業務に必要な準備行為（着用を義務付けられた所定の服装

への着替え等）や業務終了後の業務に関連した後始末（清掃等）を事業場内において行った時間、②使用者の指示があった場合には即時に業務に従事することを求められており、労働から離れることが保障されていない状態で待機等している時間（いわゆる「手待時間」）、③参加することが業務上義務づけられている研修・教育訓練の受講や、使用者の指示により業務に必要な学習等を行っていた時間は、労基法上の労働時間に当たるとしています。

　これらの判断基準によって、労働時間とされた時間が、法定労働時間を超えている場合には、割増賃金の支払いが必要です。

【実態に応じた労働時間制度の選択例】

完全週休2日制		業務の繁閑が比較的少なく、1週間に休日が2日程度確保できる場合
半日勤務 (例　月～金：7時間、土：午前中勤務)		業務の繁閑が比較的少なく、1日の所定労働時間が短縮できる場合
1か月単位の変形労働時間制	労基法32の2	月初、月末、特定週などに業務が忙しい場合
1年単位の変形労働時間制	労基法32の4	特定の季節（夏季、冬季等）、特定の月などに業務が忙しい場合
1週間単位の非定型的変形労働時間制	労基法32の5	業務の繁閑が直前にならないと分からない場合（常時30名未満の労働者を使用する小売業、旅館及び料理・飲食店に限る）
フレックスタイム制	労基法32の3	始業・終業時刻を労働者に自由に選択させることができる場合
事業場外労働のみなし労働時間制	労基法38の2	営業社員等、労働時間の把握ができない場合
専門業務型裁量労働制	労基法38の3	研究職員等、業務の手段や時間配分について指示ができない場合
企業業務型裁量労働制	労基法38の4	企画・立案・調査及び分析を行う者に作業指示をしない場合

1か月単位の変形労働時間制

モデル条文

第●条（1か月単位の変形労働時間制）

1.第○条の規定にかかわらず、社員の所定労働時間は、毎月○日を起算日とする1か月単位の変形労働時間制を採用する場合がある。

2.所定労働時間は、1か月を平均して<u>1週間あたり40時間以内</u>❶で、所定労働日及び所定労働日ごとの始業・終業の時刻を定めるものとする。

・・・

【労働日・労働時間を特定するケース】

1.第○条の規定にかかわらず、○○職の社員に対し、毎月○日を起算日とする1か月単位の変形労働時間制を採用する場合がある。

2.前項の所定労働時間は、1か月を平均して<u>1週間あたり40時間以内</u>❶で、各日、各週の労働時間は次の通りとする。

○日～○日：1日実働7時間、1週実働35時間

○日～○日：1日実働8時間30分、1週実働42時間30分

3.各日の始業・終業時刻は次の通りとする。

○日～○日：9時～17時

○日～○日：9時～18時30分

4.次に定める事由が生じた場合には、第2項に定める所定労働時間数を変更することがある。この場合、当該労働日の1週間前までに、社員に通知をする。

①予期しない事故や災害が発生した場合

②予期しない緊急の業務が発生した場合

③他の従業員の急な欠勤等による人員不足

5.第○条に基づき休日を振り替えたことにより、労働日となった日の

労働時間は、振替先の労働日の所定労働時間によるものとする。

【シフト制のケース】

1. 第○条の規定にかかわらず、○○職の社員に対し、毎月○日を起算日とする1か月単位の変形労働時間制を採用する場合がある。

2. 前項の所定労働時間は、1か月を平均して<u>1週間あたり40時間以内</u>❶とし、各日、各週の労働時間は、前月○日までにシフト勤務表を作成し社員に通知する。

3. 始業・終業時刻、及び休憩時間は次の組み合わせによるものとし、前月○日までにシフト勤務表を作成し社員に通知する。なお第1項により1か月単位の変形労働時間制が適用される社員に対しては、第○条（休憩）及び第○条（休日）は適用せず、休憩及び休日については、本条に定めるものとする。

   ① 勤務A（実働6時間）：9時〜16時（休憩12時〜13時）
   ② 勤務B（実働6時間）：13時〜20時（休憩16時〜17時）
   ③ 勤務C（実働10時間）：9時〜20時（休憩12時〜13時）

4. 次に定める事由が生じた場合には、第2項に定める所定労働時間数を変更することがある。この場合、当該労働日の1週間前までに、社員に通知をする。

   ① 予期しない事故や災害が発生した場合
   ② 予期しない緊急の業務が発生した場合
   ③ 他の従業員の急な欠勤等による人員不足

5. 休日は原則として年間105日とし、シフト勤務表により特定し、前月○日までに社員に周知する。

6. 第○条に基づき休日を振り替えたことにより、労働日となった日の労働時間は、振替先の労働日の所定労働時間によるものとする。

【労使協定を就業規則内容とするケース】

1. 第○条の規定にかかわらず、会社は社員に対し、労働者代表と労基法第32条の2に基づき、次の事項を定めた<u>労使協定を締結</u>❷し、1か月単位の変形労働時間制による労働をさせることがある。

① 対象となる社員の範囲

② 変形期間

③ 変形期間の起算日

④ 変形期間を平均し1週間あたりの労働時間が週法定労働時間を超えない定め

⑤ 変形期間中の各日及び各週の労働時間

⑥ 各労働日の始業・終業時間及び休憩時間

⑦ 協定の有効期間

2. 前項の場合、締結した労使協定を就業規則に添付し就業規則の一部とし、就業規則に定めのない事項は、当該協定の定める内容によるものとする。

解説

　変形労働時間制は、1か月以内の期間（1か月、4週間など）を平均して、各週の所定労働時間を決める制度です。

　変形時間を平均して、<u>1週間の労働時間が週40時間以下</u>❶になっていれば、他の時期の所定労働時間が1日8時間、週40時間を超えていても、時間外労働の扱いをしなくて済むというものです（労基法32の2。特例措置対象事業場においては週44時間以下）。

　例えば、月初は比較的業務に余裕があるけれども、月末の1週間が忙しい場合など、1か月の中である程度業務の繁閑サイクルが決まっている場合に適している制度といえます。

　制度を導入するには、<u>労使協定を締結</u>❷するか、就業規則に定める

ことが必要です。労使協定を締結した場合には、所轄労働基準監督署への届け出が必要となります。

定めなければならない内容は、次の通りです。

・ 変形期間（1か月以内。4週間単位、20日単位などにすることも可能）
・ 変形期間の起算日（毎月1日、毎月16日など給与の計算期間に合わせることが多い）
・ 制度の対象となる労働者
・ 各日、各週の労働時間
・ （労使協定の場合）協定の有効期間

この制度を利用する際には、変形期間での法定労働時間の上限が決められており、以下の式で計算されます。これを超えた時間は割増賃金を支払わなければいけません。

　—計算方法—　　　　40（時間）×変形期間の暦日数／7

※具体的には、1か月で177.1時間（31日の月）か171.4時間（30日の月）、4週間で160.0時間、20日で114.2時間となります。
※小数点第2位以下を省略

時間外労働を計算する場合には、例えば1日の労働時間を9時間と定めた日は9時間を超えた分から割増賃金の対象となり、1週間の労働時間を45時間と定めた週は、この時間を超えた分が対象となります。これに対して法定労働時間より少ない時間を定めた日・週では、この時間を超えた分から割増賃金の対象となります。

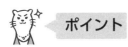
ポイント

■1か月の中で、ある程度業務の繁閑サイクルが決まっている場合に

【1箇月単位の変形労働時間制に関する協定届の記載例】

様式第3号の2（第12条の2の2関係）

1箇月単位の変形労働時間制に関する協定届

事業の種類	事業の名称	事業の所在地(電話番号)	常時使用する労働者数
機械器具卸売業	○○商事(株)	○○市○○町○-○-○	30人

業務の種類	該当労働者数(満18歳未満の者)	変形期間(起算日)	変形期間中の各週の労働時間並びに所定休日	協定の有効期間
営業	25人(0人)	1箇月(2021年4月1日)	別紙勤務表のとおり	2021年4月1日から1年間

労働時間が最も長い日の労働時間数(満18歳未満の者)	労働時間が最も長い週の労働時間数(満18歳未満の者)
8時間 (0分)	48時間 (0分)

協定の成立年月日　2021年　3月25日

協定の当事者である労働組合（事業場の労働者の過半数で組織する労働組合）の名称又は労働者の過半数を代表する者の　職名　営業主任　氏名　甲斐 太郎

協定の当事者（労働者の過半数を代表する者の場合）の選出方法（　投票による選挙　）

全ての労働者の過半数を代表する者であること。☑（チェックボックスに要チェック）

上記協定の当事者である労働組合が事業場の全ての労働者の過半数で組織する労働組合である又は上記協定の当事者である労働者の過半数を代表する者が事業場の全ての労働者の過半数を代表する者であること。☑（チェックボックスに要チェック）

上記労働者の過半数を代表する者が、労働基準法第41条第2号に規定する監督又は管理の地位にある者でなく、かつ、同法に規定する協定等をする者を選出することを明らかにして実施される投票、挙手等の方法による手続により選出された者であって使用者の意向に基づき選出されたものでないこと。☑（チェックボックスに要チェック）

2021年　3月26日

使用者　職名　代表取締役社長　氏名　山梨 一郎

○○ 労働基準監督署長　殿

記載心得

1　労働基準法第60条第3項第2号の規定に基づき満18歳未満の者に変形労働時間制を適用する場合には、労働者の過半数で組織する労働組合、「該当労働者数」、「労働時間が最も長い日の労働時間数」及び「労働時間が最も長い週の労働時間数」の各欄に括弧書きをすること。

2　「変形期間」の欄には、当該変形労働時間制における時間通算の期間の単位を記入し、その起算日を記入すること。

3　「変形期間中の各週の労働時間並びに所定休日」の欄に当該事項を記入しきれない場合には、別紙に記載して添付すること。

4　協定については、労働者の過半数で組織する労働組合がある場合はその労働組合と、労働者の過半数で組織する労働組合がない場合は労働者の過半数を代表する者と協定すること。なお、労働者の過半数を代表する者は、労働基準法施行規則第6条の2第1項の規定により、労働基準法第41条第2号に規定する監督又は管理の地位にある者でなく、かつ、同法に規定する協定等をする者を選出することを明らかにして実施される投票、挙手等の方法による手続により選出された者であって、使用者の意向に基づき選出されたものでないこと。これらの要件を満たさない場合には、当該協定は無効なものとなること。また、これらの要件を満たしていても、届出の形式上の要件に適合していないときは、当該要件を満たすよう留意すること。

5　本様式をもって協定とする場合においても、協定の当事者たる労使双方の合意があることが、協定上明らかとなるような方法により締結するよう留意すること。

107

適している制度

2時間外勤務の計算方法に注意

 ポイント深掘り

変形労働時間制の変形期間の最長は1か月ですが、1か月以内であれば3週間単位、2週間単位などとすることもできます。

労使協定は、免罰効果を生じさせるだけ（労基法に違反しないという意味だけ）ですので、民事上の効果を生じさせるためには、就業規則等の労働契約に規定を盛り込む必要があります。

そこで、就業規則には、「1か月単位の変形労働時間制を採用し、具体的には労使協定で定めるところによる。」というように定めることも可能ですが、その場合には、労使協定は就業規則の一部となります。そのため、労使協定を締結する都度、就業規則が変更されることとなりますので、就業規則変更の手続き（過半数労働組合等への意見聴取と労働基準監督署への届け出）が併せて必要となります。また、労使協定は、所轄の労働基準監督署長に届け出る必要があります。

1年単位の変形労働時間制

モデル条文

第●条（1年単位の変形労働時間制）

1.第○条の規定にかかわらず、社員の所定労働時間は、次の事項等を定めた労使協定**❶**により、1年単位の変形労働時間制を採用する場合がある。

①対象社員の範囲**❷**

②対象期間**❸**

③対象期間における労働日とその労働日ごとの労働時間**❹**

> ④有効期間❺
>
> ⑤区分できる期間
>
> 2.所定労働時間は、1年間を平均して1週間あたり40時間以内❻とする。

解説

　1年単位の変形労働時間制は、一定の内容について労使協定❶を締結し届け出することで、1か月超～1年以内の一定期間内で、1日8時間を超えたり、1週40時間を超えて労働させることができる制度です。ただし、この一定期間内を平均して1週40時間を超えない❻ように労働時間を設定しなければいけません。

　この制度は、一般的に盆休みや年末年始など年間を通して一定時期に繁閑が集中する業種に適しているとされ、デパート・小売り・物流業・学校などに有用とされています。これら以外の一般企業でも、年間の休日を事前に設定し、これに合わせて各時期の労働時間を決めているところが多くあります。

　この場合、1日の労働時間を変更せず休日数を調整することで、1週の法定労働時間を変形するのが目的となります。

　新たに制度を導入する際には、特定の週の労働時間が今までより長くなる場合があり、不利益変更ではないかと問題になることがあります。実際に導入するにあたり、導入後の全所定労働時間が導入前の全所定労働時間と同じか少なくなるように設定されていれば問題ないわけで、むしろ導入後の全所定労働時間が導入前より短く設定されていれば、不利益変更どころか、利益変更にもなり得るのです。

　労使協定❶では、以下の内容について、具体的にしていきます。

(1) 対象労働者の範囲❷

　対象となる社員を職種や部門など具体的に定義します。

(2) 対象期間と起算日❸

導入する期間と起算日を定めます。対象期間は1か月を超え1年以内とし、起算日を設けます。

(3) 対象期間内の労働日と労働時間❹

労働日は、連続して働けるのは6日までとなります。ただし、特に業務が繁忙な期間を特定期間として設ける場合は、1週に1日の休日が確保できるよう労働日を設定します。この特定期間を設けた場合には、対象期間内で変更することはできません。

また、対象期間内での労働日数は280日までとなりますが、対象期間が3か月以内であれば制限はありません。

労働時間は、1日10時間、1週52時間以内で定め、対象期間を平均して1週40時間を超えないように設定をします。隔日勤務のタクシー運転手については、1日16時間までとされています。

対象期間が3か月を超える場合は、1週48時間を超える週は連続3回までか、3か月間で3回までのどちらかに設定されている必要があります。

(4) 有効期間❺

有効期間は1年程度が望ましいとされますが、3年以内のものであれば届出は受理するとしています。

1年単位の変形労働時間制を導入している際の時間外労働の計算方法は、以下の通りとなります。

① 1日について

労使協定で8時間を超える労働時間となっている日は、その時間を超えて労働した時間。それ以外の日は8時間を超えて労働した時間。

② 1週間について

労使協定で40時間を超える労働時間となっている週は、その時間を超えて労働した時間。それ以外の週は40時間を超えて労働させた

【1年単位の変形労働時間制に関する協定届の記載例】

様式第4号(第12条の4第6項関係)

1年単位の変形労働時間制に関する協定届

事業の種類	事業の名称	事業の所在地(電話番号)	常時使用する労働者数
機械器具製造業	○○工業株式会社	○○市○○　電話○○ 1-2-3	250人

該当労働者数(満18歳未満の者)	対象期間及び特定期間(起算日)	対象期間中の各日及び各週の労働時間並びに所定休日	対象期間中の1週間の平均労働時間数	協定の有効期間
220人 (0人)	対象期間：1年間 特定期間：なし (2021年4月1日)	(別紙)	40時間00分	2021年4月1日から1年間

労働時間が最も長い日の労働時間数(満18歳未満の者)	労働時間が最も長い週の労働時間数(満18歳未満の者)	対象期間中の最も長い連続労働日数	対象期間中の総労働日数
8時間00分 (　時間　分)	48時間00分 (　時間　分)	日間	260日

労働時間が48時間を超える週の最長連続週数	対象期間中の労働時間が48時間を超える週数		
週	週		

	旧協定の労働時間が最も長い日の労働時間数	旧協定の労働時間が最も長い週の労働時間数	旧協定の対象期間中の総労働日数
旧協定の対象期間 2020年4月1日から1年間	8時間00分	48時間00分	260日

協定の成立年月日　2021年　3月　25日

協定の当事者である労働組合(事業場の労働者の過半数で組織する労働組合)の名称又は労働者の過半数を代表する者の　職名 組立工　氏名 甲斐太郎

協定の当事者(労働者の過半数を代表する者の場合)の選出方法(投票による選挙)

上記協定の当事者である労働者の過半数が事業場の全ての労働者の過半数を代表する者であること。 ☑ (チェックボックスに要チェック)

上記労働者の過半数を代表する者が、労働基準法第41条第2号に規定する監督又は管理の地位にある者でなく、かつ、同法に規定する協定等をする者を選出することを明らかにして実施される投票、挙手等の方法による手続により選出された者であつて使用者の意向に基づき選出されたものでないこと。 ☑ (チェックボックスに要チェック)

2021年　3月　26日

使用者　職名 代表取締役　氏名 山梨 一郎

○○　労働基準監督署長　殿

記載心得

1　「事業の種類」については、できる限り具体的に記入すること。
2　「該当労働者数(満18歳未満の者)」の欄のうち、( )内には、当該変形労働時間制を適用する場合には満18歳未満の者の数を記入すること。
3　「対象期間及び特定期間(起算日)」の欄のうち、対象期間については当該変形労働時間制における時間通算の期間を記入し、その起算日を記入すること。
4　「対象期間中の各日及び各週の労働時間並びに所定休日」については、別紙に記載して添付すること。
5　「協定の当事者である労働組合が事業場の全ての労働者の過半数で組織する労働組合」か「協定の当事者である労働者の過半数を代表する者が事業場の全ての労働者の過半数を代表する者」であることを、協定の当事者である労働組合が事業場の全ての労働者の過半数で組織する労働組合である場合又は協定の当事者である労働者の過半数を代表する者が事業場の全ての労働者の過半数を代表する者である場合のいずれかをチェックボックスにチェックすること。
6　本様式をもつて協定とする場合においても、協定の当事者たる労使双方の合意があることが、協定上明らかとなるような方法により締結するよう留意すること。

【１年単位の変形労働時間制に関する労使協定書の記載例】

１年単位の変形労働時間制に関する労使協定書

　　○○工業株式会社（以下「会社」という）と○○工業株式会社従業員代表　甲斐太郎（以下「従業員代表」という）は、１年単位の変形労働時間制に関し、次のとおり協定する。

（勤務時間）
第１条　所定労働時間は、１年単位の変形労働時間制によるものとし、１年を平均して週４０時間を超えないものとする。
　　　　変形期間には、１ヶ月ごとの区分期間を設ける。区分期間は、起算日から１ヶ月ごとの期間とする。
　　　　１日の所定労働時間は　８時間００分とし、始業・終業の時刻、休憩時間は次のとおりとする。
　　　　始業：　８時３０分　　　　終業：　１７時３０分
　　　　休憩：１２時００分～１３時００分

（起算日）
第２条　変形期間の起算日は、令和○年○月○日とする。

（休　日）
第３条　４月の休日は別紙カレンダーのとおりとする。
　　　　５月以降の各月については、従業員代表の同意を得て、各月の初日の３０日前に勤務割表を作成して特定する。勤務割表は作成し次第、従業員に配布する。

（５月以降の各月の所定労働日数と所定労働時間数）
第４条　５月以降の各月の所定労働日数と所定労働時間数は次のとおりとする。

月	５月	６月	７月	８月	９月	１０月
所定労働日数	２１日	２２日	２１日	２１日	２１日	２３日
所定労働時間数	１６８時間	１７６時間	１６８時間	１６８時間	１６８時間	１８４時間

月	１１月	１２月	１月	２月	３月
所定労働日数	２１日	２１日	２１日	２１日	２１日
所定労働時間数	１６８時間	１６８時間	１６８時間	１６８時間	１６８時間

（時間外手当）
第５条　会社は、第１条に定める所定労働時間を超えて労働させた場合は、時間外手当を支払う。

（対象となる従業員の範囲）
第６条　本協定による変形労働時間制は、次のいずれかに該当する従業員を除き、全従業員に適用する。
　（１）１８歳未満の年少者
　（２）妊娠中又は産後１年を経過しない女性従業員のうち、本制度の適用免除を申し出た者
　（３）育児や介護を行う従業員、職業訓練又は教育を受ける従業員その他特別の配慮を要する従業員に該当する者のうち、本制度の適用免除を申し出た者

（特定期間）
第７条　特定期間は定めないものとする。

（有効期間）
第８条　本協定の有効期間は、起算日から１年間とする。

　　　　　令和○年○月○日
　　　　　　　　　○○工業株式会社　代表取締役　　山梨一郎　　　　　　　㊞

　　　　　　　　　○○工業株式会社　従業員代表　　甲斐太郎　　　　　　　㊞

時間。この時、１日の時間外労働となった時間は除いて計算します。

③ 対象期間について

　対象期間での法定総労働時間の総枠を超えて労働した時間。この時、
１日・１週間で時間外労働となった時間は除いて計算します。

　―計算方法―
　　　　法定総労働時間の総枠＝ 40 時間×（365 日÷７日）

　１年が365日のときの法定労働時間の総枠は2085.7時間となり、こ
の総枠を超える労働時間となったかどうかは、対象期間が終了した時
点で確定しますので、この分の時間外手当は、対象期間終了後の直近
の給与支払時に精算することとなります。

 ポイント

1 年間通して業務の繁閑の時期がある程度決まっている場合に有用
2 １年単位の変形労働時間制は、労使協定の締結と届出が必要
3 労使協定の内容は、具体的にする
4 対象期間内での労働日数や労働時間を上手く調整してみる
5 時間外労働は、労使協定で締結した時間を超えた分から
6 対象期間が終わった時に、再度超えた分を精算する

ポイント深掘り

【週40時間労働制に適合するために確保が必要な年間休日数】

年間暦日数 1日の所定労働時間数	365日	366日 (うるう年)
	年間休日日数	
9　時　間	134日	134日
8　時　間	105日	105日
7時間50分	99日	100日
7時間45分	96日	97日
7時間30分	87日	88日
7時間15分	85日	86日
7　時　間	85日	86日

―計算方法―

$$\frac{(1日の所定労働時間×7日-40時間)×365日(または366日)}{1日の所定労働時間×7日} ≤年間休日日数$$

　1年単位の変形労働時間制は、恒常的な時間外労働時間及び休日労働はないことを前提とした制度です。

　したがって、突発的に時間外労働等がある場合、当然労基法36条に基づいて、時間外労働等に関する協定の締結及びその届出をするとともに、該当する労働者に対し割増賃金の支払が必要となります。

コラム　途中採用・途中退職等の取扱い（労基法32の4の2）

　対象期間より短い労働をした者に対しては、これらの労働者に実際に労働させた期間を平均して週40時間を超えた労働時間について、次の式により、労基法37条に基づき割増賃金を支払うことが必要です。

　割増賃金の清算を行う時期は、途中採用の場合は対象期間が終了した時点、途

中退職の場合は、退職した時点となります。

　なお、転勤等により対象期間の途中で異動のある場合についても清算が必要になります。

― 計算式 ―

実労働期間における法定労働時間の総枠の計算式
（実労働期間の暦日数÷7日）×40時間

【令和〇年4月1日を起算日とする1年単位の変形労働時間制を次の2名に適用したケース】
（各人は所定労働時間だけ労働したとする。）

◎途中採用者→Aさん＝令和〇年5月1日入社
◎途中退職者→Bさん＝令和〇年11月30日退職

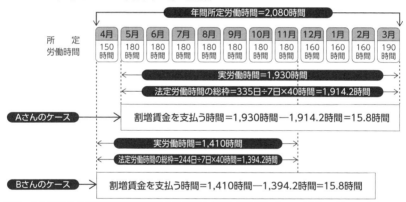

出典：「１年単位の変形労働時間制導入の手引」（厚生労働省）（https://jsite.mhlw.go.jp/tokyo-roudoukyoku/library/tokyo-roudoukyoku/jikanka/1nen.pdf）を一部加工して作成

1週間単位の非定型的変形労働時間制

モデル条文

第●条（1週間単位の非定型的変形労働時間制）

1.労使協定❶により、労働基準法に定める１週間単位の非定型的変形労働時間制を採用する場合には、１週間当たりの所定労働時間が40

時間を超えず❷、1日当たりの所定労働時間が10時間を超えない❸範囲において、1週間の変形勤務制とする。

2.社員の始業・終業時刻及び休日は、労使協定に基づき、従業員に書面で通知❹するところによる。

解 説

1週間単位の非定型的変形労働時間制（労基法32の5）は、小売業等接客を伴う30人未満の限定された事業場についてのみ認められている変形労働時間制です。

具体的には、「日ごとの業務に著しい繁閑の差が生ずることが多く、かつ、これを予測した上で就業規則その他これに準ずるものにより各日の労働時間を特定することが困難であると認められる厚生労働省令で定める事業であって、常時使用する労働者の数が厚生労働省令で定める数未満のもの」とされています。

(1) **対象事業**

小売業、旅館・料理店・飲食店の事業で、常時30人未満の労働者を使用する事業場であること。

(2) **労使協定❶**

1週間単位の非定型的変形労働時間制を導入する場合には、労使協定を締結する必要があります。労使協定は、様式第5号に従って作成し、所轄労働基準監督署長に届け出ます（労規則12の5④）。

また、労使協定では、1週間の所定労働時間を40時間以内❷と定める必要があります。特例で週法定労働時間が44時間とされている事業であっても、1週間単位の非定型的変形労働時間制を導入する場合には、週40時間の枠内で定めなければなりません。

なお、労使協定について、有効期限を定める必要はありません（平6．3.31基発181）。

(3) 所定労働時間の特定

　当該1週間が開始される前までに、1週間の各日の所定労働時間を書面で通知❹しなければなりません。ただし、緊急でやむを得ない事由がある場合については、あらかじめ通知した所定労働時間を書面による通知にて変更することができます。その際の書面による変更通知は、変更しようとする日の前日までにしなければなりません（労基則12の5③）。

　ここでいう緊急でやむを得ない事由がある場合とは、使用者の主観的なものではなく、台風、豪雨等の急変等、客観的事実により当初想定した業務の繁閑に大幅な変更が生じた場合を意味します（昭63.1.1基発1）。

(4) 1日の所定労働時間の上限

　1日の所定労働時間の上限は10時間❸とされています（労基法32の5①）。

(5) 就業規則・労使協定

　1週間単位の非定型的変形労働時間制は、労使協定を締結するのみではなく、就業規則にも、1週間単位の非定型的変形労働時間制を採用することを規定する必要があります（従業員数が10人未満の場合は就業規則に準ずるもの）。

ポイント

■**1** 1週間単位の非定型的変形労働時間制は、小売業、旅館・料理店・飲食店の事業で、従業員数30名未満に限定されている

■**2** 特例で週法定労働時間が44時間とされている事業であっても、1週間単位の非定型的変形労働時間制を導入する場合には、週40時間の枠内で定めなければならない

【1週間単位の非定型的変形労働時間制に関する協定届】

様式第5号（第12条の5第4項関係）

1週間単位の非定型的変形労働時間制に関する協定届

事業の種類	事業の名称	事業の所在地（電話番号）	常時使用する労働者数

業務の種類	該当労働者数 （満18歳以上の者）	1週間の所定労働時間	変形労働時間制による期間

協定の成立年月日　　　　　　　年　　月　　日

協定の当事者である労働組合（事業場の労働者の過半数で組織する労働組合）の

　　名称又は労働者の過半数を代表する者の　職名
　　　　　　　　　　　　　　　　　　　　　　氏名

協定の当事者（労働者の過半数を代表する者の場合）の選出方法

（　　　　　　　　　　　　　　　　　　　　　　）

　上記協定の当事者である労働組合が事業場の全ての労働者の過半数で組織する労働組合である又は上記協定の当事者である労働者の過半数を代表する者が事業場の全ての労働者の過半数を代表する者であること。□（チェックボックスに要チェック）

　上記労働者の過半数を代表する者が、労働基準法第41条第2号に規定する監督又は管理の地位にある者でなく、かつ、同法に規定する協定等をする者を選出することを明らかにして実施される投票、挙手等の方法による手続により選出された者であって使用者の意向に基づき選出されたものでないこと。□（チェックボックスに要チェック）

　　　　年　　月　　日

　　　　　　　　　　　　　使用者　職名
　　　　　　　　　　　　　　　　　氏名

-------------------------労働基準監督署長殿

 ポイント深掘り

　1週間の各日の労働時間を定めるにあたっては、使用者は、労働者の意思を尊重するよう努めなければならないとされています（労基則12の5⑤）。

　通達では、「使用者は、1週間単位の非定型的変形労働時間制の下で労働者を労働させる場合に、1週間の各日各人の労働時間を定めるにあたっては、事前に労働者の都合を聴く等労働者の意思を尊重するように努めなければならないものであり、その旨十分指導すること」としています（昭63.1.1基発1）。

フレックスタイム制

モデル条文

第●条（フレックスタイム制）

1.第○条の規定にかかわらず、社員に対し、労働基準法32条の3に基づき、次の事項を定めた労使協定を締結して、その社員にかかる始業及び終業の時刻をその社員の決定に委ねる❶場合がある。

①対象となる社員の範囲❷

②清算期間❸

③清算期間における総労働時間❹

④標準となる1日の労働時間❺

⑤コアタイムを定める場合には、その開始時刻と終了時刻❻

⑥フレキシブルタイムを定める場合には、その開始・終了時刻❼

2.前項の場合、締結した労使協定を就業規則に添付して就業規則の一部とし、就業規則に定めのない場合は、当該協定の定める内容によるものとする。

解説

　フレックスタイム制とは、3か月以内の一定期間の総労働時間を定めておき、始業及び終業の時刻を労働者の決定に委ねる❶ものです（労基法32の3・32の3の2、労基則12の2・12の2の2・12の3）。労働者が仕事と生活の調和を図りながら効率的に働くことを可能とし、労働時間を短縮することを狙いとした制度です。

　通常は、1日の労働時間を、必ず勤務しなければならない時間帯（コアタイム）❻と、いつ出社または退社してもよい時間帯（フレキシブルタイム）❼とに分けます。コアタイムは必ず設けなければならないものというわけではなく、すべての労働時間をフレキシブルタイムと

することもできます。

　これとは逆に、コアタイムがほとんどで、フレキシブルタイムが極端に短い場合だと、始業・終業時刻を社員が決定することにならず、フレックスタイム制とみなされないのでご注意ください。

　この制度を導入するには、就業規則へ定めるとともに、労使協定の締結が必要になります。ただし、労使協定は労働基準監督署へ届け出る必要はありません。労使協定には、次の事項を定めます。

① 対象となる労働者の範囲❷
② 清算期間（起算日を定める）❸
③ 清算期間における総労働時間（法定労働時間を超えない範囲）❹
④ 標準となる1日の労働時間❺
⑤ コアタイムを定める場合には、その時間帯の開始及び終了の時刻❻
⑥ フレキシブルタイムに制限を設ける場合は、その時間帯❼
⑦ 1か月を超える清算期間を定める場合は、労使協定の有効期間

　では、就業規則には何を定めるかというと、フレックスタイム制を導入する社員については、始業・終業時刻を本人の決定に委ねる❶ということを定めます。

　とはいえ、いったんフレックスタイム制を導入したら、会議のために出社時刻を制限したり、早出や残業を命じることはできないのでしょうか。

　原則としては、会議のために出社時刻を制限するなどは、対象社員の同意がなければできない形となりますが、これでは実務に支障が出てしまいます。

　社員に出勤時刻を委ねるとはいえ、毎日、好きな時間に出社・退社されるのは、やはり実務に支障が出てしまいます。

　これらを解消するために、事前に一定期間分の勤務予定を立て届出

をしてもらい、届出された勤務予定を元に、会議など業務上必要があれば出社時刻を調整してもらうのも一方法でしょう。

　なお、フレックスタイム制での時間外労働は、清算期間内での総労働時間を超えた分を支給します。この超過時間を次の清算期間分に充当することは、清算期間内分として支給されるべき給与の一部が支払われないこととなり、労基法24条に違反するものとなるため、清算期間での超過時間分は清算期間内での給与として支払わなければいけません。

　逆に、清算期間内での労働時間に不足があった場合は、不足時間分を給与から控除する方法のほか、この不足分を次の清算期間での総労働時間に加えることも可能です（昭63.1.1基発1）。

　ただし、不足時間を加えた結果、次の清算期間での総労働時間が所定労働時間を超える場合は、この超える分を時間外手当の対象としなければいけません。1か月を超える清算期間を定める場合は、清算期間を1か月ごとに区分した各期間における実労働時間のうち、各期間を平均して1週間当たり50時間を超えた時間も時間外労働となります。

　これまで、完全週休2日制の事業場でフレックスタイム制を導入した場合には、1日8時間相当の労働でも、曜日の巡りによって、清算期間内の総労働時間が、法定労働時間の総枠を超えてしまう場合があり、残業のない働き方をしたにもかかわらず、時間外労働が発生することとなり、36協定の締結や割増賃金の支払いが必要となっていました。

　この問題を解消するために、週の所定労働日数が5日の完全週休2日の労働者を対象とし、労使協定を締結することによって、「清算期間内の所定労働日数×8時間」を労働時間の限度とすることが可能となりました。

【清算期間における総労働時間と実労働時間との過不足に応じた賃金の清算】

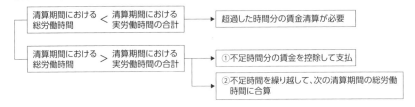

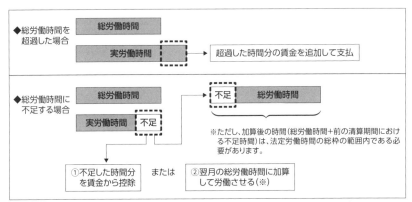

出典：「フレックスタイム制のわかりやすい解説＆導入の手引き」（厚生労働省）（https://www.mhlw.go.jp/content/000476042.pdf）を一部加工して作成

 ポイント

■1 フレックスタイム制は、社員が始業時刻と終業時刻を自主的に決定して働く制度

■2 フレックスタイム制を導入するには、就業規則だけでなく労使協定が必要。1か月を超える清算期間を定める場合は、労働基準監督署に届け出が必要

 ポイント深掘り

　働き方改革関連法により、2019年4月1日以降、フレックスタイム制の清算期間について、1か月を超え3か月以内とすることができ

るようになりました。導入にあたって、1か月以内のフレックスタイム制と異なる点は以下のとおりです。

- 締結したフレックスタイム制に関する労使協定を所轄労働基準監督署長に届け出ること
- 労使協定に有効期間の定めをすること
- 割増賃金の支払い対象は、①清算期間を1か月ごとに区分した各期間における実労働時間のうち、各期間を平均し1週間当たり50時間を超えて労働させた時間、②清算期間における総労働時間のうち、当該清算期間の法定労働時間の総枠を超えて労働させた時間（②で算定された時間外労働時間を除く。）

　フレックスタイム制のもとで、法定休日労働（1週間に1日の法定休日に労働すること）を行った場合には、法定休日労働の時間は、清算期間における総労働時間や時間外労働とは別個のものとして取り扱われます。したがって、法定休日に労働した時間はすべて法定休日労働としてカウントし、この休日労働以外の時間について時間外労働を

【フレックスタイム制の清算期間延長】

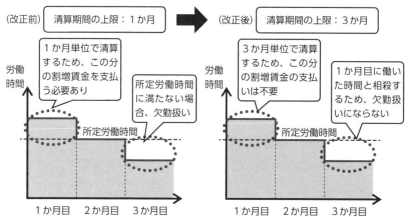

出典：「フレックスタイム制のわかりやすい解説＆導入の手引き」（厚生労働省）（https://www.mhlw.go.jp/content/000476042.pdf）を加工して作成

算出します。

事業場外労働のみなし労働時間制

モデル条文

第●条（事業場外労働のみなし労働時間制）

1. 会社は、業務の都合により必要がある場合は、事業場外勤務または
   出張を命ずることがある。社員は正当な理由がなければ、これを拒
   むことはできない。
2. 社員が所定労働時間の全部または一部につき、事業場外で勤務する
   場合は、あらかじめ別段の定めをしない限り、第○条に定める所定
   労働時間を勤務したものとみなす❶。
3. 前項の勤務に必要とされる労働時間が、第○条に定める労働時間を
   超えることが通常の場合は、労使協定を締結し、当該業務の遂行に
   通常必要とされる時間を定める。この場合は、当該労使協定により
   定めた労働時間を勤務したものとみなす。

解説

　業務によっては、労働時間が算定し難い、あるいは、業務内容等の
点から、労働時間の決定や業務遂行の方法を労働者に委ねざるを得な
いというものがあります。

　このような場合に、一定の要件のもとで、労働時間を実労働時間で
算定するのではなく、所定労働時間あるいはある一定の時間数を働い
たものとしてみなす❶のが、みなし労働時間制です。この「みなす」
というのは、実労働時間が実態として所定労働時間を超えていても、
所定労働時間に達してなくても、所定労働時間働いたものとして取り
扱ってよいということです。

　みなし労働時間制は、1987（昭62）年の労基法改正に際して、①

事業場外労働のみなし労働時間制（労基法38の2）、②専門業務型裁量労働制（同法38の3）が設けられ、③企画業務型裁量労働制（同法38の3）が2000年4月に設けられ、現在3種類となっています。

　事業場外で労働する場合であっても、次のように使用者の具体的な指揮監督が及んでいる場合は適用されません（昭63.1.1基発1、婦発1）。

① グループで事業場外労働に従事し、その中に労働時間を管理する者がいる場合

② 無線やポケットベル等（注：現在ではスマートフォン等）によって、随時、使用者の指示を受けながら労働している場合

③ 事業場において、訪問先、帰社時刻等の指示を受けたのち、事業場外で指示どおりに業務に従事し、その後、事業場に戻る場合

　なお、海外旅行添乗員について、事業場外で業務に従事しているが、指示書及び就労実態（海外通話の可能な携帯電話を携行）などから、労働時間の把握・算定は可能であるとして、事業場外労働に関するみなし労働時間制の適用が否定された判例（阪急トラベルサポート（第2）事件・平26.1.24最判）もありますので、現実的に導入可能な働き方なのか注意が必要です。

ポイント

❶実際の労働時間が所定労働時間より短くても多くても、所定労働時間働いたとみなされる

❷実態として労働時間の把握が可能な働き方をしている場合は認められない

ポイント深掘り

　事業場外労働のみなし労働として、在宅勤務があります。

　在宅勤務の場合、使用者の指揮命令下にあるともいい難く、また実際に労働時間を管理することが難しい状況での労働といえます。

■❶実際の労働時間が、所定労働時間より短くても多くても、所定労働時間働いたとみなされる

　行政通達では、次の①と③の要件を満たしている場合には、事業場外の労働みなし制を導入できると判断しているようです。

　① 業務を行う場所が、起居寝室等私生活を営む自宅で行われていること

　② PCなどの情報機器が、使用者の指示により常時通信可能な状態におくとされていないこと

　③ 業務を行う際に、随時具体的な指示に基づいて行われていないこと

　つまり、自宅で作業をし、その作業も具体的な指示を都度受けることなく、ある程度自主的に進めていける形であり、また情報機器はいつでも会社からの指示を受けられるような常時接続にはなっていない、という状況であることが必要とされます。

■❷実態として労働時間の把握が可能な働き方をしている場合は認められない

　在宅勤務の場合、労働時間の管理が難しいという一面があるため、労災が発生した際の立証も難しいという一面を持っています。そのため、業務に対する具体的な指示は受けなくとも、その日の業務内容とかかった時間等の報告は当然に必要となるといえます。

専門業務型裁量労働制

モデル条文

第●条（専門業務型裁量労働制）

1. 第○条の規定にかかわらず、業務の性質上、業務遂行の手段及び時間配分をその者の裁量に委ねることが適当な次の業務について、裁量労働に関するみなし労働時間制❶を適用する。

    ①○○職に○○○に携わる社員

2. 前項の制度は、労働基準法第38条の3第1項に基づく労使協定❷を締結し、所轄労働基準監督署長に届け出てこれを行う。

3. 第1項のみなすこととなる労働時間は、前項の労使協定で定めるところによる。

4. 年次有給休暇を取得する場合は、1日あたり第○条の所定労働時間を労働したものとみなす。

5. 休憩時間❸は、第2項の労使協定で定める労働時間の範囲内で取得し、自由に利用することができる。ただし、外出する場合は所属長に届け出て許可を受けなければならない。

解説

　専門業務型裁量労働制とは、法律で定めた一定の業務を行う労働者に対して、実際に労働した時間に関係なく、労使協定❷で定めた時間について働いたとみなす制度です。

　労使協定で定めてあるからといって、すべてがみなし労働時間になる❶わけではなく、休憩時間❸・休日・時間外労働・深夜労働に関する法律の適用があります。裁量労働制であっても休憩を取らなければいけませんし、みなし労働時間が法定労働時間を超える場合には、法律で定めた割増賃金を支払わなければいけません。休日に労働する場

合や深夜労働にも割増賃金は支払わなければならず、働き方によっては３６協定の締結と届出が必要となります。

　現実には、３６協定を締結した上で、専門業務型裁量労働制が適用となる業務について、別途、労使協定を締結し届け出を行うこととなります。労使協定では、対象となる業務、みなし労働時間、健康管理、苦情処理に関する措置、有効期間などを定めていきます。

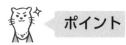 ポイント

■１専門業務型裁量労働制は、実際に労働した時間に関係なく、労使協定で定めた時間について働いたととみなす制度
■２一定の業務でのみ利用できる

 ポイント深掘り

　専門業務型裁量労働制は、対象となる労働者の同意を必要としませんので、労使協定で締結されている内容が、対象労働者に適用されるものとなります。適用される業務は法律で定められており、現在は以下の19種類となっています。

①新商品もしくは新技術の研究開発または人文科学もしくは自然科学に関する研究の業務
②情報処理システムの分析または設計の業務
③新聞もしくは出版の事業における記事の取材もしくは編集の業務または放送番組もしくは有線ラジオ放送もしくは有線テレビジョン放送の放送番組の制作のための取材もしくは編集の業務
④衣服、室内装飾、工業製品、広告等の新たなデザインの考案の業務

⑤放送番組、映画等の制作の事業におけるプロデューサーまたはディレクターの業務

⑥広告、宣伝等における商品等の内容、特長等に係る文章の案の考案の業務

⑦事業運営において情報処理システムを活用するための問題点の把握またはそれを活用するための方法に関する考案もしくは助言の業務

⑧建築物内における照明器具、家具等の配置に関する考案、表現または助言の業務

⑨ゲーム用ソフトウェアの創作の業務

⑩いわゆる証券アナリストの業務

⑪金融工学等の知識を用いて行う金融商品の開発の業務

⑫大学における教授研究の業務（主として研究に従事するものに限る。）

⑬公認会計士の業務

⑭弁護士の業務

⑮建築士（一級建築士、二級建築士及び木造建築士）の業務

⑯不動産鑑定士の業務

⑰弁理士の業務

⑱税理士の業務

⑲中小企業診断士の業務

　実際に、専門業務型裁量労働制を導入するにあたり、法律で定めた業務に該当するのかどうかが問題となります。法律に基づいた解釈だけだと適用されない可能性もありますので、行政通達に則り、十分な検討を要します。

コラム　専門事業型裁量労働制の労使協定で定めること

　専門業務型裁量労働制を導入するには、一定の事項を定めた労使協定を締結し管轄労働基準監督署へ届出る必要があります。

(1) 対象となる業務

　具体的には、所属部門や一定の職種の中から、会社が指示する者となります。

(2) 労働時間としてみなす時間

　対象業務を行うのに必要とされる時間を定めます。これは１日あたりの労働時間を協定するとされ、１週間のみなし労働時間は認められません。必要とされる時間が９時間など法定労働時間を超える場合には、法定労働時間を超える分の割増賃金をあらかじめ考慮した額を支払わなければいけません。

(3) 対象となる業務を行うための手段や方法、時間配分等に関し労働者に具体的な指示をしないこと

(4) 対象労働者の労働時間の状況に応じて実施する、健康・福祉を確保するための措置の具体的内容

　具体的には、労働時間の把握と一定期間ごとの健康状態チェック、健康状態によっては特別健診を実施します。

(5) 対象労働者からの苦情処理のため実施する措置の具体的内容

　健康状態に限らず、様々な問題や課題を相談できるところ（総務部門や外部専用窓口）を設置するようにします。

(6) 協定の有効期間

　３年以内とすることが望ましいとされています。

　上記以外に、労働時間については、深夜労働や休日労働をどう扱うかがポイントになります。

　裁量労働によるみなし労働時間とはいえ、深夜労働や法定休日労働が発生したときは、別個に扱い、一定の割増賃金を支払わなければいけません。多くの場合、深夜労働・休日労働は、所属長の許可や承認を得る形として分けて管理をしています。

企画業務型裁量労働制

モデル条文

第●条（企画業務型裁量労働制）

1.労使委員会が設置された事業場において、労使委員会❶がその委員の５分の４以上の多数による議決❷により、労働基準法第38条の4に基づき、次の事項を決議し、かつ、会社が当該決議を所轄労働基

準監督署長に届け出て❸、企画型裁量労働制を採用し、対象範囲に属する社員を対象業務❹に就かせたときは、当該社員は労働時間としてみなされる時間につき労働したものとみなす❺。

①適用対象となる業務

②対象社員の範囲

③労働時間として算定される時間

④対象社員の労働時間の状況に応じた健康及び福祉を確保するための措置

⑤対象社員からの苦情処理に関する措置

⑥企画業務型裁量労働制を適用するにあたり、当該社員の同意を得なければならないこと及び不同意の社員に対し解雇等不利益な取扱いをしてはならないこと

⑦決議の有効期間

⑧対象社員の勤務状況ならびに対象社員の健康及び福祉を確保するための措置として講じた措置、対象社員からの苦情処理に関する措置として講じた措置、ならびに対象社員の同意に関する社員ごとの記録を、当該決議の有効期間中及び有効期間満了後、３年間保有すること

2.前項の場合、決議した内容を就業規則に添付して就業規則の一部とし、就業規則に定めのない事項は、当該決議の定める内容によるものとする。

解説

　企画業務型裁量労働制は、企画、立案、調査、分析を対象業務とする裁量労働制です。これを導入するには、まず事業場で、労働条件について調査審議をして事業主に意見を述べることを目的とする労使委員会❶を設置します（労基法38の4①）。

【制度導入フロー】

1 「労使委員会」を設置する

■委員会の要件
①委員会の委員の半数については、当該事業場に、労働者の過半数で組織する労働組合がある場合においてはその労働組合、労働者の過半数で組織する労働組合がない場合においては労働者の過半数を代表する者に任期を定めて指名されていること
②委員会の議事について、議事録が作成・保存されるとともに、労働者に対する周知が図られていること

2 労使委員会で決議する

■決議の要件　委員の5分の4以上の多数決
■必要的決議事項
①対象業務
②対象労働者の範囲
③みなし労働時間：1日あたりの時間数
④対象労働者の健康・福祉確保の措置：具体的措置とその措置を実施する旨
⑤対象労働者の苦情処理の措置：具体的措置とその措置を実施する旨
⑥労働者の同意を得なければならない旨及びその手続、不同意労働者に不利益な取扱いをしてはならない旨

3 労働基準監督署長に決議を届け出る

（使用者の届出・報告）
届出
（すみやかに）

4 対象労働者の同意を得る

所轄労働基準監督署長

5 制度を実施する

■「みなし労働時間」を労働したものとみなされる
■運用の過程で必要なこと
①対象労働者の健康・福祉確保の措置を実施すること
②対象労働者の苦情処理の措置を実施すること
③不同意労働者に不利益な取扱いをしないこと
④①の実施状況を定期的に所轄労働基準監督署長に報告すること

定期報告
（**2**の決議から6か月以内）

6 決議の有効期間の満了

（継続する場合は**2**へ）

出典：「「企画業務型裁量労働制」の適正な導入のために」（東京労働局・労働基準監督署）（https://jsite.mhlw.go.jp/tokyo-roudoukyoku/library/tokyo-roudoukyoku/jikanka/201221613571.pdf）を一部加工して作成

　労使委員会は労使同数で、労働者側委員は労働者の過半数代表者により、任期を定めて指名されます。労使委員会の５分の４以上の賛成❷で、以下の事項について、企画業務型裁量労働制を導入することを決議し、所轄労働基準監督署長に届け出なければなりません❸（同法38の４①）。

　労使委員会の決議で、企画業務型の裁量労働制に該当する業務❹を定め、当該業務の遂行に必要とされる時間を定めた場合には、当該業務に従事した労働者は、実際の労働時間と関係なく、決議で定めた時間につき労働したものとみなす❺という効果が発生します。

 ポイント

❶企画業務型裁量労働制を適用できる業務は限られている
❷労使委員会の開催・決議等が必要で、運用面でのカバーがポイント

 ポイント深掘り

　企画業務型裁量労働制を適用するには、労使委員会の決議に従い、対象労働者の同意を得なければなりません。また、不同意の労働者に対して、使用者は解雇その他不利益な取扱いをしてはなりません。

　なお、就業規則による包括的な同意は、「個別の同意」にあたりませんのでご注意ください。

　労基法35条の休日労働に関する規定は、企画業務型裁量労働制によって労働時間を算定する場合にも適用されます。対象労働者が１週１日の法定休日に労働した場合には、その日の労働に対する賃金に加えて、法定休日割増分（35％）を支払わなければなりません。

　さらに、労基法37条では、午後10時から午前５時までの深夜時間

帯に労働させた場合、割増賃金の支払いを義務づけています。みなし労働時間制によって労働時間が算定される場合にも、この規定は適用ますので、対象労働者が現実にこの時間帯に労働した場合には、その時間に応じて深夜割増賃金を支払わければなりません。

　ちなみに、使用者は、労使委員会の決議が行われた日から起算して6か月以内ごとに1回、所定の様式で所轄労働基準監督署長へ定期報告を行うことが必要です。報告事項は、①対象労働者の労働時間状況、②対象労働者の健康及び福祉を確保する措置の状況となります。

時間外勤務、休日及び深夜勤務

モデル条文

第●条（時間外勤務、休日及び深夜勤務）

1. 業務の都合により、やむを得ず<u>所定労働時間</u>を超え、または深夜や休日**❶**に勤務する場合は、<u>事前に所属長の了承を得て**❷**</u>、時間外勤務、深夜勤務、または<u>休日勤務**❸**</u>とする。<u>社員が会社の許可なく業務を実施した場合、当該業務に該当する部分の通常の賃金及び割増賃金は支給しない**❹**</u>。

2. 前項の規定にかかわらず、妊娠中の女性、産後1年を経過しない女性労働者（以下「妊産婦」という）であって請求した者及び満18歳に満たない者は、時間外労働または休日もしくは深夜（午後10時から午前5時まで）に労働させない。

3. 法定時間外労働及び休日労働については<u>労働基準法第36条に基づく協定**❺**</u>の範囲内とする。本協定の範囲において、社員は正当な理由なく所定労働時間外及び休日の勤務を拒むことができない。

解説

　法定労働時間については、1週40時間・1日8時間（休憩時間を

134

除く）の原則のほかに様々な労働時間制度による例外があり、また法定休日については、毎週少なくとも1回、あるいは4週間を通じて4日以上の休日を与えなければいけません。

しかし、業務の都合により、どうしても法定労働時間外や休日❶に労働者を働かせなければならないこともあります。そこで、労基法では、一定の手続きを経れば❷、法定労働時間を超える労働や、休日労働をさせる❸ことができると定めています（労基法36）。労基法36条に基づく労使協定（一般的に「３６（サブロク）協定」❺と呼ばれています。）を締結し、管轄の労働基準監督署長に届け出る必要があります。

なお、時間外勤務や休日出勤・深夜勤務を行う際には、会社からの指示を受けた上で行うのが原則となります。したがって、社員が会社からの指示ではなく自主的に時間外勤務等を行っていた際には、労働時間とはせず、賃金支払いの対象にもしません❹。

ただし、会社から指示を受けずに自主的に時間外勤務をしていたとしても、時間外勤務の実態について会社が認識しつつ黙認していた場合は、黙示の残業命令があったものと判断されますので、通常の賃金はもちろん、割増賃金の支払いを要することになります。

ポイント

■1労使協定を締結し、労働基準監督署へ届出をしていないと、法定労働時間を超えて労働させる事も、休日出勤も行うことはできない

■2労使協定が締結されていても、働ける時間には上限がある

ポイント深掘り

　３６協定は、労基法の罰則を免れるための手続きに過ぎませんので、労働契約上の義務を別途定めておく必要があります。

　具体的には、使用者が（所定）時間外・休日労働を命じるにあたり、就業規則等で「業務上の必要のあるときは、時間外労働や休日労働を命令できる」ということを明らかにしておく必要があります。

　判例でも、就業規則に時間外労働についての規定があって、それが合理的なものであれば、労働者には時間外労働を行う義務があるとしています（日立製作所武蔵工場事件・平３・11・28最一小判）。

【時間外労働の適用除外】

　次の事業・業務については、2024年３月31日までの間、時間外労働の上限規制の適用が猶予されています。

・工作物の建設等の事業
・自動車の運転の業務
・医業に従事する医師
・鹿児島県及び沖縄県における砂糖製造事業

　なお、新たな技術、商品または役務の研究開発業務については、医師の面接指導や代替休暇の付与等の健康確保措置を設けた上で、上限規制は適用されません。

コラム　３６協定について

　３６協定で定めることができる時間外労働の上限は、原則として月45時間、年360時間（１年単位の変形労働時間制が適用される労働者については１か月42時間以内、１年320時間以内）です。

　これには例外的な取扱い「特別条項」があり、臨時的な特別の事情があって労

使合意する場合には、原則の上限時間を超えることができますが、それでも時間外労働は年720時間以内（休日労働を含まず）でなければならず、かつ特別条項の発動は年6回が上限となっています。

　なお、特別条項の有無にかかわらず、1年を通して常に、2～6か月のそれぞれの平均が80時間以内（休日労働を含む）、月100時間未満（休日労働を含む）の上限を超えることはできません。

【時間外労働の上限規制】

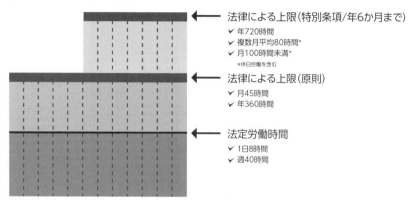

出典：「時間外労働の上限規制　わかりやすい解説」（厚生労働省）（https://www.mhlw.go.jp/content/000463185.pdf）を加工して作成

非常時災害の特例

モデル条文

第●条（非常時災害の特例）

　会社は、災害その他避けられない事由❶により臨時の必要がある場合❷は、所轄労働基準監督署長の事前の許可❸を受け、または事後届出❹により、第○条及び第○条の規定にかかわらず、労働時間を変更し、または延長させることがある。

解説

　労基法は「災害その他避けることのできない事由❶」によって「臨時に必要がある場合❷」には、３６協定がない場合でも、使用者は所轄労働基準監督署長の事前の許可❸を受けて、労働者に時間外労働、休日労働をさせることができます（労基法33①）。

　例えば、天災事変、ボイラーの破裂、事業運営を不可能にするような突発的な機械の故障の修理❶などがこれに該当します。

　単なる業務の繁忙や通常予見できる事由は、労基法33条１項の「非常災害時」の「臨時の必要」には該当しません。

　もし、事態が急迫していて所轄労働基準監督署長に事前の許可を得られないときは、事後に届け出る❹こともできます。

　この場合は、所轄労働基準監督署長がその時間外・休日労働を不適当と認めたときは、代わりに休憩・休日の付与を命ずることができます（同法33②）。労基法33条１項に基づいて時間外労働、休日労働をさせた場合にも、割増賃金の支払いは必要です。

 **ポイント**

❶災害等の非常時には、３６協定がなくても時間外労働・休日労働が可能（事前許可、事後許可あり）

❷この場合も、割増賃金の支払いは必要

 ポイント深掘り

❶災害その他避けることのできない事由とは（許可基準・令元.6.7基発0607第１）

①単なる業務の繁忙その他これに準ずる経営上の必要は認められません。

138

②地震、津波、風水害、雪害、爆発、火災等の災害への対応（差し迫った恐れがある場合における事前の対応を含む。）、急病への対応その他の人命または公益を保護するための必要は認められます。例えば、災害その他避けることのできない事由により被害を受けた電気、ガス、水道等のライフラインや安全な道路交通の早期復旧のための対応、大規模なリコール対応は含まれます。

③事業の運営を不可能とさせるような突発的な機械・設備の故障の修理、保安やシステム障害の復旧は認められますが、通常予見される部分的な修理、定期的な保安は認められません。例えば、サーバーへの攻撃によるシステムダウンへの対応は含まれます。

④上記②及び③の基準については、他の事業場からの協力要請に応じる場合でも、人命または公益の確保のために協力要請に応じる場合や協力要請に応じないことで事業運営が不可能となる場合には、認められます。

　上記の許可基準による許可の対象には、災害その他避けることのできない事由に直接対応する場合に加えて、当該事由に対応するに当たり、必要不可欠に付随する業務を行う場合が含まれます。具体的には、例えば、事業場の総務部門で、当該事由に対応する労働者のための食事や寝具の準備をする場合や、当該事由の対応のために必要な事業場の体制の構築に対応する場合等が含まれます。

　今般の新型コロナウイルス感染症への対策としては、当該労働の緊急性・必要性などを勘案して個別具体的に判断することになりますが、指定感染症に定められており、一般に急病への対応は人命・公益の保護の観点から急務と考えられるので、労働基準法33条1項の要件に該当するものと考えられます。また、例えば、新型コロナウイルスの感染・蔓延を防ぐために必要なマスクや消毒液等を緊急に増産する業務についても、原則として同項の要件に該当するものと考えられます。

在宅勤務

第●条（在宅勤務）

1.原則として在宅勤務は認められないが、○○職については、事前に所属長の承諾を受けた場合、及び所属長が認める在宅からの緊急対応が必要な業務については、例外的に在宅勤務を認めるものとする。

2.前項の場合の給与、その他の取扱いは、別途締結する雇用契約書の定め❶による。

解説

新型コロナ感染症対策として、在宅勤務を認める会社が多くなりました。この条文は、在宅勤務の取り扱いについて定め、必要に応じて個別に雇用契約書で定める形❶としています。

ポイント

1 一時的なもの、従業員個別に対応する場合は、適用される期間のみ、別途雇用契約書を締結する

2 基本的に全従業員を対象とした勤務形態の場合は、別規則を設けて適用条件等を定める

3-2　休憩

休憩時間

モデル条文

第●条（休憩時間）

1. 休憩時間は、原則として○時から○時❶とする。ただし、個別に締結する雇用契約書❷で別途定めた場合は、この限りではない。
2. 休憩時間は、自由に利用することができる❸。ただし、外出する場合は、所属長に届け出て許可を受けなければならない❹。
3. 第1項の時刻については、業務の状況または季節により、事前に予告して当該勤務日の所定労働時間の範囲内で、就業時間及び休憩時間を繰上げまた繰下げ及び変更をすることがある。
4. 来訪者との私用面会は、原則として、休憩時間中に定められた場所で行わなければならない。

解説

　労基法では、労働時間が6時間超え8時間までは45分、8時間超えた場合は1時間の休憩時間を与えなければならないとしています。

　8時間を超えた労働時間については、その後15時間だから2時間などと制限がされているわけではなく、8時間超えたら1時間与えればよいとなります。

　とはいえ、長時間労働となると生産性も落ちてきますので、残業時や深夜勤務時に多少の休憩を取ることが多いのが実際のところでしょう。

　休憩時間は、労働時間の途中で与えなければいけません。業務開始前や業務終了後に与えるという形は違法となります。休憩時間を分割して与えることは特に制限されているわけではありませんので、1日の休憩時間を分けて利用してもらうということも可能です。

ただし、極端に細かく分けると、本来の休憩としての意味がなくなるため、休憩時間として認められないケースもあります。

　また、休憩時間は、原則として社員に一斉に与えなければならず❶、休憩時間を自由に利用させなければいけません❸。一斉に与えるのが業務上難しく、交替制で休憩を取る場合などは、労使協定を締結❷すれば、全員が一斉に休憩を取らない形にもできます。

　自由に利用するという点について、法律上では「労働から完全に解放されることが保障された時間」としていますが、まったくの自由利用を保障しなければいけないかというと、例えば「事業所内で休憩を取ること」「休憩時間に外出する際は所属長の許可を取る❹」など一定の制限はできるものとなります。

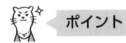

■休憩時間は労働時間に応じて与える時間が決まっている
■休憩時間は自由利用が原則だが、一定の制限を設けることも可能

 ポイント深掘り

　休憩時間には、2つの原則的な考え方があります。

■一斉付与の原則

　休憩は、原則として、事業場単位で一斉に与えなければなりません（労基法34②）。ただし、特例（同法40、労基則31）により、運輸交通業、商業、理容業、金融・広告業、映画演劇業、通信業、保健衛生業、接客娯楽業、官公署は、交替制休憩が可能です。また、労使協定を結べば、事業の種類を問わず、休憩の交替付与が可能です（同法34②ただし書）。

2自由利用の原則

使用者は、休憩を労働者の自由に利用させなければなりません（労基法34③）。

ただし、労基法40条及び労基則33条に基づき、

① 警察官、消防吏員、常勤の消防団員、児童自立支援施設に勤務する職員で児童と起居をともにする者

② 乳児院、児童養護施設及び障害児入所施設に勤務する職員で児童と起居をともにする者

③ 児童福祉法6条の3第11項に規定する居宅訪問型保育事業に使用される労働者のうち、家庭的保育者として保育を行う者

については、休憩時間は与えなければなりませんが、勤務の性質上、休憩時間中であっても一定の場所にいなければならないため、休憩時間の自由利用の例外とされています（なお、②については、その員数、収容する児童数、勤務の態様について、所轄労働基準監督署長の許可が必要です。）。

ちなみに、使用者の指示があった場合には、即時に業務に従事することを求められており、労働から離れることが保障されていない状態で待機等している時間（いわゆる「手待ち時間」）については、労働時間に当たるとされますので注意してください（昭22.9.13発基17）。貨物運送事業における手待ち時間については、労働者が自由に利用することができる時間であれば、休憩時間であるとされています（昭39.10.6基収6051）。

育児時間

モデル条文

第●条（育児時間）

1.生後1年に達しない生児を育てる女性があらかじめ申し出た場合

は、所定の休憩時間のほか、1日について2回、1回について30分の育児時間❶を与える。

2.前項の育児時間は無給❷とする。

　生後1年未満の子を育てる女性から請求があった場合は、休憩時間のほかに、授乳その他育児のための時間を1日2回それぞれ少なくとも30分の育児時間❶を与えなければなりません（労基法67）。使用者は、育児時間中、その女性を使用してはなりません。

　育児時間の取り方は1日2回30分ずつに限定されず、保育園の送迎などのためにこれを1日1回1時間にまとめて取ることも可能です。育児時間を有給とするか無給とするかは就業規則等の規定によることとなり、無給としても差し支えありません❷。

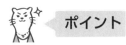

ポイント

■育児時間の取り方は、分割でもまとめてでも可能

3-3　休日

休日

モデル条文

第●条（休日）

1.休日は原則として次の通りとする。ただし、個別に締結する雇用契約書で別途定めた場合は、この限りではない。業務の都合上、他の日と変更することがある。

①日曜日

②土曜日

③国民の祝日

④その他の所定休日❶

⑤その他、会社が指定した日

2.1週のうち1日❷を労働基準法第35条に定める休日（法定休日❸）とする。

3.前項の法定休日は、○曜日を起算とする1週のうち1日とする。

4.法定休日は、労働基準法第35条に定める4週で4日❹とし、休日の起算日❺を毎年○月○日とする。

解説

　休日は、毎週最低1日は与えなければならない❷とされています。これを週休制の原則といいます。

　この毎週最低1日休むことの例外として、4週間のうち4日以上❹の休日を与えることも可能とされています。これを変形休日制といいます。この場合、毎週1日ずつ与える必要はありませんので、特定の週に4日与えても構いません。変形休日制を導入する場合には、4週間を計算する起算日❺を設ける必要があります。

　上記いずれかの方法で与えられる休日は、暦日を意味し、午前0時から午後12時までとなります。また、必ずしも日曜日でなければいけないわけではなく、他の曜日であっても構いません。

　これら法律で定められた休日を「法定休日」❸といいます。これとは別に「所定休日」❶があります。所定休日は1日8時間1週40時間の原則より、多くの企業で週休2日としている中、上記の法定休日の他に定める休日をいいます。

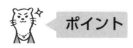

ポイント

1 休日には、法定休日と所定休日がある
2 法定休日は、必ずしも日曜日にする必要はない

ポイント深掘り

　労基法では、何曜日を休日とするかについて特段規定はないため、1週間の中で何曜日を休日としても、また、週によって異なる曜日を休日としても差し支えありません。さらに、勤務の実態に合わせて、労働者ごとに異なる日に交替で休日を与えることもできます。ただし、就業規則の中で、具体的に一定の日を休日と定めることが法の趣旨に沿うものであるとされています（昭63. 3.14基発150）。

　また、国民の祝日や年末年始の休み、夏休みを休日とするかどうかについても、労基法には規定がありませんので、各事業場の実態に応じて取扱いを定めることが可能です。

　また、休日は、原則として暦日（午前0時から午後12時までの継続24時間をいいます。）で与えなければなりません。しかし、8時間3交替勤務のような場合は、以下の要件を満たせば休日は暦日ではなく、継続した24時間を与えれば差し支えないとされています（昭63. 3.14基発150）。

① 番方（シフト）編成による交替制によることが就業規則等により定められており、制度として運用されていること
② 各番方の交替が規則的に定められているものであって、勤務割表等により、その都度設定されるものではないこと

146

振替休日

モデル条文

第●条（振替休日）

1.業務上必要がある場合は、前条の休日を他の日に振り替えることがある。

2.前項の場合、事前に❶所属長の許可を得て、届出書を提出するものとする。

3.休日を振り替える場合は、原則として１週間以内で振り替える日を指定するものとする。ただし、休日は４週間を通じ４日❷を下回ることはないものとする。

解 説

　休日の振替は、就業規則で休日と定められた日を事前に変更❶して労働日とし、代わりに労働日とされている日を休日とすることをいいます。

　この場合、元々休日とされていた日が労働日となり、休日に労働させたことにはならないので、割増賃金を支払う必要はありません。この振替を有効に行うためには、就業規則に振替休日に関する規定を定め、振替を実施する日の少なくとも前日まで❶には、振替日を指定し労働者に通知することが必要とされています。

　ただし、１週１日または４週４日（変形休日制）❷の休日に違反してはならず、法定休日が確保されるように振り替える日を決めなければいけません。

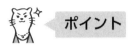

❶休日の振替は「事前に変更」

❷振り替えた結果によっては、時間外労働となる場合もあるので注意

ポイント深掘り

　休日が特定されている場合には、その休日に労働者を労働させ、他の日を休日とすること（休日の振替）ができるかという問題が生じます。この点について、「業務上必要のある場合には休日振替を行う」等の就業規則の定めに基づき、あらかじめ別の日を休日として特定する限り、使用者は労働者の個別同意を得なくても休日を振り替えることができると判断した裁判例（三菱重工業横浜造船所事件・昭55. 3.28横浜地判）があり、行政解釈も同様の立場に立っています（昭23. 4.19基収1397など）。

　そして、振り替えた後の状態が労基法35条の定める最低基準（毎週1日、または4週間に4日の休日）を満たしている場合には、就業規則で休日とされている日は通常の労働日となり、労基法上の休日労働は発生しないことから、36協定の締結や割増賃金の支払いは不要であるとされています。

　これに対して、あらかじめ振替休日を特定せず、就業規則上休日とされている日に労働させ、事後的に休日を与える場合には、就業規則上の休日は労働日に変更されないため、労働者を休日に労働させることになります。そのため、その休日が労基法35条により付与を義務づけられる休日に該当する場合は、労基法上の休日労働が発生することから、36協定の締結・届出と割増賃金の支払いが必要となるとされます。

休日出勤及び休日出勤に対する代休

> **第●条（休日出勤及び休日出勤に対する代休）**
>
> 1.業務上必要がある場合及び臨時に就業の必要がある場合は、所属長の指示により休日に就業させることができる。その際、所属長の承認を得て、届出書を提出するものとする。
>
> 2.前項の場合、会社の判断により代休を与える❶ことがある。代休は原則として給与締め切り期間中に代休を取る❷ことができる。休日出勤の場合、日常業務と同じ時間帯に出勤することとする。
>
> 3.前項に定める代休は、無給とする。ただし、休日に就業した時間に相当する割増賃金は支給する❹。

解説

　代休は、就業規則に定められた休日に休日労働をさせた後、「事後に」休日を与えるものです。

　振替休日と異なるのは「事前に」労働日と休日を変更するのではなく、先に休日労働が発生し、後日、別の労働する日に休みを与えるという点です。振替休日では、事前に休日と労働日を変更していますので、原則として割増賃金の支払いは発生しません。

　代休では、先に休日労働をし、その後に休みを与えます❶ので、休日出勤手当は割増分だけでいいのか、働いた分の賃金も必要なのかが問題となります。

　上記のモデル条文では、後日代休を与えた場合には、先に発生している休日出勤に対して割増率（法定35％、所定25％）のみ支払うものとし、代休を有給扱い❹としています。

　では、代休をいつまでに与えるべきでしょう。

労働基準法では給与の全額払という考え方がありますので、同じ給与計算期間内で代休を与える❷のが難しい場合には、休日出勤時の賃金支払がいったん必要になるという点に注意をし、少なくとも次の給与計算期間内には代休を与えるべきと考えます。

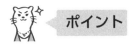

ポイント

❶代休は休日出勤した後に付与するもの
❷休日出勤分の割増率だけを支払うかどうかは就業規則に定めておき曖昧にしない

【休日労働・振替休日・代休の違い】
<休日労働>
日曜日に休日労働したケース
所定労働時間:1日8時間、日給15,000円、週休2日(日曜日は法定休日、土曜日は所定休日)
　→日曜日の8時間分は休日労働になるため、割増賃金が生じる。
　　通常の賃金の135%以上(15,000円×1.35=20,250円以上)を支払うことになる。

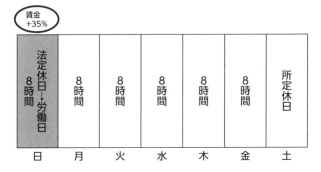

＜休日振替①＞
法定休日の日曜日を労働日として、水曜日を振替休日にしたケース
所定労働時間:1日8時間、週休2日（日曜日は法定休日、土曜日は所定休日）
　→当初の休日である日曜日は労働日になったため、休日労働にはならない。
　　そのため、割増賃金についても生じない。

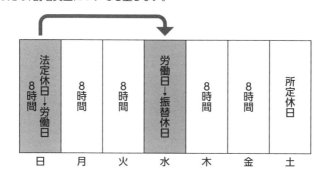

法定休日→労働日 8時間	8時間	8時間	労働日→振替休日	8時間	8時間	所定休日
日	月	火	水	木	金	土

＜休日振替②＞
法定休日の日曜日を労働日にして、水曜日を振替休日にしようとしたところ、予定が変更になり、翌週月曜日になったケース
所定労働時間:1日8時間、日給15,000円、週休2日（日曜日は法定休日、土曜日は所定休日）
　→当初の休日である日曜日は労働日になったため、休日労働にはならない。
　　また、水曜日が振替休日にならなかったので、この週の総労働時間は40時間を超える。
　　そのため、この40時間を超えた8時間分は、通常の賃金の125%以上（15,000円×1.25＝18,750円以上）の賃金を支払わなければならない。

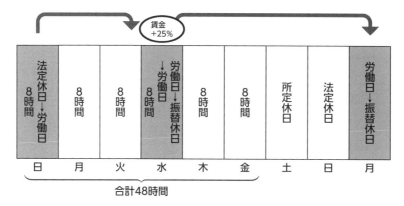

賃金+25%

法定休日→労働日 8時間	8時間	8時間	労働日→労働日 8時間	8時間	8時間	所定休日	法定休日	労働日→振替休日
日	月	火	水	木	金	土	日	月

合計48時間

<代休>
法定休日の日曜日を労働日にして、水曜日を代休にしたケース
所定労働時間:1日8時間、日給15,000円、週休2日(日曜日は法定休日、土曜日は所定休日)
　→水曜日を代休にしても、日曜日は「休日労働」になる。
　　そのため、日曜日の8時間分は、通常の賃金の135%以上(15,000円×1.35=20,250円以上)を支払わなければならない。
　　なお、代休日の賃金を有給とするか無給とするかは、就業規則等の定めによる。

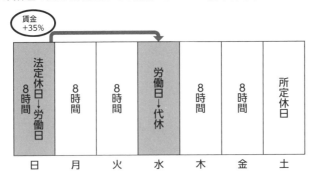

適用の除外

モデル条文

第●条(適用の除外)

　以下に該当する者の勤務時間、休憩及び休日については、原則として本節(注:3-3休日)に定める規定を適用するが、第1号に該当する者は、その管理を本人が自主的に行うもの❶とする。

①会社の定める管理もしくは監督の地位にある者❷

②会社が機密の事務を取り扱うと指定した者❸

③行政官庁の許可を受けた監視または断続的勤務に従事する者❹

解説

　労基法41条では、管理監督者❷・機密事務取扱い者❸・監視または断続業務従事者❹に対して、労働時間・休憩・休日に関する規定は適用しないとしています。深夜労働についての規定は適用されるため、

深夜労働が発生すれば、深夜割増賃金の支払いは必要となります。

　では、就業規則では、それぞれの規定は適用しないとするだけで足りるのでしょうか。

　上記の対象者であっても、就業規則の作成届出義務は適用されることから、始業・終業時刻や休日の定めは必要となります。これに違反しないよう、上記対象者は就業規則で定める労働時間、休憩及び休日に関する規則と異なる取扱いをするとしておき、さらに管理監督者に、労働時間等の管理は自主的に行う❶と定めておきます。

　就業規則の扱いで特に問題となるのは「管理監督者」❷に関する事項で、どういう立場・職責・処遇であれば、労基法でいうところの管理監督者として扱うことができるのか、行政指針と実際の現場では大きくかい離していることがよくあります。

 ポイント

❶労基法で定める管理監督者などは、労働時間・休憩・休日に関する規定は適用されないが、深夜労働だけは適用される

❷特に管理監督者は、どういう立場・職責・処遇であれば該当するのか、企業の実態により異なる

 ポイント深掘り

　労働時間等の適用除外で最も問題になるのは、労基法41条2号の「管理監督者」です。管理監督者とは、「労働条件の決定その他労務管理について経営者と一体的な立場にあるもの」をいいますが、その判断は職位や資格などの名称にとらわれず、実態に即して判断されます。

❶管理監督者の要件

要件1：労働時間、休憩、休日等に関する決まりに関係なく活動する必要があるほど、重要な職務内容を任されている

要件2：労働時間、休憩、休日等に関する決まりに関係なく活動する必要があるほど、重要な責任と権限を持っている

要件3：実際の働き方も、労働時間や休憩・休日等の制限になじまない

要件4：給与・賞与等について、その地位にふさわしい待遇となっている（一般社員と逆転しない）

　これらの要件すべてを満たしていることが、管理監督者として認められる要件であるとされています。

　「リーダー職・課長職だから管理監督者だ」「管理監督者だから残業代は支払わない」とし、実際には仕事に裁量権もほとんどなく、上司の指示を仰いで仕事をしている状況（＝通常の労働者と変わらない）であっても、残業代を抑制するために管理監督者としているケースが多いことから、このような厳しい要件とされています。

2 重要な職務内容

　管理監督者は「経営者と一体的な立場にある者」ですが、要件の1つめとして「労働時間、休憩、休日等に関する決まりに関係なく活動する必要があるほど、重要な職務内容を任されている」が挙げられます。

　では、具体的に、どのような職務内容を任されていると要件を満たしていると解釈されているのでしょう。

　行政の判断材料として「多店舗展開する小売業、飲食業等の店舗における管理監督者」と「金融機関における管理監督者の範囲」があります。

　多店舗展開のケースは、世間で注目されたマクドナルド店長の管理監督者性を問われた裁判（日本マクドナルド事件・平20.1.28東京地判）が元になっているもので、①採用、②解雇、③人事考課、④労働

時間の管理に対して、実質的な権限を持っているかどうかで判断されます。

実際には、これらの実質的な権限を持っていないと管理監督者とならないとされるのではなく、個々の実態に応じて判断はされています。

❸重要な責任と権限

管理監督者の要件3つめとして「実際の働き方も、労働時間や休憩・休日等の制限になじまない」、つまりは、労働時間や休日出勤等の制限なく、時間に自由度がある形になっているかどうかという点が挙げられます。

管理監督者は、時間に関係なく経営上の判断や対応が要求される立場であり、労務管理においても、一般労働者と異なる立場にある必要があるとされます。労働時間について、厳格な管理をされているような場合は、管理監督者とはいえません。

⑴ 遅刻、早退等に関する取扱い【管理監督者性を否定する重要な要素】

遅刻や早退の概念があり、これにより減給の制裁を受けてしまったり、人事考課で勤務成績評価としてマイナス評価を受けるような取扱いがされる場合。過重労働による健康障害防止や深夜勤務については、割増賃金の支払いが義務付けられている点から、労働時間の把握や管理を受けている場合については、管理監督者性を否定する要素とはならないとされます。

⑵ 労働時間に関する裁量【管理監督者性を否定する補強要素】

裁判例（日本マクドナルド事件等）にあったように、例えば、営業時間中は店舗に常駐しなければならなかったり、パート・アルバイト等の人員が不足する場合に短時間勤務者の業務を自ら行わなければならず、結果として、長時間労働が恒常的に発生しているような状況にある場合には、実際には労働時間に関する裁量はほとんどないと判断されます。

(3) 部下の勤務態様との相違【管理監督者性を否定する補強要素】

　管理監督者としての職務も行っているが、会社から指示された業務マニュアルに従って業務に従事している状況になっている、プレイングマネージャーとしての要素が極めて高く、労働時間の規制を受ける部下と同様の働き方が労働時間の大半を占めているような場合は、管理監督者性を否定するものとされます。

■4 賃金等の待遇

　管理監督者の要件に「その地位にふさわしい待遇（職務の重要性に応じた、定期給与、賞与、その他の待遇）となっている」というのがあります。

　具体的には、どのような賃金処遇であることを求めているのでしょう。

(1) 基本給、役職手当等の優遇措置【管理監督者性を否定する補強要素】

　基本給や役職手当等を実際の労働時間数から判断した際に、時間外手当や休日出勤手当が支払われないとすると、金額としてあまり十分とはいえるものではなく、職制に対して優遇されているとはいえないような場合は、管理監督者ではないと判断されます。

(2) 支払われた賃金の総額【管理監督者性を否定する補強要素】

　1年間に支払われた賃金総額が、勤続年数・業績・専門職種等を考慮されていない中で、同じ企業の一般社員の賃金総額と同じか、これより低い場合は、管理監督者ではないと判断されます。

(3) 時間単価【管理監督者性を否定する重要な要素】

　欠員補充などで実際に長時間労働を余儀なくされた結果、支給された賃金額を時間単価に換算すると、同じ職場に所属するアルバイト・パート等の賃金額に満たない場合。特に、換算した時間単価が最低賃金額に満たない場合は、管理監督者性を否定する極めて重要な要素とされます。

コラム　高度プロフェッショナル制度

　働き方関連法により新設された特定高度専門業務・成果型労働制（高度プロフェッショナル制度）とは、高度の専門的知識等を必要とし、その性質上従事した時間と従事して得た成果との関連性が通常高くないと認められる業務に従事する労働者を、労働時間の規制の対象から外す新たな仕組みです（2019年4月1日施行）。

　高度プロフェッショナル制度の対象労働者には、労基法の第4章の労働時間、休憩、休日、深夜の割増賃金に関する規制が適用されませんが、年次有給休暇については適用されます。

　導入に当たっては、前述の企画業務型裁量労働制と同様に、労使委員会の設置、決議、届出、本人同意等が必要です。

　対象労働者の健康確保措置として、年間104日以上、4週4日以上の休日の確保が義務付けられ、選択的健康確保措置として、

①勤務間インターバルの確保と深夜労働の回数制限

②健康管理時間の上限措置（週40時間を超える健康管理時間数は1か月あたり100時間及び3か月当たり240時間）

③1年間に1回以上の2週間連続ないし1週間連続×2回の休日

④健康管理時間について、週40時間を超える部分が1か月あたり80時間を超え、労働者の申出がある場合の臨時の健康診断の実施のいずれかの措置

のいずれかを講じなければなりません。

　このほか、健康管理時間の状況に応じた健康確保措置として、代償休日または特別な休暇の付与、心と体の相談窓口の設置、配置転換、産業医の助言指導に基づく保健指導、医師による面接指導のいずれかの措置を決議において定めなければなりません。

　高度プロフェッショナル制度の対象業務は、労基則で限定列挙され、

①金融工学の知識を用いて行う金融商品の開発業務

②金融商品のディーリング業務

③アナリストの業務

④コンサルタントの業務

⑤研究開発業務

になります。

　さらに、使用者との合意に基づき職務が明確に定められること、すなわち、①

業務の種類、②責任の程度（職位等）、③求められる水準（成果）について書面を作成し、労働者が署名することが必要です（職務明確性）。

　また、使用者は、制度が適用される旨、少なくとも支払われる賃金の額（使用者から確実に支払われると見込まれる賃金額が1,075万円以上）、同意の対象となる期間について、労働者の同意を書面で得なければなりません。いったん同意した場合でも、労働者は同意を撤回することができます（労基法41の2①〔7〕）。

　使用者は、高度プロフェッショナル制度の対象業務に従事する労働者の健康管理を行うために、当該対象労働者が事業場内にいた時間（休憩その他労働者が労働していない時間を除く。）と事業場外において労働した時間との合計の時間（健康管理時間）を把握する措置を講じなければなりません。健康管理時間の把握方法は、上記労働時間の把握方法と同様です。

3-4　休暇

年次有給休暇

モデル条文

第●条（年次有給休暇）

【法定通りに入社日より付与するケース】

1. 採用の日より6か月間継続勤務し、所定労働日の8割以上出勤❶した社員に対して、6か月を超えた日（これを応答日とする）に下表の年次有給休暇を与える。

2. 前項以降の年次有給休暇の付与日数は次の通りとする。ただし、付与の条件は応答日前日までの過去1年における所定労働日の出勤率が8割以上であることを要する。

（正社員）

勤続年数	6か月	1年6か月	2年6か月	3年6か月	4年6か月	5年6か月	6年6月以上
付与日数	10日	11日	12日	14日	16日	18日	20日

（有期契約社員・パートタイマー・無期転換社員）

短時間労働者の週所定労働時間	短時間労働者の週所定労働日数	短時間労働者の1年間の所定労働日数（週以外の期間によって労働日数が定められている場合）	入社日から起算した継続勤務期間の区分に応ずる年次有給休暇の日数						
			6か月	1年6か月	2年6か月	3年6か月	4年6か月	5年6か月	6年6か月以上
30時間以上			10日	11日	12日	14日	16日	18日	20日
30時間未満	5日以上	217日以上							
	4日	169日～216日	7日	8日	9日	10日	12日	13日	15日
	3日	121日～168日	5日	6日	6日	8日	9日	10日	11日
	2日	73日～120日	3日	4日	4日	5日	6日	6日	7日
	1日	48日～72日	1日	2日	2日	2日	3日	3日	3日

3.継続勤務とは当社における在籍期間をいう。

4.年次有給休暇付与日数は20日を限度とする。

5.年次有給休暇の残余日数は、1年に限り、繰り越すことができる。

6.年次有給休暇の取得は、半日単位も認める。

7.年次有給休暇取得時に支払う給与は、所定労働時間を労働した場合に支払われる通常の給与による。

8.第1項または第2項の年次有給休暇は、社員があらかじめ請求する日に与える。ただし、年次有給休暇を請求された日に与えることが業務の正常な運営を妨げる場合、他の日に与えることができる。

9.前項の規定にかかわらず、会社が労働者の過半数を代表する者との間で締結する労使協定により年次有給休暇を計画的に付与することとした場合においては、その協定の定めるところにより同休暇を付与するものとする。

10.社員は、その保有する年次有給休暇のうち、前項の労使協定に係

わる部分については、その協定の定めるところにより取得しなければならない。

11. 第1項または第2項の年次有給休暇が10日以上与えられた社員に対しては、第8項の規定にかかわらず、付与日から1年以内に、当該社員の有する年次有給休暇日数のうち5日について、会社が社員の意見を聴取し、その意見を尊重した上で、あらかじめ時季を指定して取得させることがある。ただし、社員が第8項及び第9項の規定による年次有給休暇を取得した場合においては、当該取得した日数分を5日から控除するものとする。

12. 労使協定を締結した場合は、次の各号に定める要領で時間単位での年次有給休暇（以下、時間年休という）を付与することができる。

①時間年休は、1時間単位で取得することができる。

②時間年休は、1年間に付与された年次有給休暇のうち5日間以内とする。

③時間年休を計算する場合の1日の時間数は8時間とする。

④時間年休の次年度への繰越しにあたって、繰越年次においても時間年休は5日以内となるように設定する。

⑤時間年休の取得をする場合は、少なくとも2労働日前までに所定の手続により申し出なければならない。ただし、業務の都合によりやむを得ない場合は、指定した時間もしくは日を変更することがある。

13. 年次有給休暇の取得は前年分より取得し、前年分の残日数が終了した時点で、当年分残日数より取得するものとする。

14. 無断欠勤に対する年次有給休暇の振替は認めない。

15. 次の期間は、出勤率の算定上、出勤したものとみなす。また、不可抗力による休業日、使用者側に起因する経営・管理上の障害による休業日、正当な同盟罷業その他正当な争議行為により労務の提供

がまったくなされなかった日については、全労働日（出勤率の算定にあたっての分母）に含まれないものとする。

①業務上の傷病による休業期間

②年次有給休暇の取得期間

③産前産後休暇の取得期間

④育児休業、介護休業、子の看護休暇及び介護休暇の取得期間の内、法定の期間

【付与日を定め、初年度は入社月により付与するケース】

1. 正社員の入社年度は入社月度により、次年度以降は1年間（4月1日起算翌年3月31日まで）を<u>継続勤務し全所定勤務日数の8割以上出勤</u>❶した場合、それぞれ次に定める日数の年次有給休暇をとることができる。

（入社年度有給休暇付与日数）

4月度～9月度	10日間
10月度～12月度	7日間
1月度～3月度	2日間

（入社次年度以降有給休暇日数）

2年目	11日間
3年目	12日間
4年目	14日間
5年目	16日間
6年目	18日間
7年目以降	20日間

※以降は【法定通りに入社日より付与するケース】3.～15.と同じ

【付与日を定め、初年度は試用期間経過後から付与するケース】

1. 正社員の入社年度は入社月度により、次年度以降は1年間（4月1

日起算翌年3月31日まで）を継続勤務し全所定勤務日数の8割以上出勤❶した場合、それぞれ次に定める日数の年次有給休暇をとることができる。

入社日から3か月超え1年目	11日間
2年目	12日間
3年目	14日間
4年目	16日間
5年目	18日間
6年目以降	20日間

2. 入社初年度の年次有給休暇は、入社日から3か月を経過した時点で5日間付与するものとする。

3. 入社日から半年以上継続して勤務し、かつ全所定労働日数の8割以上を就業した者には、前項の5日間に加えて、さらに5日間の年次有給休暇を付与するものとする。ただし、その時点で年次有給休暇付与基準日を越え、すでに次年度の年次有給休暇を付与されている場合を除く。

※以降は【法定通りに入社日より付与するケース】3.～15.と同じ

解説

　労基法では、雇入れ日から6か月間継続勤務し、全労働日の8割以上勤務❶した場合に、継続または分割した10労働日の有給休暇を与えなければならないとされています。

　そして、その後は6か月を超える勤続年数1年につき1労働日を加算し、3年6か月目からは2日ずつ加算され、6年6か月以降は最大20日とされています。

　年次有給休暇（以下、「年休」といいます。）には、付与する要件と性質があります（以下の「ポイント深堀り」で解説します。）。多くの企業では、それらを考えながら、労基法で定める要件を満たしている

のを前提として、年休を付与するタイミングを社員ごとではなく一斉に付与するようにしたり、年休を利用する際の単位を１日・半日・時間（法改正による）にするなど、様々な方法で与えています。

　これらはすべて就業規則に定め、必要に応じて労使協定を締結することで、運用が成立されるものとなります。

 ポイント

■年休を付与するには、一定の勤続年数や出勤率などが求められる
■法律で定める要件を満たしていれば、休暇の付与方法、利用する際の単位などは、会社によって異なっても構わない

 ポイント深掘り

　年休には、付与する要件と性質があります
■一定以上の勤続年数
　年休を付与するにあたり、一定期間の勤続年数が必要とされます。この勤続年数をどう判断するかにより付与数に影響するため、取扱いに注意が必要です。

　具体的には、以下のような場合には、勤続年数として通算するようにと行政通達が出されています（昭63.3.14基発150）。

---

1. 定年退職者を引き続き嘱託等で再雇用している場合。退職金が支給されている場合も含む。ただし、退職日から再雇用日までの期間が空いており、客観的にみて雇用契約が断続している場合を除く。
2. 労基法21条に該当する日々雇用される者、２か月以内の期間を定

めて使用される者、4か月以内の期間を定めて使用される出稼ぎ
労働者、試用期間中の者でも、雇用実態より引き続き使用されて
いると認められる者
3. 一定期間ごとに雇用契約を更新し、契約期間が6か月以上になっ
ている場合で、雇用実態より引き続き使用されていると認められ
る者
4. 在籍出向者
5. 休職者が復職した場合
6. 会社の解散で、社員の待遇などの権利義務が新会社に包括し承継
された場合
7. 社員全員を解雇し所定の退職金も支給し、その後に改めて一部の
社員を採用したが、実際には人員を縮小しただけで、前と変わら
ずに事業を継続している場合

　これらに関わらず、雇用契約が存続しているのかどうか、使用者と
の関係性がどうかなど、継続勤務とするかは勤務実態により判断され
ます。安易に自社都合だけで判断するのではなく、状況によっては確
認が必要といえます。

2 8割以上の出勤に対して年休を付与する保障

　年休を付与する際には、全労働日の8割以上出勤することを要件と
していますが、企業によっては、出勤率を厳密にみずに年休を付与し
ているケースもあります。

　法律でいうところの「全労働日」は、労働義務のない日は含まない
とされていますが、行政通達等により、以下の日についても全労働日
に含まないとされています（昭33. 2.13基発90、昭63. 3.14基発150）。

1. 使用者の責任ではない理由による休業日
2. 生理休暇を取得した日（行政通達では全労働日に含むとされてい

ます（昭23.7.31基収2675）が、学説では反対意見あり）

3. 慶弔休暇を取得した日（就業義務を免除する日との趣旨で定めている場合）
4. 労働組合のストライキにより労務の提供がまったくされなかった日
5. 休職期間中
6. 休日出勤した日

これとは逆に、以下の日については出勤したとみなし、全労働日に含むものとされています（労基法39⑦、昭22.9.13発基17）。

7. 業務上の理由による傷病で休業している期間
8. 産前産後の休業期間
9. 育児介護休業法による休業期間
10. 年次有給休暇を取った日

なお、年休を付与する前1年間の出勤率が8割未満では、その後1年間の年休は付与されませんが、勤続年数には、出勤率が8割未満の期間も含まれます（平6.1.4基発1）。

また、出勤率が8割未満で付与されなかった年の翌年に付与する年休は、本来付与されるべき勤続年数に応じて付与され、出勤率不足で付与されなかった日数とすることはできません。

❸労働者が年休を請求する権利の保障

労基法では、社員が年休の取得時期を指定する時季指定権が認められており、一方で、会社＝使用者が年休の取得時期を変更する時季変更権も認められています。

実際には、突然に年休取得を請求されると業務に支障が生じる場合もありますので、ある程度事前に年休の取得を申し出るようにしておく必要があります。

では、どの程度前までに事前申請を行うのが妥当でしょうか。

　業務内容にもよりますが、判例では、取得希望日の前日正午までに申し出るよう就業規則に定めていたケースや、前々日までに申し出るよう就業規則に定めていたケースは違反ではないとしています。

　中には、パイロットのように、突然の年休取得に対して代替要員の確保が難しい場合には、取得希望日の２週間以上前までに事前申請するよう求めているケースもあるようです。

　どの程度までなら法令違反とされないかは、職種・業務内容によりますが、会社が期限を設ける場合は、２日前程度が限度ではないかとされています。業務に支障が生じる可能性が低いにも関わらず、極端に前から申し出をさせるようなルールは避けるべきといえます。

４使用者（会社）が年休取得の時季を変更する権利

　年休は、一定期間の継続勤務と８割以上の出勤率の要件を満たせば、法律上当然に発生する権利となります。

　また、労基法では年休を「労働者の請求する時季に与えなければならない」としており、これが時季指定権とされます。

　その一方で、労基法では「請求された時季に年休を与えることが事業の正常な運営を妨げる場合には、他の時季に与えることができる」としており、これが時季変更権とされます。

　つまり、労働者側の時季指定権と、使用者側の時季変更権のそれぞれの権利があるとなるわけです。

　時季変更権が認められるかどうかは、労働者の年休請求が事業の正常な運営を妨げることとなるかの判断になり、事業規模・事業内容・担当業務の性質・実際に業務の繁閑度合いがどうか・代替者の配置ができるか、から判断することになります。

　この時季変更権ですが、人手不足が理由となる扱いは正当と認められにくいので注意が必要です。

　また、労働者側も、業務の状況や繁閑度合いを考慮せずに、個人的な理由だけで一方的に時季指定を行うことは、周囲の社員への影響も大いにありますので、お互いに調整しながら運用すべきといえます。

5 年休を利用する際の単位

　取得しなかった年休には、繰越しが認められています。繰越しできる期間は、労基法で定める2年間の時効にあたると考えられ、起算日は年休が取得可能となった時点よりカウントします。

　例えば3か月の試用期間が終了した時点で5日付与し、入社6か月後に5日付与するとした場合は、それぞれ年休が付与された時点から起算します。

　では、当年に付与された年休と前年から繰り越した年休の両方の付与日数を持ち合わせているときに、どちらの年休から取得するのが正しいのでしょうか。

　結論からいくと、どちらから消化するかについて、労基法には明確な定めはありません。具体的に定めがあるわけではなく、最終的には就業規則や労働協約でどのように定めているかによるところになります。

　年次有給休暇の消化する順序に関する定めがない場合の取扱いについて、厚生労働省労働基準局編「平成22年版労働基準法（上）」によると、以下のように「前年分」から行使されると解釈されています。

　「年次有給休暇権が発生した当該年度にその権利を行使せずに残った休暇日数は、当該年度の終了によって消滅するか否かが問題となるが、法文上年次有給休暇は当該年度に行使されなかった権利は次年度に繰り越されるものと解される（昭22.12.15基発501）。

　なお、この繰越を認めた場合において翌年度に休暇を付与するときに与えられる休暇が前年度のものであるか当該年度のものであるかについては、当事者の合意によるが、労働者の時季指定権行使は繰り越し分からなされていくべきと推定すべきである。」

つまり、就業規則や当事者間での合意があれば、それを優先すべきですが、具体的な定めがない場合には、繰越分から消化されたと推定すべきであり、当年度のものから消化するという運用をするのであれば、少なくとも就業規則には明記しておくべきといえます。

　ただ、今までは繰り越した年休から取得してきたものを、いきなり今年からは当年分より取得するように取り決めたとしても、労働者に不利益な変更となることから、実態から判断する限りは、従来通りの取得方法を取るべきとなるでしょう。

　具体的な規定がない以上、前年分・当年分どちらから取得するかは、具体的に就業規則に定めた上で、慎重に取り扱うべきといえます。

6 基準日を設けて付与する場合

　年休は、入社日より6か月経過時に10日付与するのが基本となりますが、社員数が多いと入社日で年休を管理するのが煩雑になりますので、年休付与の管理を簡略化するために、基準日を設けて付与する扱いを行います。4月1日や10月1日など全社員に年休を一斉に付与する日（基準日）を決めておき、基準日時点の勤続年数と出勤率により、年休を付与する方法になります。

　基準日を設ける場合、入社初年度は基準日に一括し年休を付与するのではなく、入社月に応じて年休付与日数を決めて付与する方法を取るケースが通常です。これは、法定より前に年休を付与することとなり、社員に有利な取扱いとなるための処置になります。

　行政通達上でも、以下の要件を満たしていれば差支えないとされています（昭6.1.4基発1）。

---

1. 斉一的取扱い（基準日に一斉に付与すること）や分割付与（入社年度に付与日数を分けて付与すること）により、法定基準日以前に付与する場合の8割出勤要件は、短縮された期間は全期間出勤

　　したものとみなすこと
2.　次年度以降の年休付与日についても、初年度付与日を繰り上げた
　　期間と同じまたはそれ以上の期間を法定基準日より繰り上げること

　具体的な方法は、基準日の設け方や入社年度の付与方法によるところとなりますので、自社にあった方法を検討する必要があります。

コラム　年次有給休暇でおさえておきたいこと

【計画的付与】
　例えば、年休が10日付与されていた場合、このうち5日分の年休を取ってもらう時期を固定化して利用する制度を、計画的付与といいます。
　労基法では「5日を超える日数」について計画的に利用することができるとしており、利用するには労使協定の締結が必要となります。
　この計画的付与は、全社一斉に行っても構いませんし、部門や職種ごとに設定しても構いません。利用する時期も、年間の一定日を固定する場合もあれば、一定の範囲内で個別に利用する方法とする場合などがあります。
　では、入社したばかりで、まだ年休が付与されていない社員はどうするのでしょう。この場合は、計画的付与の対象となる社員に対し有給の特別休暇を与えるなどし、制度を利用できるようにします。
　また、社員には年休の時季指定権があるとされていますが、計画的付与を定めた場合には、これに反対する社員に対しても年休日が確定するものとなりますので、別の日を年休日として指定することはできないとされています。

【時間単位での付与】
　年休のうち、5日分を時間単位で取得できるようにするには、労使協定を締結し、次の事項について取決めが必要とされます。
⑴ 時間単位での付与をする対象労働者
　一部の社員を対象とする場合は、「育児を行うもの」などと取得目的による制限はできません。
⑵ 時間単位で取得する日数
　最大5日までとなり、前年度からの繰越しがある場合には、繰り越し分も含め

て5日までとなります。

(3) 年休1日分の労働時間数

　例えば、1日の所定労働時間が7時間30分とすれば端数を切り上げ8時間としてから、対象日数分の時間数を計算しなければいけません。また、日によって所定労働時間が異なるときは、1年間での平均所定労働時間を計算するか、一定期間での平均所定労働時間を計算します。

(4) 付与する時間単位

　1時間、2時間と付与する時間単位を定めます。この時、1日の所定労働時間を超えることはできず、分単位での付与も認められていません。

　時間単位での年休付与についても、会社側の時季変更権は認められていますが、もともと1日単位の年休を時間単位に振り替えたり、時間単位の年休を1日単位に振り替えることはできません。

　また、時間単位年休1時間分の賃金は、次のいずれかをその日の所定労働時間数で割った額になり、これは1日単位の年休取得時と同じ方法とします。

　① 平均賃金
　② 所定労働時間労働した場合に支払われる通常の賃金
　③ 標準報酬日額（労使協定が必要）

【年5日の年次有給休暇の確実な取得】

　年10日以上の年休が付与される労働者に対して、年休の日数のうち、年5日については、使用者が時季を指定して取得させることが義務付けられました（労基法39⑦）。

　使用者は、労働者ごとに、年休を付与した日（基準日）から1年以内に、取得時季を指定して年休を取得させなければなりません。ただし、時季指定にあたっては、労働者の意見を聴取し、できる限り労働者の希望に沿った取得時季になるよう、その意見を尊重するよう努めなければなりません。

　すでに5日以上の年休を請求・取得している労働者に対しては、使用者が時季指定をする必要はなく、また、することもできません。加えて、労働者が自ら請求・取得した年休の日数や、計画的に付与した年休については、その日数分を時季指定義務が課される年5日から控除する必要があります。

月60時間超の法定時間外労働をした場合の代替休暇

モデル条文

第●条（月60時間超の法定時間外労働をした場合の代替休暇）

1.社員に1か月（給与計算期間）において60時間を超える法定時間外労働❶をさせた場合は、労使協定❷に基づき、次の各号の要領で代替休暇を付与する。

①対象者及び期間

代替休暇は、給与計算期間の初日を起算日とする1か月において、60時間を超える法定時間外労働を行った者のうち、半日以上の代替休暇を取得することが可能な者（以下「代替休暇取得可能労働者」という）に対して、当該代替休暇取得可能労働者が取得の意向を示した場合に、当該給与計算期間の末日の翌日から2か月以内に与える❸。

②付与単位

代替休暇は、半日または1日単位で与える。この場合の半日とは、○時～○時の4時間のことをいう。

③代替休暇の計算方法

代替休暇の時間数は、1か月60時間を超える法定時間外労働時間数に換算率を乗じた時間数とする。この場合において、換算率とは、代替休暇を取得しなかった場合に支払う割増賃金率50％から、代替休暇を取得した場合に支払う割増賃金率25％を差し引いた25％とする。また会社は、社員が代替休暇を取得した場合、取得した時間数を換算率（25％）で除した時間数については、その分の割増賃金の支払を行わない。

④代替休暇の意向確認

会社は、1か月に60時間を超える法定時間外労働を行った代替休暇取得可能労働者に対して、当該給与計算期間の末日の翌日から5労働日以

内に、代替休暇取得の意向を確認する❹ものとする。この場合、5労働日以内に意向の有無が不明なときは、意向がなかったものとみなす。

⑤代替休暇取得の意向があった場合の賃金の支払

会社は、前項の意向確認の結果、取得の意向があった場合には、支払うべき割増賃金額のうち代替休暇に代替される賃金額を除いた部分を、通常の賃金支払日に支払うこととする。ただし、当該給与計算期間の末日の翌日から2か月以内に取得がなされなかった場合には、取得がなされないことが確定した月に係る割増賃金の支払日に、残りの25％の割増賃金を支払うこととする。

⑥代替休暇取得の意向がなかった場合の賃金の支払

会社は、当該社員の意向確認の結果、取得の意向がなかった場合には、当該給与計算期間に行われた時間外労働に係る割増賃金の総額を、通常の賃金支払日に支払うこととする。ただし、当該給与計算期間の末日の翌日から2か月以内に社員から取得の意向が表明された場合には、会社の承認により、代替休暇を与えることができる。この場合、取得があった月の賃金支払日に、過払分の賃金を精算するものとする。

解説

　特に長い時間外労働を抑制することを目的として、1か月に60時間を超える時間外労働については、法定割増賃金率が50％以上とされていますが、やむを得ずこれを超える時間外労働を行わざるを得ない場合も考えられます。

　このため、そのような労働者の健康を確保する観点から、2010年4月1日より、1か月に60時間を超えて時間外労働を行わせた労働者❶について、労使協定❷により、法定割増賃金率の引上げ分の割増賃金の支払に代えて、有給の休暇を与える❸ことができることとしたものです。

　労基法37条3項の休暇（以下、「代替休暇」といいます。）を実施する場合には、事業場において労使協定を締結する必要があります。この労使協定は、個々の労働者に対して代替休暇の取得を義務付けるものではありません。労使協定が締結されている事業場において、個々の労働者が実際に代替休暇を取得するか否かは、労働者の意思によります❹。

　また、代替休暇の制度を設ける場合には、代替休暇に関する事項は労基法89条の「休暇」に関する事項ですので、就業規則に記載する必要があります。

 ポイント

■1 1か月60時間を超える時間外労働がある場合に、割増賃金支払いに替えて有給の休暇を付与することができる

■2 本人が希望しなければ、割増賃金として支払う必要がある

 ポイント深掘り

　代替休暇を与える場合には、労使協定で、次の事項を定める必要があります。

■1 代替休暇として与えることができる時間の時間数の算定方法

　代替休暇として与えることができる時間数の具体的な算定方法は、

①　1か月について60時間を超えて時間外労働をさせた時間数に、

②　（ア）労働者が代替休暇を取得しなかった場合に支払う割増賃金率と、（イ）労働者が代替休暇を取得した場合に支払う割増賃金率との差に相当する率（以下、「換算率」といいます。）を乗じます（次ページの図）。

【代替休暇の時間数の具体的な算定方法】

$$\boxed{\substack{\text{代替休暇として与える} \\ \text{ことができる時間数}} = \left(\boxed{\substack{1\text{か月の時間外} \\ \text{労働時間数①}}} - 60 \right) \times \boxed{\text{換算率②}}}$$

$$\boxed{\text{換算率②}} = \boxed{\substack{\text{労働者が代替休暇を取得し} \\ \text{なかった場合に支払う割増} \\ \text{賃金率（5割以上）} \quad （ア）}} - \boxed{\substack{\text{労働者が代替休暇を取得し} \\ \text{た場合に支払う割増賃金率} \\ （2割5分以上）\quad （イ）}}$$

出典：「月60時間を超える法定時間外労働に対して」（厚生労働省）（https://www.mhlw.go.jp/new-info/kobetu/roudou/gyousei/kantoku/dl/091214-1_03.pdf）を一部加工して作成

　労使協定では、この算定方法にしたがって、具体的に定める必要があります。

　また、上記（ア）労働者が代替休暇を取得しなかった場合に支払う割増賃金率は5割以上の率とする必要があり、上記（イ）労働者が代替休暇を取得した場合に支払う割増賃金率は2割5分以上の率とする必要があります。これらは、いずれも就業規則の絶対的必要記載事項である「賃金の決定、計算及び支払の方法」に当たることから、就業規則に記載しなければなりません。

2 代替休暇の単位

　代替休暇の単位は、代替休暇はまとまった単位で与えることによって労働者の休息の機会とする観点から、1日または半日とされており、労使協定には、その一方または両方を代替休暇の単位として定める必要があります。

　ここでいう「1日」とは、労働者の1日の所定労働時間をいい、「半日」とはその二分の一をいいますが、「半日」については、必ずしも厳密に1日の所定労働時間の二分の一とする必要はありません。しかし、その場合には、労使協定で当該事業場における「半日」の定義を定めておくことが必要です。

3代替休暇を与えることができる期間

　代替休暇を与えることができる期間については、時間外労働が1か月に60時間を超えたその月の末日の翌日から2か月以内とされており、労使協定では、この範囲内で期間を定める必要があります。

4代替休暇の取得日及び割増賃金の支払日

　代替休暇の労使協定については、上記**1**から**3**までの事項を必ず定める必要があります（労基則19の2）が、このほか労使協定で定めるべきものとしては、次のものが考えられます。

　◆**労働者の意向を踏まえた代替休暇の取得日の決定方法**

　　　例えば、月末から5日以内に使用者が労働者に代替休暇を取得するか否かを確認し、取得の意向がある場合には取得日を決定するというように、取得日の決定方法について協定しておきましょう。

　　　ただし、代替休暇を取得するかどうかは、労働者の意思に委ねられていますので、代替休暇の取得日は労働者の意向を踏まえたものとしなければなりません。

　◆**1か月について60時間を超える時間外労働の割増賃金の支払日**

　　　1か月に60時間を超える時間外労働の割増賃金の支払日については、労働者の代替休暇の取得の意向に応じて、次のようになります。

　①　労働者に代替休暇の取得の意向がある場合は、支払義務がある割増賃金（労基法37条により2割5分以上の率で計算した割増賃金）について、その割増賃金が発生した賃金計算期間の賃金支払日に支払うことが必要です。

　　　なお、代替休暇の取得の意向があった労働者が、実際には代替休暇を取得しなかったとき、労基法37条による1か月の時間外労働時間数が60時間を超えたときから追加的に支払われる割増賃金について、労働者が代替休暇を取得しないこと

が確定した賃金計算期間の賃金支払日に支払う必要があります。

② 　①以外の場合、すなわち労働者に代替休暇の取得の意向がない場合や労働者の意向が確認できない場合には、法定割増賃金率の引上げ分も含めた割増賃金（労基法37条により5割以上の率で計算した割増賃金）について、その割増賃金が発生した賃金計算期間の賃金支払日に支払うことが必要です。

なお、法定割増賃金率の引上げ分も含めた割増賃金が支払われた後に、労働者から代替休暇の取得の意向があった場合には、代替休暇を与えることができる期間として労使協定で定めた期間内であっても、

【1か月60時間を超える時間外労働の割増賃金の支払日】
　賃金締切日が月末、賃金支払日が翌月15日、代替休暇は2か月以内に取得、代替休暇を取得しなかった場合の割増賃金率50％、代替休暇を取得した場合の割増賃金率25％の事業場の場合

① 労働者に代替休暇取得の意向がある場合

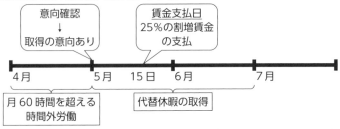

② ①以外の場合（労働者に代替休暇取得の意向がない場合や労働者の意向が確認できない場合等）

出典：「月60時間を超える法定時間外労働に対して」（厚生労働省）（https://www.mhlw.go.jp/new-info/kobetu/roudou/gyousei/kantoku/dl/091214-1_03.pdf）を一部加工して作成

労働者は代替休暇を取得できないこととする旨、労使協定で定めても差し支えありません。

　このような、法定割増賃金率の引上げ分も含めた割増賃金が支払われた後に、労働者から代替休暇取得の意向があった場合について、

- ・代替休暇を与えることができる期間として、労使協定で定めた期間内であれば、労働者は代替休暇を取得できることとし、
- ・労働者が実際に代替休暇を取得したときは、すでに支払われた法定割増賃金率の引上げ分の割増賃金について精算することとすること

を労使協定で定めることも可能です。

コラム　代替休暇でおさえておきたいこと

【法定割増賃金率の引上げ分の割増賃金の支払が不要となる時間】

　代替休暇は、法定割増賃金率の引上げ分の割増賃金の支払に代えて与えられるものであることから、法定割増賃金率の引上げ分の割増賃金の支払が不要となる時間は、1か月に60時間を超える時間外労働のうち労働者が取得した代替休暇に対応する時間の労働となります。

　具体的には、労働者が取得した代替休暇の時間数を換算率で除して得た時間数のことを指します。したがって、代替休暇の取得の意向があった労働者が実際には代替休暇を取得しなかったときには、取得しなかった代替休暇に対応する時間の労働については、法定割増賃金率の引上げ分の割増賃金の支払が必要となります。

【代替休暇と年次有給休暇との関係】

　代替休暇は、年次有給休暇とは異なるものです。また、労働者が代替休暇を取得して終日出勤しなかった日については、正当な手続により労働者が労働義務を免除された日であることから、年次有給休暇の算定の基礎となる全労働日に含まれません。

年次有給休暇以外の休暇

　年休以外の休暇については、労基法では特に規定がありませんが、各事業場で必要とされる休暇の制度を設ける場合は、就業規則に規定しておく必要があります。

モデル条文

第●条（夏季休暇）

1. 夏季休暇は、原則として〇月〇日から〇月〇日までの間で〇日間与えるものとする。

2. 夏季休暇は、試用期間終了後に付与するものとする。

3. 夏季休暇の残余日数は、次年度へ繰り越すことは認めない。

4. 夏季休暇は、半日単位での取得は認めない。

5. 夏季休暇取得時に支払う給与は、所定労働時間を労働した場合支払われる通常の給与による。

6. 本条に定める夏季休暇を請求された日に与えることが業務の正常な運営を妨げる場合、他の日に与えることができる。

第●条（年末年始休暇）

1. 年末年始休暇は、原則として〇月〇日から〇月〇日までの〇日間与えるものとする。

2. 年末年始休暇の残余日数は、繰り越すことは認めない。

3. 年末年始休暇は、半日単位での取得は認めない。

4. 年末年始休暇取得時に支払う給与は、所定労働時間を労働した場合支払われる通常の給与による。

第●条（特別休暇）

1. 天変地異、伝染病予防、その他会社が必要と認めた場合は必要な日

数を特別休暇とする。

2.前項以外の休暇については、別途会社で定めるものとする。

3.前2項の休暇は、原則として無給とする。

....

第●条（慶弔休暇）

1.社員が次の各号の一に該当するときは所属長への願い出により、特別休暇を受けることができる。

①本人の婚姻の場合－最大5労働日まで

②子女の婚姻の場合－最大3労働日まで

③忌引（配偶者、親、子供、兄弟、祖父母の場合）－最大5労働日まで

④忌引（伯叔父母、甥姪、曾祖父母等4親等までの親族）－最大3労働日まで

2.前項の場合、遠隔地に赴く必要があるときに限り、往復日数の範囲内で休暇日数を加算することがある。

3.前各項の休暇は有給休暇とし、所定労働時間を労働した場合に支払われる通常の給与によるものとする。ただし、退職を予定している社員については、この限りではない。

4.第1項で定める休暇は、原則として、連続で取得するものとする。

5.第1項第1号に定める休暇は、各事象発生日から○か月以内に取得するものとし、○か月経過後に権利は消滅する。

....

第●条（傷病休暇）

1.長期にわたる私傷病の療養を行うため、対象の正社員、無期転換社員より申請があり、所属長及び人事担当役員に休暇取得が適当であると認められた場合は、傷病休暇の取得を認める。

2.前項の場合の休暇取得要件、取得方法、給与、その他の取扱いは「傷

病休暇規程」の定めによる。

いずれの休暇も法的な根拠はなく、任意の制度であり、導入や設計は会社の自由になりますが、導入する場合は、就業規則に定めなければいけません（労基法89⑩）。

また、就業規則に定めた場合は、従業員からの申請を会社は理由なく拒むことはできなくなります。

各休暇の付与日数、付与期間については、企業規模・業態に応じて、相当する日数を設定していくことになります。

慶弔休暇の場合、付与する事由と対象となる親族区分をどの程度とするか、悩まれることがあります。特に親族区分については、「血族」と「姻族」の範囲を限定することになります。

血族とは、血縁関係にある親族を指し、出生による自然血族と、養子縁組など法定要件を満たすことで生じる法定血族とがあります。また、血縁関係にない婚姻による血族（姻族）もあり、血族と姻族とで対象範囲を定める形になります。

いずれの休暇も、同一労働同一賃金の観点から、正社員とパート・アルバイト等の有期契約労働者の間で、合理的な理由のない差別的取扱いにならないよう注意が必要です。

 ポイント

❶法定以外の休暇は、付与対象・日数など、会社が任意に決定できる
❷制度として導入する場合は、就業規則に定める必要がある

母性保護や女性保護に関する休業

　母性保護や女性保護に関する休業については、就業規則に基本的事項を定め、詳細は別規則で規定する形をとります。

モデル条文

第●条（生理休暇）

1.生理日の就業が著しく困難な女性❶が請求した場合は、休暇を与える。

2.前項の休暇については、無給とする。

第●条（産前産後休業）

1.出産のため、産前6週間（多胎妊娠の場合にあっては14週間）❷以内において請求があった場合はその日から、産後は出産日の翌日から8週間の休暇❸を与える。ただし、産後6週間を経過した社員❹が医師の診断書を提出し就業を申し出たときは就業させる。

2.前項の休暇については、無給とする。

第●条（育児・介護休業）

1.別に定める「育児・介護休業規程」❺に定める対象者が申し出た場合は、その規定に基づき育児・介護休業を受けることができる。

2.前項の場合の給与、その他の取り扱いは「育児・介護休業規程」の定めによる。

第●条（母性健康管理のための休暇等）

1.妊娠中または出産後1年を経過しない女性社員から、所定労働時間内に母子保健法に基づく保健指導または健康診査❻を受けるために、通院休暇の請求があったときは、次の範囲で休暇を与える。

①産前の場合

　妊娠23週まで－4週に1回

　妊娠24週から35週まで－2週に1回

　妊娠36週から出産まで－1週に1回

　ただし、医師または助産婦（以下、「医師等」という。）がこれと異なる指示をしたときには、その指示により必要な時間❼。

②産後（1年以内）の場合

　医師等の指示により必要な時間❼

2.妊娠中または出産後1年を経過しない女性社員から、保健指導または健康診査❻に基づき勤務時間等について医師等の指導を受けた旨申し出があった場合、次の措置を講ずることとする。

①妊娠中の通勤緩和

　通勤時の混雑を避けるよう指導された場合は、原則として1時間の勤務時間の短縮❽、または1時間以内の時差出勤❽

②妊娠中の休憩の特例

　休憩時間について指導された場合は、適宜休憩時間の延長、休憩の回数の増加

③妊娠中、出産後の諸症状に対する措置

　妊娠中もしくは出産後の諸症状の発生または発生のおそれがあるとして指導された場合は、その指導事項を守ることができるようにするため作業の軽減、勤務時間の短縮、休業等❽

3.前各項による休暇及び短縮時間に相当する給与は支給しない。

解説

(1) 生理休暇

　生理日の就業が著しく困難な女性労働者❶が休暇を請求した場合、請求のあった期間は当該女性労働者を就業させてはなりません（労基

法68）。なお、休暇は暦日単位のほか半日単位、時間単位でもあっても差し支えありません。

(2) 産前産後休業

　6週間（多胎妊娠の場合は14週間）以内に出産予定❷の女性労働者が休業を請求した場合には、その者を就業させてはいけません（労基法65①）。なお、出産当日は、産前休業に含まれます（昭25. 3.31基収4057）。

　また、産後8週間を経過しない女性労働者を就業させることはできません❸。ただし、産後6週間を経過した女性労働者❹から請求があった場合に、医師が支障がないと認めた業務には就かせることは差し支えありません（労基法65②）。

　妊娠中の女性が請求した場合は、他の軽易な業務に転換させなければなりません（労基法65③）。

(3) 育児・介護休業

　就業規則の必要記載事項である「休暇」には、育児・介護休業法の定める休業も含まれるので、育児・介護休業の付与要件、取得手続、休業期間等を就業規則に記載する必要があります。

　育児・介護休業法においては、育児・介護休業の対象者、申出手続、休業期間等が具体的に定められているので、育児・介護休業法の定めるところにより育児・介護休業を与える旨の定めがあれば、記載義務は果たしていると解されますが、賃金の支払いや育児休業をしない者に対する措置などは、就業規則に記載する必要があります。

　就業規則に育児・介護休業に関する条項を定めた上で、別規則として、育児・介護休業規定を定め、時間外、深夜業の制限、所定労働時間短縮の措置、育児・介護休業中の賃金に関する事項などについて規定しておくことが望ましいといえます。この場合、別規程❺も就業規則の一部になりますので、所轄労働基準監督署長への届出が必要とな

ります。

⑷ 母性健康管理のための休暇等

事業主は、女性労働者が母子保健法の規定による保健指導または健康診査❻を受けるために必要な時間を確保できるようにしなければなりません（均等法12）。

また、医師等が健康診査等を受けることを指示したときは、必要な時間を確保❼できるようにする必要があります。

事業主は、女性労働者が保健指導または健康診査❻に基づく指導事項を守ることができるようにするため、勤務時間の変更（時差通勤、勤務時間の短縮等）、勤務の軽減（休憩時間の延長、作業の制限、休業等）❽等、必要な措置を講じなければなりません（均等法13）。

医師等による具体的な指導がない場合でも、妊娠中の女性労働者から申出があったときは、担当の医師等と連絡を取り、適切な対応を図る必要があります。

また、事業主は、プライバシーに配慮し、「母性健康管理指導事項連絡カード」の利用に努めることとされています（妊娠中及び出産後の女性労働者が保健指導又は健康診査に基づく指導事項を守ることができるようにするために事業主が講ずべき措置に関する指針）。

作成・見直しチェックポイント

【労働時間】

☐ 所定労働時間について定めたか

☐ 始業・終業時刻の定義を明確にしたか

☐ 変形労働時間制を定める場合、業務の繁閑サイクルを考慮したか

☐ 変形労働時間制における時間外勤務の計算方法について理解したか

☐ 1年単位の変形労働時間制を導入するには、年間通して業務の繁閑

の時期がある程度決まっていることを確認したか

□ 1年単位の変形労働時間制を導入する場合、労使協定を締結し、労働基準監督署に届け出たか

□ 1年単位の変形労働時間制の場合、時間外労働は労使協定で締結した時間を超えた分からとしたか

□ 1年単位の変形労働時間制の場合、時間外手当はその対象期間が終わった際に、再度超えた分を精算したか

□ 1週間単位の非定型的変形労働時間制を導入する場合、小売業、旅館・料理店・飲食店の事業であり、従業員数30名未満であるか

□ 1週間単位の非定型的変形労働時間制を導入する場合、1週間の所定労働時間は40時間以内か（特例事業も同じ）

□ フレックスタイム制は、社員が始業時刻と終業時刻を自主的に決定し働く制度と理解したか

□ フレックスタイム制を導入する場合、労使協定を締結したか。また、1か月を超える清算期間を定める場合、労働基準監督署に届け出たか

□ 事業場外労働のみなし労働時間制は、実際の労働時間が所定労働時間より短くても多くても、所定労働時間働いたとみなされることを理解したか

□ 労働時間の把握が可能な働き方をしている場合は、事業場外労働のみなし労働時間として認められないことを理解したか

□ 専門業務型裁量労働制は、実際に労働した時間に関係なく、労使協定で定めた時間について働いたとみなす制度であることを理解したか

□ 専門業務型裁量労働制は、一定の業務でのみ利用できるよう定めたか

□ 企画業務型裁量労働制を適用できる業務について定めたか

□ 企画業務型裁量労働制の導入には、労使委員会の開催・決議等が必要であることを定めたか

□法定労働時間を超えた労働が可能となるよう、また休日出勤が可能となるよう、労使協定を締結し、労基署へ届け出たか

□労使協定が締結されていても、時間外時間には上限があることを理解したか

□３６協定がなくても時間外労働・休日労働が可能なよう、非常時災害の特例を定めたか

□非常時災害において発生した時間外労働・休日労働についても、割増賃金の支払いが必要なことを理解したか

【休憩時間】

□休憩時間は労働時間に応じた時間を与えるよう定めたか

□休憩時間は自由利用が原則だが、一定の制限を設けることも可能であることを理解したか

□育児時間の取り方を限定していないか

【休日】

□法定休日と所定休日の違いを理解したか

□法定休日は、必ずしも日曜日にする必要はないことを理解したか

□休日の振替は、事前に変更するように定めているか

□振替休日によっては、時間外労働が発生することもあることを理解したか

□代休は、休日出勤した後に付与するものと理解したか

□代休は、休日出勤分の割増率だけを支払うか否か定めたか

□管理監督者について、自社における労働時間・休憩・休日に関する規定の適用範囲について確認したか

□管理監督者について、深夜労働に関しては適用する旨の規定としたか

【休暇】

□年次有給休暇を付与する要件として、一定の勤続年数や出勤率など

　を確認したか

□年次有給休暇の付与方法、利用する際の単位などについて定めたか

□1か月60時間を超える時間外労働がある場合に、割増賃金支払い
　に替えて有給の休暇を付与できるよう定めたか

□代替休暇を労働者本人が希望しない場合、割増賃金を支払う必要が
　あることを理解したか

【ポストコロナの働き方】

□ポストコロナに向けて、労働時間、休憩の取り方など就業ルールの
　見直しを行ったか

□テレワークの場合、テレワークに関する社内の基本方針やルールを
　定めたか

□テレワークの場合、労働時間を客観的に把握できる方法でとってい
　るか

□テレワークの場合、対象者に対する人事評価の見直し・再考を行っ
　たか

□テレワークの場合、必要経費の取扱いルールを検討したか

□テレワークの場合、安全衛生面からの配慮ができているか

4. 賃金

賃金の決定、計算・支払の方法、賃金の締切り、支払の時期や昇給に関する事項は、就業規則の絶対的記載事項に当たります。

就業規則には、会社が支払うすべての賃金を明らかにしておく必要があります。

特に基本給については、賃金支払区分の別（月給制、日給月給制、日給制、時間給、出来高給など）も明らかにしておきます。諸手当も可能な限り、金額または算定基礎となる基本給等に対する率や支給条件を明らかにしておくべきです。

ただし、諸手当については、どのような手当を設けるか、その金額などについて、地域や業界での一般的な水準等を勘案しながら、各事業場の実態に応じて個別に検討をします。

先月残業が多かったんですが、給料が変わらないので人事に確認したら、「割増分はもともと業務手当に含まれている」と言われました
そんな説明を受けた覚えはないのですが……

割増賃金を固定給の一部に含めて支払うことはできないわけではありません
でも、実働に応じた割増賃金をカバーするものでなければいけませんよね
それに、その手当が割増賃金部分であることがあらかじめ明確でなければいけません
賃金規程に、業務手当と割増賃金について具体的に定められているか、再度確認してみてくださいね

給与構成

モデル条文

第●条（給与構成）

1.給与の構成は、次の通りとする。

　①月額基本給

　②役職手当

　③調整手当

　④住宅手当

　⑤扶養手当

　⑥○○手当

　⑦通勤手当

　⑧時間外勤務手当

　⑨休日勤務手当

　⑩深夜勤務手当

2.前項の給与構成は全社員に適用する。ただし、管理監督者（○○職以上の職責にある者）については、時間外勤務手当及び休日勤務手当は適用されない。

解説

　賃金の決定、計算及び支払の方法、賃金の締切り及び支払の時期ならびに昇給に関する事項は、就業規則の絶対的記載事項に当たります（労基法89）。

ポイント

1 支払われる給与項目がすべて記載されていること

❷あいまいな表現はトラブルの元。できるだけ具体的に定めておく

給与の締切期間及び支給日

モデル条文

> **第●条（給与の締切期間及び支給日）**
>
> 1.給与は、当月○日から起算し、当月○日を締切りとした期間（以下、「給与計算期間」という。）について計算し、<u>翌月○日に支払う**❶**</u>。ただし、当該支払日が休日の場合はその前日に支払うものとする。
>
> 2.前条○項○号より○号に定める手当については、翌月○日に支給する。

解 説

　賃金は原則として、通貨で、直接労働者に、その全額を、<u>毎月１回以上、一定期日に支払わなければなりません**❶**</u>（労基法24）。これは年俸制であっても同様の扱いです。

　金融機関への振込みにより賃金を支払う場合は、一定の要件（労働者の同意を得ること、労働者の指定する本人名義の口座に振り込まれること、賃金の全額が所定の支払日の午前10時頃までには払い出し得ること等）を満たす必要があります（労基則７の２）。

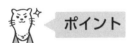 **ポイント**

❶毎月の支給日は固定されていること

❷雇用形態によって、給与の締切日・支払日は異なっても構わない

ポイント深掘り

　年俸制の導入自体は問題ありませんが、必ず毎月1回以上は賃金を支払うことが義務付けられています。そのため、実際には年俸を分割して月ごとに支払う必要があります。例え先払いであっても、一括で支払うことは認められていません。

　また、「毎月第2金曜日」など、変動する期日を支払日として指定することは認められません。同様に、支払日を「毎月15～20日の間」と規定することも違法になります。もちろん、「売上ノルマの達成次第」「○件契約が取れたら」などのように、条件によって支払日を規定することも認められません。

非常時払い

モデル条文

第●条（非常時払い）

　前条の規定にかかわらず、次の各号に該当する場合❶は、社員（社員が死亡したときはその遺族）の請求により、<u>給与支払日の前であっても既往の労働に対する給与を支払う</u>❷。

①社員が災害により費用を必要とする時

②社員またはその収入によって生計を維持する者が結婚、出産、疾病、災害または死亡したため費用を必要とする時

③社員またはその収入によって生計を維持する者が、やむを得ない事由によって1週間以上にわたり帰郷する時

解説

　労基法では、労働者またはその収入によって生計を維持する者に出産、疾病、災害等の臨時の出費を必要とする事情が生じた場合❶に、

賃金支払日前であっても既往の労働に対する賃金の支払いを請求できる❷こととされています（労基法25）。

　実際に用いられる例は少ないかもしれませんが、確認の意味も兼ねて規定しておきます。

■非常時に備えて、該当する事項について確認する

■法律で支払いについて定められているので、実際に支払うことになった場合には注意する

支給方法及び控除項目

モデル条文

第●条（支給方法及び控除項目）

1.給与は、全額本人に支給する。

2.支給方法は、社員の承諾を得た上で、本人が指定した本人名義の預金口座振込みとする。

3.社員は、別に定める手続により、給与の振込みを受ける預貯金口座等、一定事項を会社に届け出なければならない。

4.次の項目は、給与から控除する❶。

　①会社が仮払いを行っている立替え相当額

　②社会保険など、法で定められた保険料

　③支給する給与にかかる税

　④その他、法で定められた手続きにより認められたもの

5.前条に定めるもののうち、社員が会社を退職する時点で未払いのものがある場合には、会社は社員に対する退職金からこれを控除して支払うことができる。

解説

　賃金からは、税金、社会保険料等法令で定められているものは<u>控除</u>することができます❶。しかし、それ以外の負担を控除する場合には、労働者の過半数で組織する労働組合か、労働者の過半数を代表する者との労使協定が必要です。

　さらに、労働者代表との協定によって賃金から控除できるものは、購買代金、住宅・寮その他の福利厚生施設の費用、各種生命・損害保険の保険料、組合費等、内容が明白なものに限ります。

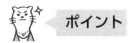
ポイント

❶賃金から控除できるものは、法律で決まっている
❷労使協定を締結することで、会社が必要とするものを控除できる

給与の日割り計算

モデル条文

> 第●条（給与の日割り計算）
>
> 1.給与計算期間の途中に採用、退職もしくは解雇された者、または休業等により欠勤した者については日割り計算して支払う。
>
> 2.前項の日割り計算は、以下の計算により行う❶。
>
> （（月額基本給＋○○手当＋○○手当＋○○手当）÷<u>月間所定労働日数</u>❷）
> ×出勤日数

解説

　月の途中での入社・退職、もしくは休職により<u>日割り計算が必要な際の計算ルール</u>❶を定めます。

　計算時に使用する<u>月間所定労働日数</u>❷は、年間休日より算出した月

間平均所定労働日数を利用することもできます。

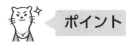
ポイント

1 日割り計算は法律で必ず行うとされているわけではなく、満額支給としても差し支えない

2 日割り計算を行う場合は、基本給だけでも各種手当を含めてでも構わない

給与の減額

モデル条文

第●条（給与の減額）

1. 給与計算期間において勤務した日がない場合は、給与は支給しない。

2. 欠勤により、所定労働日を就労しなかった場合は、以下の計算式により、<u>その不就労の日に応じた給与を控除する</u>❶。ただし、当月給与計算期間において勤務した日がない場合は、給与は支給しない。

（（月額基本給＋○○手当＋○○手当＋○○手当）÷月間所定労働日数）×不就労日数

3. 遅刻、早退ならびに私用外出により、所定労働時間の全部または一部を就労しなかった場合は、以下の計算式により<u>その不就労の時間に応じた給与を控除する</u>❷。

（（月額基本給＋○○手当＋○○手当＋○○手当）÷月間所定労働時間）×不就労時間数

解説

日割り計算以外に、給与を減額する際の計算ルールを定めます。<u>日数で控除する場合</u>❶と<u>時間で控除する場合</u>❷に分けて定めておきます。

 ポイント

■ 減額する事由により各種手当を含めて計算するかは、任意に定める
ことができる

■ 計算ルールは、日で控除する場合と時間で控除する場合に分けてお
くと、計算しやすい

時間単価の算定基礎額

モデル条文

第●条（時間単価の算定基礎額）

　時間外及び休日出勤の場合、1時間当たりの算定基礎額は、以下の
計算により算出❶するものとする。

（月額基本給＋○○手当＋○○手当＋○○手当）÷月間所定労働時間❷）

解説

　割増賃金を計算する際の基礎となる単価を計算する際のルール❶を
定めます。この時も、月間所定労働時間❷のほか、年間休日数より算
出した月間平均所定労働時間で計算することもできます。

　また、月間労働時間数を160時間と固定し定めることもできます。
この場合は、実際の月間労働時間数が固定された時間を超えていない
か確認する必要があります。

 ポイント

■ 時間単価の計算基礎額を定めておくと、割増賃金計算に誤りがない
かを確認できる

■ 月間所定労働時間と月間平均所定労働時間のどちらを使っても構わ

ない

 ポイント深掘り

　割増賃金の基礎となる賃金は、通常の労働時間または労働日の賃金であり、以下の手当は、算定基礎賃金に算入しないことが法令で認められています（労基法37⑤、労基則21）。

　これらの手当を除外するに当たっては、単に名称によるのでなく、その実態によって判断しなければなりません。

① 家族手当

② 通勤手当

③ 別居手当

④ 子女教育手当

⑤ 住宅手当（「住宅に要する費用に応じて算定される手当」をいうものであり、住宅の形態ごとに一律に定額で支給されるもの、住宅以外の要素に応じて定額で支給されるもの、全員一律に定額で支給されているものは、住宅手当にあたらず、算定基礎賃金から除外されません（平11. 3.31基発170））。

⑥ 臨時に支払われた賃金

⑦ 1か月を超える期間ごとに支払われる賃金

①家族手当		
割増賃金の基礎から除外できる家族手当とは、**扶養家族の人数またはこれを基礎とする家族手当額を基準として算出した手当**をいいます。		
具体例	除外できる例	扶養家族のある労働者に対し、家族の人数に応じて支給するもの。 （例）扶養義務のある家族1人につき、1か月当たり配偶者1万円、その他の家族5千円を支給する場合。
	除外できない例	扶養家族の有無、家族の人数に関係なく一律に支給するもの。 （例）扶養家族の人数に関係なく、一律1か月1万5千円を支給する場合。

②通勤手当		
割増賃金の基礎から除外できる通勤手当とは、**通勤距離または通勤に要する実際費用に応じて算定される手当**をいいます。		
具体例	除外できる例	通勤に要した費用に応じて支給するもの。 （例）6か月定期券の金額に応じた費用を支給する場合。
	除外できない例	通勤に要した費用や通勤距離に関係なく一律に支給するもの。 （例）実際の通勤距離にかかわらず1日300円を支給する場合。
③住宅手当		
割増賃金の基礎から除外できる住宅手当とは、**住宅に要する費用に応じて算定される手当**をいいます。		
具体例	除外できる例	住宅に要する費用に定率を乗じた額を支給するもの。 （例）賃貸住宅居住者には家賃の一定割合、持家居住者にはローン月額の一定割合を支給する場合。
	除外できない例	住宅の形態ごとに一律に定額で支給するもの。 （例）賃貸住宅居住者には2万円、持家居住者には1万円を支給する場合。

出典：「割増賃金の基礎となる賃金とは？」（厚生労働省）（https://www.mhlw.go.jp/new-info/kobetu/roudou/gyousei/kantoku/dl/040324-5a.pdf）を一部加工して作成

端数処理

モデル条文

第●条（端数処理）

　給与額を計算するにあたり、支給額に1円未満の端数が生じた場合はこれを切り上げ❶、控除額に1円未満の端数が生じた場合は、これを切り捨てる❷ものとする。

解説

　端数処理は、四捨五入・切り上げ❶・切り捨て❷のいずれでも構いません。また、計算途中の計算単価を端数処理するのかどうかも記載する場合には、最終計算結果ではなく、個別の計算単価において端数処理を行う旨規定します。

ポイント

❶ 端数処理は、切り上げ、切り捨て、四捨五入、いずれも可能

❷ 計算途中で端数処理をする場合は、その旨を定めておくことで、計算結果に金額誤差が生じた際の理由解消ができる

基本給

モデル条文

> 第●条（基本給）
>
> 　給与額は、社員の能力、経験、技能及び職務内容などを総合的に勘案して各人ごとに決定する。

解説

　基本給は、職務内容や職務遂行能力等の職務に関する要素や勤続年数、年齢、資格、学歴等の属人的な要素等を考慮して、公正に決めることが大切です。

　基本給には、月給（1か月の所定労働時間に対して賃金額が決められているもの）、日給月給（定額賃金制の一形態で、月給を定め、欠勤した場合にその日数分だけの賃金を差し引くという形の月給制）、日給（1日の所定労働時間に対して賃金額が決められるもの）、時間給（労働時間1時間単位で賃金額が決められ、業務に従事した労働時間に応じて支給されるもの）等があります。

　具体的な賃金を決める際には、最低賃金法に基づき決定される最低賃金額以上の賃金を支払わなければなりません。

　この最低賃金は、毎年10月に改訂告示をされます。労働者に支払おうとする賃金または支払っている賃金が最低賃金額以上となっているかについては、時間によって定められた賃金（以下「時間給」とい

います。）の場合は、当該時間給を最低賃金額と比較することにより判断します。また、日、週または月によって定められた賃金の場合は、当該金額を上記各期間における所定労働時間数で除した時間当たりの額と最低賃金額とを比較することにより判断します（最低賃金法4、最低賃金法施行規則2）。

ポイント

1 基本給は、公正に決定されるべきもの
2 最低賃金を下回るものは認められない

給与額の改定

モデル条文

第●条（給与額の改定❶）

1. 給与額は毎年○月に、社員各人の職務、職責及び業務内容を査定して決定し、当月から支給する。

2. 以下の各号の一に該当する者については、昇給を保留、または減額することがある。

① 昇給算定期間中の欠勤日数が30日を超えるもの

② 就業規則第○条により懲戒処分を受けた者

③ 著しく技能が低い者または勤務成績ならびに素行不良の者

④ 勤続3か月未満の者

⑤ 前年度に著しい損失を会社に与えたもの

⑥ 会社の経営状態、社会の経済情勢が著しく変化した場合

解説

昇給に関する事項は、就業規則の絶対的必要記載事項になりますの

で、少なくとも金額改定時期とどういった内容で査定するのか、いつ支払いの給与から反映されるのかを定めます。

モデル条文名では、「昇給」とすると、必ず毎年給与が上がるものと誤認されることが非常に多いため、「給与額の改定❶」としています。

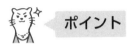 ポイント

❶給与の昇給は、法律で定める絶対的記載事項である
❷改定時期、改定内容、給与反映時期については、最低限記載が必要

役職手当

モデル条文

第●条（役職手当）

1. 役職手当は、会社が定めた職責に任命された者（○○職以上）に対して、職責に応じて月額で支給❶する。

2. 原則として（役職名）は会社の管理職と定め、時間外労働手当、休日労働手当は適用除外とする。ただし、例外的に、労働基準法第41条の2に定める監督または管理の地位にある者と認められない場合❷は、本手当に当月分の時間外勤務手当❸、休日勤務手当を含むものとし、実際の額が本手当を超えた場合は、超えた分について支払う。

3. 役職手当は、その事例があった日の属する翌月分より役職手当を支給し、役職から外れた日の属する月の翌月から手当は支給しない。

解説

役職手当の場合、会社が定める職責に応じて一定額を支払う❶場合が多く、さらに、一定時間の深夜手当相当分を含める場合もあります。

深夜手当相当分を含める場合には、何時間分の深夜勤務に相当するか、具体的に定めておく必要があります。

　また管理監督者であっても、実態が管理監督者と認められない場合❷は時間外手当支給の対象となります。その場合に、役職手当の中の一部には時間外手当❸が含まれていることとします（時間外分の支払いに対して一定の効果があると考えます。）。

ポイント

■ 役職手当は職責に応じて支払われ、さらに一定時間の深夜割り増し分を含めることもある

■ 実態が管理監督者と認められない場合は、例外的に時間外手当支給の対象とする

通勤手当

モデル条文

第●条（通勤手当）

1.通勤手当は、非課税限度額内の範囲で公共交通機関を利用する者について、合理的な経路による通勤に基づく額を支給する。

　①公共交通機関を利用する者：1か月分通勤定期代に相当する額

　②自家用車で通勤することを承認した者：往復通勤キロ数×通勤日数×単価（○円）

2.本手当の趣旨は実費弁償であるため、給与計算期間に勤務しなかった日（欠勤、休職、休暇、年休）は支払わない。

3.給与計算期間の途中で、住居移転等により通勤手当額が変更となった場合は、当該変更月の翌月より新通勤手当額を支給する。

　通勤手当は、労基法上、会社に支払いが義務づけられているものではなく、支給するかどうかはあくまでも会社が任意に決定できます。ちなみに、交通費としての通勤手当は、原則非課税（上限あり）であり、所得税や住民税の対象ではありません。

　とはいえ、通勤手当を支給しなければ、優秀な人材を採用できないこともあり、どこの会社も通勤手当を当たり前のように支給しているのが実状です。

　通勤手当は、就業規則に支給のルールを定めた場合は、労基法上の「賃金」に該当することになり、会社と労働者との労働契約内容となるため、むやみに変更されることは許されなくなります。

　では、コロナ禍において、テレワークが増加したことによって、勤務地が自宅になった場合の通勤手当はどう扱うべきなのでしょうか。

　本来、通勤手当は、雇用保険や厚生年金保険などの労働・社会保険料の算定元となる金額に含まれるため、通勤手当の減額に伴って、社会保険料等が減額となる場合があります。社会保険料等が減額されると、手取り額が増えるというメリットがある一方、厚生年金保険料の減額は、将来受け取る年金の額に影響してきます。具体的には、厚生年金保険は加入期間の月収（通勤手当含む）と賞与を合計した平均額から決定されるため、通勤手当の減額によって、厚生年金保険から支給される年金額が減ってしまう可能性があるのです。

　新型コロナウイルス感染症対策として、在宅勤務に勤務形態を変更したのに伴い、通勤手当を実費支給に変更した際に、在宅勤務時の実費相当の通勤手当は社会保険上の報酬に含まれるのかという点について、2021年4月に日本年金機構から一定の見解が示されました（令3.4.1厚生労働省年金局事業管理課長事務連絡「標準報酬月額の定時決定及び随時改定の事務取扱いに関する事例集」の一部改正について）。

　基本的に、労働する日の労働契約上の労務の提供地が自宅か事業所かに応じて取り扱うとされ、基本的な作業場所が自宅の場合は報酬に含めず、事業所が作業場所の場合は報酬に含めるとされています。

　つまり、労働契約上の就業場所が「自宅」か「事業所」かで扱いが変わってきますので、どちらを主とされるのか、就業規則や在宅勤務規程、労働条件通知書での規定を整理してみてください。

　なお、諸手当に関しては、例示したもの（役職手当・通勤手当）のほか、住宅手当、職務手当、単身赴任手当、営業手当等を設ける場合がありますが、どのような手当を設けるか、また、設けた諸手当の金額をいくらにするかについては、会社ごとに決めています。

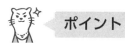

ポイント

❶通勤手当は、会社が任意に支給を決定できる

❷テレワーク時の通勤手当は、実費支給とするのか、社会保険料と手取り額とを検討し、支給ルールを検討する

割増賃金

モデル条文

第●条（割増賃金）

1.所定労働時間を超え、かつ、法定労働時間を超えて労働した場合には、所属長の承認を得た上で、時間外労働割増賃金を、法定の休日に労働した場合には休日労働割増賃金を、深夜（午後10時から翌日午前5時までの間）に労働した場合には深夜労働割増賃金を、それぞれ支給する。

2.支給率は次の通りとする。

①時間外労働が1か月45時間内の時間外割増分：0.25 ❶

②時間外労働が1か月45時間を超え60時間内の時間外割増分：0.25❶

③時間外労働が1か月60時間を超えた分の時間外割増分：0.25❶

④深夜割増分：0.25❸

⑤所定休日勤務分：0.25❶（ただし、1週間あたりの労働時間が40時間を超えない場合は、割増はしない。）

⑥法定休日勤務分：0.35❷

3.所定労働時間を超え、かつ、法定労働時間を超えて労働した場合、または休日に労働した時間が深夜に及ぶ場合は、時間外労働割増賃金または休日労働割増賃金と深夜労働割増賃金を合計した割増賃金❹を支給する。

4.第2項に関わらず、時間外労働が1か月60時間を超えた社員❺に対して、時間外割増の支給に代えて、別途定める労使協定❻により、代替休暇❼を与えるものとする。

解説

　法定労働時間を超えて労働させた場合には2割5分以上❶、法定休日に労働させた場合には3割5分以上❷、深夜（午後10時から午前5時までの間）に労働させた場合には2割5分以上❸の割増率で計算した割増賃金をそれぞれ支払わなければなりません（労基法37）。

　つまり、時間外労働が深夜に及んだ場合には5割以上、休日労働が深夜に及んだ場合には6割以上の割増率で計算した割増賃金❹を、それぞれ支払わなければなりません。

　また、月60時間を超える時間外労働❺については、割増賃金率は5割以上となります（中小企業については2023年4月から適用）。

　労働者に時間外・休日労働をさせる場合には36協定を締結しなければならないことはいうまでもありません。

　なお、会社が定める所定労働時間が法定労働時間よりも短い場合、

所定労働時間を超えて法定労働時間に達するまでの時間の労働（いわゆる「法内残業」）に対する賃金については、通常の労働時間の賃金を支払えば労基法違反とはなりません。ただし、賃金計算の方法が複雑になってしまうことから、労基法を上回る措置として、所定労働時間を超える労働に対して一律に割増賃金を支払う規定としている会社もみられます。

　また、1か月に60時間を超える時間外労働❺については、割増賃金率が50％以上とされていますが、労使協定❻により、法定割増賃金率の引上げ分の割増賃金の支払に代えて、有給の休暇❼を与えることもできます（労基法37③）。労使協定の締結は、個々の労働者に対して代替休暇❼の取得を義務付けるものではなく、個々の労働者が自身の意思で取得するか否かを決定します。また、代替休暇❼の制度を設ける場合には、休暇に関する定めの中で就業規則に記載する必要があります。

ポイント

■1割増賃金の支給率は法律で決まっているが、法定以上の支払いをしても構わない
■2時間外労働、深夜労働、休日労働の実態により、割増賃金の支給率が加算される

ポイント深掘り

　中小企業にも時間外労働の限度基準は適用されますので、特別条項付き３６協定を締結する際に、特別の事情のもとに限度時間を超えて時間外労働させる場合の当該限度時間を超える時間外労働に係る割増

率を定めた場合には、これを就業規則に盛り込まなければなりません。

　なお、１か月60時間の算定には、法定休日に労働した時間数は含まれませんが、法定外の休日に行った労働における時間外労働の時間数は含まれます。

　１年単位の変形労働時間制を採用している場合、入社等により対象期間の途中から対象となった労働者や退職等により対象期間の途中で対象でなくなった労働者に対し、対象期間中実際に労働させた期間を平均して１週40時間を超えて労働させた場合、１週40時間を超えて働かせた分について割増賃金を支払わなければなりません。

休業手当

モデル条文

第●条（休業手当）

1. 社員が<u>会社の責に帰すべき事由❶</u>により休業した場合は、<u>休業１日につき平均賃金の６割を支給❷</u>する。

2. 1日の所定労働時間のうち一部を休業させた場合で、その日の労働に関する賃金が前項の額に満たない場合は<u>その差額を休業手当として支給❸</u>する。

3. 別途協定を締結した場合は、その協定によるものとする。

解説

　<u>会社側の都合（使用者の責に帰すべき事由）❶</u>により、所定労働日に労働者を休業させる場合には、<u>平均賃金の60％以上の休業手当❷</u>を支払わなければなりません（労基法26）。

　また、１日の所定労働時間の一部のみ<u>使用者の責めに帰すべき事由❶</u>により休業させた場合についても、現実に就労した時間に対して支払われる賃金がその日１日分の平均賃金の60％に満たないときは、

その差額を支払わなければなりません❸。

ポイント

❶会社都合で休業させた場合、平均賃金の60％以上の休業手当を払
わなければならない

❷会社都合で一部休業をさせた際に、実際に支払われる賃金が休業手
当に満たない場合は差額を支払う

賞与

モデル条文

第●条（賞与）

1.賞与は、毎年○月及び○月❶に支給する。ただし、会社の業績によっ
ては賞与の額を縮小し、または支給を見送ることがある❷。

2.賞与額は、会社の業績、本人の成果、ならびに将来への貢献期待度
等を総合的に勘案❸し支給額を決定する。

3.賞与の算定期間❹は以下の通りとし、支給対象者は賞与の支給日に
在籍している社員に限る。

　①夏季賞与：前年○○月○○日から同年○○月○○日まで

　②冬季賞与：当年○○月○○日から同年○○月○○日まで

4.賞与は功労褒賞として支給するものであり、事前に支給を確約する
ものではない。

解説

　賞与は、労基法その他の法律によって設けることが義務付けられて
いるものではありません。しかし、賞与を支給する場合、就業規則に
支給対象時期❶、賞与の算定基準❸、算定期間❹、支払方法❷等を明

確にしておくことが必要です。

　就業規則に、賞与の支給対象者を一定の日（例えば、6月1日や
12月1日、または賞与支給日）に在籍した者とする規定を設けるこ
とで、期間の途中で退職等し、その日に在職しない者には支給しない
こととすることも可能です。

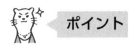
ポイント

1 賞与の支給対象時期、算定基準、算定期間、支払方法等を明確にする
2 可能であれば、賞与の性質（過去の功績に対して支給する、過去の
　功績に基づいて将来に向けての活躍期待を求める）を定めておく

作成・見直しチェックポイント

【給与の基本】
□ 給与構成には、支払われる給与項目がすべて記載されているか
□ 給与構成は、トラブルの元にならないよう、具体的に定めているか
□ 給与の支給日は、毎月固定されているか
□ 雇用形態によって、給与の締切日・支払日は異なっても構わないこ
　とを理解しているか
□ 非常時の場合の賃金の支払いについて確認したか
□ 賃金から控除できるものについて定めたか
□ 会社が必要とする賃金から控除するものについて、労使協定を締結
　したか
【計算時のルール】
□ 基本給は公正に決定したか
□ 賃金が最低賃金を下回っていないか

□給与額の昇給条件は具体的に定めたか

□実態が管理監督者と認められない者について、時間外手当の支給対象としているか

□賃金の日割り計算は、各種手当も含めた上で行ったか

□賃金の減額に際しては、日数で控除する場合と時間で控除する場合に分けて定めたか

□時間単価の算定基礎額は、月間平均所定労働時間でも計算できることを理解したか

□賃金計算の端数処理について定めたか

□割増賃金の支給率について確認しているか

□割増賃金の支給率は、時間外労働、深夜労働、休日労働の実態に応じて加算されているか

【その他】

□休業手当について、会社都合で一部休業させた場合、支払われる賃金が平均賃金の60％に満たない場合は、差額を支払うよう定めたか

□賞与の支給対象時期、算定基準、算定期間、支払方法等について定めたか

□通勤手当は見直しをするか（手当支給か実費支給か、出社日数に応じた額とするか）

□在宅勤務時の経費補助手当を支給するか

5. 服務規律、安全衛生

多くの就業規則に「服務規律」が定められています。

これは労基法で記載を義務付けられているものではありませんが、企業で働く上では一定の規律が必要であり、これを行動規範として定めています。

社員が労務を提供する上での行動規範である以上、これに違反をした場合には、程度の差こそあれ、懲戒処分の対象となり得ます。

働く上で守ってほしいルール、やってはいけないルールを、企業それぞれの状況に合わせ、自由に規定すべきものといえます。

実際には様々な形で規定されますが、多くの企業では遵守事項として以下のような規律を定めています。

①政治活動・宗教活動の禁止／②演説・集会・文書等の配布・貼付の事前許可／③販売活動等の事前許可／④兼業の禁止、または事前許可／⑤社員間での金銭貸借の原則禁止／⑥在職中・退職後の秘密保持義務／⑦個人情報の取扱い／⑧セクシュアルハラスメント、パワーハラスメント等の禁止／⑨ハラスメントに対する会社の措置／⑩PC等の電子機器の取扱い／⑪私物の持ち込み禁止、所持品の検査／⑫会社で貸与しているPCや携帯端末等の私用禁止、データのモニタリング

その他、会社独自のルールなども規定し、働く際に遵守すべき事項として周知を徹底するようにします。

休憩時間中に社内で撮った写真を自分のSNSにアップしたら、会社の信用を害する行為に当たるから、懲戒処分にすると言われました。勤務時間外の行動を会社が規制するなんて、おかしくないですか？

勤務時間外の私的な行動であっても、その行動が実際に損害を与えるものであれば、懲戒処分や損害賠償請求が認められることがありますよ。どういった行為がいけないのか、就業規則をよく確認してみましょう

5-1　服務規律

遵守事項

モデル条文

第●条（遵守事項）

1. 社員は職場の秩序を保持し、業務の正常な運営を図る❶ため、次の事項を守らなければならない。

2. 社員は会社の方針及び自己の責務をよく認識し、その業務に参与する誇りを自覚し、会社及び所属長の指揮と計画の下に、全員よく協力、親和し、秩序よく業務の達成に努めなければならない。

3. 社員は業務組織に定めた分担と会社の諸規則に従い、所属長の指揮の下に、誠実、正確かつ迅速にその職務にあたらなければならない。

4. 社員が次の行為をしようとする時は、あらかじめ所属長の承認を得て行わなければならない。

   ①物品の購入をする時（消耗品の購入は除く）

   ②販売及び手数料の値引きをする時

   ③会社の重要書類またはこれに類する物品等を社外に持ち出す時

5. 社員は下記の行為をしてはならない。

   ①会社の業務上の指示及び計画を無視すること

   ②職務の怠慢及び職場の風紀、秩序を乱すこと

   ③取引先より金品の贈与を受け、これを要求すること

6. 社員は会社の業務の方針及び制度、その他会社の機密を外部の人に話し、書類をみせ、また、雑談中当該内容を察知されないよう、注意しなければならない。

7. 社員は会社の名誉を傷付け、または会社に不利益を与えるような言動及び行為は一切慎まなければならない。

8. 社員は職務上の地位を利用し私的取引をなし、金品の借入または手

数料、リベートその他金品の収受もしくは私的利益を得てはならない。

9. 社員は会社に許可なく他の会社に籍を置いたり、自ら事業を営んだりしてはならない。

10. 社員は許可なく職務以外の目的で会社の設備、車両、機械器具等を使用してはならない。

11. 社員は会社構内において、許可なく業務に関係のない集会、政治活動及び宗教の布教活動をしてはならない。

12. 社員は反社会的勢力に所属し、または関わりを持ってはならない

13. 社員は会社構内において、許可なく業務に関係ない印刷物等の配布または掲示をしてはならない。

14. 社員は定められた場所以外では、喫煙してはならない。

15. 社員は酒気を帯びて就業してはならない。

16. 社員は許可なく社用以外の目的で社名・職名を用いてはならない。

17. 社員は許可なく日常携行品以外の品物を持ち込んだり、または会社の物品を持ち出してはならない。

18. 社員は社内において賭博その他これに類する行為をしてはならない。

19. 社員は許可なく録音をしてはならない。

20. 社員は公私を問わず、飲酒運転（酒気帯び運転ならびに酒酔い運転）、または飲酒運転を幇助（運転の指示・容認・黙示の指示・容認も含む）するような行為を行ってならない。

21. 社員は次の各号の一つに該当する事項が生じた時は、速やかに会社へ届け出なければならない。

　①社員が自己の行為により、会社の施設、品物、資材、商品等を損傷し、もしくは他人に損害を与えた時

　②会社の損失もしくはお客様に損害を及ぼし、またはその恐れがあるのを知った時

　③会社もしくは社員に損害の発生、またはその恐れがあるのを知っ

　た時

　④安全操業に支障をきたし、またはその恐れがある時

22.前各項のほか、これに準ずるような社員としてふさわしくない行
　為をしてはならない。

解 説

　使用者は、企業秩序を定立し維持する権限（企業秩序定立権）を有
しており、労働者は、労働契約を締結したことによって<u>企業秩序遵守
義務❶</u>を負うことから、使用者は、労働者の企業秩序違反行為に対し
て、制裁罰として懲戒を課すことができるとされます。とはいえ、使
用者が労働者を懲戒するには、あらかじめ就業規則において懲戒の種
別及び事由を定めておかなければいけません。

　また、使用者が懲戒できることを定めた就業規則が、法的規範とし
ての性質を有するものとして拘束力を持たせるためには、その内容に
ついて、就業規則の適用を受ける事業場の労働者に周知させる手続き
が採られていなければ、懲戒処分そのものが無効とされます。

 ポイント

１服務規律は労基法で定めることを義務づけられていない

２働く上で守ってほしいルール、やってはいけないルールを、企業の
　実情に合わせ自由に規定すべき

３遵守事項である以上、違反した際には懲戒処分の対象となり得る

電子機器、電子メール及びインターネット使用

第●条（電子機器、電子メール及びインターネット使用）

1.社員は、パソコン等の電子機器、電子メール、インターネットを使用する際には、次の各号の事項を守らなければならない。

　①就業時間内外を問わず、業務に関係がない目的❶で電子機器、電子メールまたはインターネットを使用してはならない。

　②会社の電子機器及びネットワークを使用して、業務に関係のない私用のソフト等をインストールしてはならない。

　③電子メール、インターネット等を通じて、会社の情報、不利益となる事項、ほかの社員を不当に誹謗・中傷する情報を流してはならない。

　④社員が送受信した電子メール等の内容は、いつでも会社の命令により公開するものとし拒んではならない❷。

　⑤会社から電子機器、電子メール、インターネットの利用に伴う誓約書の提出を求められた場合は、その提出を拒否してはならない。

　⑥個人所有の電子機器の会社内での業務上の利用等は、原則としてこれを禁止する。

　⑦社員は、就業時間中に会社の許可なく、個人の携帯電話や携帯端末を私的に利用してはならない。

2.前項各号の規定は、会社から貸与された携帯電話や携帯端末等の他の電子機器についても準用する。

　仕事をする上で、パソコンや携帯電話、スマートフォンの利用は当たり前の状況である一方、ネット検索・電子メールなどは、私的に利

用されやすいという実態があります。電話とは違い、業務上で利用しているのか、私的に利用しているのか分かりにくく、実際に働いている時間かどうかも怪しまれる場合もあります。

　このような状態を避けるため、服務規律内で会社が貸与した情報機器の私的利用❶を禁止し、また、定期・不定期にモニタリング❷を実施することを規定します。

　データのモニタリングは、社員のプライバシーとの関係で問題が生じる可能性がありますので、事前に就業規則に根拠を明示しておき、労務管理の観点から必要であることを明確にしておきます。

　なお、会社はモニタリングする権利があるとはいえ、その方法によっては権利濫用とされる可能性もありますので、無制限に行うのではなく、明らかに私的利用が認められる場合や、会社の秩序を乱すような情報発信を行っていると認められる場合に限定して実施するのが適切といえます。

 ポイント

❶実働時間をしっかり把握する意味でも、私的利用は禁止する
❷実施理由を限定し、定期・不定期にモニタリングを実施することも必要

会社利益の擁護義務

モデル条文

第●条（会社利益の擁護義務）

　社員は次の事項を守り、会社の経営権を尊重し、これを侵害してはならない。

①社員は職務上の機密事項及び会社の不利益となる事項を、他に漏ら

してはならない。また、退職後であっても同様とする。

②社員は会社の名義を私の利益のために使用してはならない。

③社員は、会社の許可なく、会社、役員、会社関係者、取引先、顧客及びその他の関係者に関わる情報を、ブログ、BBS（掲示板）、ならびにツイッター等のSNS（ソーシャルネットワーキングサービス）の電磁的方法により、不特定多数の者が当該情報を閲覧することができる状態に置いてはならない。

解説

　企業を取り巻く環境の変化に応じて、社員に守ってもらうべき服務規律の内容も見直しが必要になります。

　特にIT環境の変化は目まぐるしく、今まではパソコン等の情報漏えいに注意をしておけば事足りていたものが、スマートフォン等の携帯端末の普及により、社外での情報管理や社員の情報発信方法に関しても注力していかなければならない状況になっています。

　服務規律は労基法で規定が義務付けられているものではありませんが、労働契約を締結するということで、企業に対し、秩序を維持する義務を負っている社員側からみれば、服務規律の新設・変更は不利益変更にあたるのではないかとの考えも成り立つといえます。

　この点について、使用者（企業側）は会社の秩序を維持する権限を持っており、服務規律は、社員が当然守らなければならない事項を確認する意味で定めたものといえますので、これを新設・変更することについては、このような目的で行う限り、労契法10条（就業規則による労働契約の内容の変更）で定められている規程に照らしても、基本的には有効であると解釈されます。

　ただし、服務規律に違反した際の懲戒処分内容が妥当かどうかの判断は異なります。懲戒処分に該当するとした行為の程度に比較して、

過度な処分を科す場合には、そのような処分は無効となる場合もありますので、実際の運用場面においても注意が必要です。

【労働契約法10条】
使用者が就業規則の変更により労働条件を変更する場合において、変更後の就業規則を労働者に周知させ、かつ、就業規則の変更が、労働者の受ける不利益の程度、労働条件の変更の必要性、変更後の就業規則の内容の相当性、労働組合等との交渉の状況その他の就業規則の変更に係る事情に照らして合理的なものであるときは、労働契約の内容である労働条件は、当該変更後の就業規則に定めるところによるものとする。ただし、労働契約において、労働者及び使用者が就業規則の変更によっては変更されない労働条件として合意していた部分については、第12条に該当する場合を除き、この限りでない。

 ポイント

🅐服務規律は企業変化に応じてマメに変更すべき
🅑服務規律の変更は労働条件の不利益変更に当たらないが、極端なものは無効になる場合も

ハラスメントの禁止

モデル条文

第●条（ハラスメントの禁止）
1.社員は、性別役割分担意識に基づく言動を含め、職場における性的な言動等により、他の社員に精神的・身体的な苦痛を与え、就業環境が損なわれる行為や言動（以下、「セクシュアルハラスメント」❶という）を行ってはならない。
2.社員は、職務上の地位や人間関係、業務の遂行能力などの職場内の

優位性を背景にした業務の適正な範囲を超える言動等により、他の社員に精神的・身体的な苦痛を与え、就業環境が損なわれる言動（以下、「パワーハラスメント」❷という）を行ってはならない。

3. 社員は、社員の妊娠・出産及び育児等に関する制度または措置の利用に関し、社員の就業を害する言動や行為、ならびに妊娠・出産に関し女性社員の就業環境を害する言動（以下、「マタニティハラスメント」❸という）を行ってはならない。

4. 他の社員に対して前3項以外の「いじめ、嫌がらせ」❹に該当するような言動をしてはならない。

5. 自己、第三者を問わず違反する言動を認めた場合は、「ハラスメントに関する相談窓口」に申し出ることができる。会社は当該申出に関し、被害者の人権、プライバシーに配慮した上で関係者に事情聴取等の調査を行う等の必要な措置を講じることとし、関係者は当該調査に積極的に協力しなければならない。

6. 前項の相談窓口における相談内容・事後の対応については、個人情報として取り扱う。

7. 本条第1項から第5項に基づき相談したこと、または事実関係の確認に協力したことをもって不利益な取扱いを行うことはない。

解説

セクシュアルハラスメント❶を防止するために、事業主は、雇用管理上必要な措置を講じなければならないこととされています（均等法11）。

パワーハラスメント❷を防止するためには、事業主は、雇用管理上必要な措置を講じなければならないこととされています（労働施策総合推進法30の2、2022年3月31日まで中小企業は努力義務）。

マタニティハラスメント❸の防止には、事業主は、雇用管理上必要

な措置を講じなければならないこととされています（均等法11の3、育児・介護休業法25）。

　その他の差別的言動やハラスメント❹として、性的指向や性自認に対するものがあります。恋愛感情または性的感情の対象となる性別についての指向のことを「性的指向」、自己の性別についての認識のことを「性自認」といいます。性的指向や性自認への理解を深め、差別的言動や嫌がらせ（ハラスメント）が起こらないようにすることが重要です。

 ポイント

❶セクシュアルハラスメント、マタニティハラスメント等、ハラスメントの防止に関する事項を定めておく

❷セクシュアルハラスメント、マタニティハラスメント等、ハラスメントが発生した場合の対応も規定をしておく

 ポイント深掘り

　使用者は、労働者に対する安全配慮義務（労契法5）や、労働契約に基づく付随義務として、働きやすい職場環境を保つよう配慮する義務（職場環境配慮義務）を負っているため、ハラスメントの防止や発生した際に、迅速かつ適切な対応を怠った場合は、債務不履行責任（民法415）を問われることになります。

　また、使用する労働者が職務遂行中に第三者に損害を与えた場合、使用者に損害賠償責任がある（民法715）とされており、従業員が社内あるいは取引先の相手などに対して行ったハラスメントについて、使用者は損害賠償責任を負わなければなりません。

■1職場におけるセクシュアルハラスメントの防止

職場におけるセクシュアルハラスメントとは、以下のものが代表的なものです。

(1) 対価型

職場において行われる労働者の意に反する性的な言動に対する労働者の対応によって、その労働者が解雇、降格、減給などの不利益な取扱いを受けること。

　例：性的な関係を拒否した労働者を解雇すること

(2) 環境型

職場において行われる労働者の意に反する性的な言動により、労働者の就業環境が不快なものとなったため、労働者が働く上で見過ごすことができない程度の支障が生じること。

　例：身体に触ったり、性的な冗談を言う上司がおり、労働者が非常に苦痛に感じていること

【職場におけるセクシュアルハラスメント】

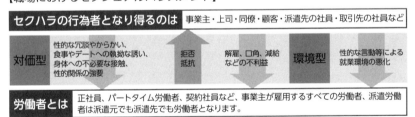

出典：「悩んでいませんか？職場でのセクシュアルハラスメント」（厚生労働省）（https://www.mhlw.go.jp/bunya/koyoukintou/seisaku06/pdf/data.pdf）を一部加工して作成

❷ 職場におけるパワーハラスメントの防止

（2020年6月1日施行　※中小企業は2022年4月1日施行）

　職場におけるパワーハラスメントとは、職場で行われる①優越的な関係を背景とした言動であって、②業務上必要かつ相当な範囲を超えたものにより、③労働者の就業環境が害されるものであり、①～③までの要素をすべて満たすものをいいます。

　具体的には、下記が代表的なものです。ただし、客観的にみて、業務上必要かつ相当な範囲で行われる適正な業務指示や指導については、該当しません。

【パワーハラスメントの類型と種類】

1	身体的な攻撃	暴行・傷害
2	精神的な攻撃	脅迫・名誉毀損・侮辱・ひどい暴言
3	人間関係からの切り離し	隔離・仲間外し・無視
4	過大な要求	業務上明らかに不要なことや遂行不可能なことの強制、仕事の妨害
5	過小な要求	業務上の合理性なく能力や経験とかけ離れた程度の低い仕事を命じることや仕事を与えないこと
6	個の侵害	私的なことに過度に立ち入ること

（上司の言うことが聞けないのか？）　（い、いえ…）

❸ 職場におけるマタニティハラスメントの防止

　職場におけるマタニティハラスメントとは、妊娠・出産や、産前産後休業・育児休業・介護休業の取得などを理由として、不利益な取扱いをしたり、就業環境を害したりすることをいいます。

コラム　雇用管理上講ずべき措置の内容

　職場におけるセクシュアルハラスメント・パワーハラスメント・マタニティハラスメント（本コラムについて、以下、「ハラスメント」といいます。）のいずれについても、雇用管理上講ずべき措置の概要は下記のとおりです。

(1) 事業主の方針等の明確化及びその周知・啓発
　・　職場におけるハラスメントの内容、ハラスメントを行ってはならない旨の方針などを明確化し、労働者に周知・啓発すること
　・　行為者について、厳正に対処する旨の方針・対処の内容を就業規則等の文書に規定し、労働者に周知・啓発すること

(2) 相談に応じ、適切に対応するために必要な体制の整備
　・　相談窓口をあらかじめ定め、労働者に周知すること
　・　相談窓口担当者が、相談内容や状況に応じ、適切に対応できるようにすること
　・　一体的に窓口を設置し、一元的に相談に応じることのできる体制を整備すること

(3) 職場におけるハラスメントに係る事後の迅速かつ適切な対応
　・　事実関係を迅速かつ正確に確認すること
　・　速やかに被害者に対する配慮のための措置を適正に行うこと
　・　事実が確認できた場合、行為者に対する措置を適正に行うこと
　・　あらためて方針を周知・啓発する等の再発防止に向けた措置を講ずること

(4) ハラスメントの原因や背景となる要因を解消するための措置
　・　業務体制の整備等、必要な措置を講ずること
　・　制度に関する知識等について、妊娠等した労働者に周知・啓発すること

(5) (1)〜(4)までの措置と併せて講ずべき措置
　・　相談者・行為者等のプライバシーを保護するために必要な措置を講じ、その旨労働者に周知すること
　・　相談したこと等を理由として、解雇その他不利益取扱いを行ってはならない旨を定め、労働者に周知・啓発すること

個人情報保護

モデル条文

第●条（個人情報保護）

　会社に所属する者（社員、派遣社員等の名称を問わず会社の組織内にある者）は、個人情報の保護につき、次の事項を守らなければならない❶。

1. 会社内において知り得たすべての個人情報について、機密として取扱いに最新の注意を払い、第三者への開示・漏えい等、いかなる行為も行わないこと

2. 事業場の内外を問わず、取引先名簿、メールアドレス、名刺等の個人情報を知り得るすべてのものについても利用・保管・管理には細心の注意を払うこと

3. 個人情報の取得は適法かつ公正な手段によるものとし、取得の際にはその利用目的を明示し、当該利用目的の範囲を超えて使用しないこと

4. 会社が定める個人情報の取扱いを遵守すること

5. 会社が講じる個人情報の滅失または毀損の防止、その他安全管理のための措置に協力すること

6. 個人情報の漏えい、または漏えいにつながるおそれのある事態を発見した場合は、速やかに所属長に報告すること

解説

　個人情報保護法の全面施行により、使用者に個人情報の適正な管理に関する対策が義務付けられています❶。就業規則の服務規律に定めず別規則とする場合は、就業規則には別規則に委任することを定めておきます。

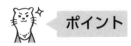 **ポイント**

■1 個人情報を保護することは、会社に所属している者すべてに求められる

■2 個人情報の漏えい行為の禁止、取扱い、万が一漏えいした際の措置について定める

出退社

モデル条文

> 第●条（出退社）
>
> 社員は、出社及び退社については、次の事項を守らなければならない。
>
> ①出勤及び退勤の際は、本人自ら、会社が定めた所定の方法を用いて時刻を記録すること
>
> ②始業時刻は作業開始時刻であることを自覚し、就業に適する服装を整える等、始業時刻より直ちに職務に取りかかれるように準備しておくこと
>
> ③退勤するときは、使用した機器・備品及び書類等を整理整頓し、安全と火気を確認すること
>
> ④業務の都合で現場へ直行または直帰する場合、所属長の許可を得たものについては、時刻の記録をしなくてもよいこととするが、この場合、所属長は業務や労働時間について合理的な判断を行うこと

解説

　労働時間・休憩・休日等の具体的な労働条件は、本章3で具体的に定め、服務規律では労働時間の管理方法や遵守事項について定めます。特に、労働時間の管理については、ガイドライン（ポイント深堀りで詳説します。）に沿って客観的な管理が求められます。

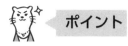

❶服務規律では、労働時間の管理方法や職務専念義務について定める

❷始業時刻は作業開始時刻であり、出社時刻ではない点をアピール

　労働時間の管理については、「労働時間の適正な把握のために使用者が講ずべき措置に関するガイドライン」（2017年1月20日策定）で、使用者が講ずべき措置が具体的に示されています。

　使用者は、このガイドラインを遵守し、労働時間を適正に把握する等適切な時間管理を行ってください。

　なお、2018年4月から安衛法66条の8の3の規定に基づき、会社は面接指導を実施するため、タイムカードによる記録、パーソナルコンピュータ等の電子計算機の使用時間（ログインからログアウトまでの時間）の記録等の客観的な方法その他の適切な方法により、労働者の労働時間の状況を把握しなければなりません（安衛則58参照）。

【労働時間の適正な把握のために使用者が講ずべき措置に関するガイドライン】（抜粋）

1　趣旨

　労働基準法においては、労働時間、休日、深夜業等について規定を設けていることから、使用者は、労働時間を適正に把握するなど労働時間を適切に管理する責務を有している。

3　労働時間の考え方

　労働時間とは、使用者の指揮命令下に置かれている時間のことをいい、使用者の明示又は黙示の指示により労働者が業務に従事する時間は労働時間に当たる。そのため、次のアからウのような時間は、労働

時間として扱わなければならないこと。

ア　使用者の指示により、就業を命じられた業務に必要な準備行為（着用を義務付けられた所定の服装への着替え等）や業務終了後の業務に関連した後始末（清掃等）を事業場内において行った時間

イ　使用者の指示があった場合には即時に業務に従事することを求められており、労働から離れることが保障されていない状態で待機等している時間（いわゆる「手待時間」）

ウ　参加することが業務上義務づけられている研修・教育訓練の受講や、使用者の指示により業務に必要な学習等を行っていた時間

4　労働時間の適正な把握のために使用者が講ずべき措置

(1) 始業・終業時刻の確認及び記録

　　使用者は、労働時間を適正に管理するため、労働者の労働日ごとの始業・終業時刻を確認し、これを記録すること。

(2) 始業・終業時刻の確認及び記録の原則的な方法

　　使用者が始業・終業時刻を確認し、記録する方法としては、原則として次のいずれかの方法によること。

ア　使用者が、自ら現認することによりこれを確認し、記録すること。

イ　タイムカード、ICカード、パソコンの使用時間の記録等の客観的な記録を基礎として確認し、記録すること。

(3) 自己申告制により始業・終業時刻の確認及び記録を行う場合の措置

　　上記（2）の方法によることなく、自己申告制により行わざるを得ない場合、使用者は次の措置を講ずること。

ア　自己申告制の対象となる労働者に対して、本ガイドラインを踏まえ、労働時間の実態を正しく記録し、適正に自己申告を行うことなどについて十分な説明を行うこと。

イ　実際に労働時間を管理する者に対して、自己申告制の適正な運用を含め、本ガイドラインに従い講ずべき措置について十分な説明を行うこと。

ウ　自己申告により把握した労働時間が実際の労働時間と合致しているか否かについて、必要に応じて実態調査を実施し、所要の労

働時間の補正をすること。

　特に、入退場記録やパソコンの使用時間の記録など、事業場内にいた時間の分かるデータを有している場合に、労働者からの自己申告により把握した労働時間と当該データで分かった事業場内にいた時間との間に著しい乖離が生じているときには、実態調査を実施し、所要の労働時間の補正をすること。

エ　自己申告した労働時間を超えて事業場内にいる時間について、その理由等を労働者に報告させる場合には、当該報告が適正に行われているかについて確認すること。

　その際、休憩や自主的な研修、教育訓練、学習等であるため労働時間ではないと報告されていても、実際には、使用者の指示により業務に従事しているなど使用者の指揮命令下に置かれていたと認められる時間については、労働時間として扱わなければならないこと。

オ　自己申告制は、労働者による適正な申告を前提として成り立つものである。このため、使用者は、労働者が自己申告できる時間外労働の時間数に上限を設け、上限を超える申告を認めない等、労働者による労働時間の適正な申告を阻害する措置を講じてはならないこと。

　また、時間外労働時間の削減のための社内通達や時間外労働手当の定額払等労働時間に係る事業場の措置が、労働者の労働時間の適正な申告を阻害する要因となっていないかについて確認するとともに、当該要因となっている場合においては、改善のための措置を講ずること。

　さらに、労働基準法の定める法定労働時間や時間外労働に関する労使協定（いわゆる３６協定）により延長することができる時間数を遵守することは当然であるが、実際には延長することができる時間数を超えて労働しているにもかかわらず、記録上これを守っているようにすることが、実際に労働時間を管理する者や労働者等において、慣習的に行われていないかについても確認する

こと

(4) 賃金台帳の適正な調製

　　使用者は、労働基準法第108条及び同法施行規則第54条により、労働者ごとに、労働日数、労働時間数、休日労働時間数、時間外労働時間数、深夜労働時間数といった事項を適正に記入しなければならないこと。

　　また、賃金台帳にこれらの事項を記入していない場合や、故意に賃金台帳に虚偽の労働時間数を記入した場合は、同法第120条に基づき、30万円以下の罰金に処されること。

(5) 労働時間の記録に関する書類の保存

　　使用者は、労働者名簿、賃金台帳のみならず、出勤簿やタイムカード等の労働時間の記録に関する書類について、労働基準法第109条に基づき、3年間保存しなければならないこと。

遅刻、早退、外出、欠勤等の手続き

モデル条文

第●条（遅刻、早退及び外出等の手続き）

1. 社員が、自己の都合により遅刻・早退しようとするとき、または勤務時間中に私用で外出しようとするときは、所属長に願い出て承認を受けなければならない❶。ただし、あらかじめ許可を受けることができなかった場合は、事後速やかに届け出てその承認を受けなければならない。

2. 社員が、始業時間を超えて出勤した場合は遅刻扱いとし、会社に所定の届出を行わなければならない。この場合、遅刻時間に相当する給与は支給しない。

3. 遅刻の連絡は、原則として始業時間までに会社もしくは所属長に電話等をもって行わなければならない。やむを得ず、始業時間までに

連絡ができなかった場合には、速やかに連絡を行うこと。連絡がない場合は、無断遅刻として懲戒処分の対象となることがある。

4.公共交通機関の遅延による遅刻は、遅延証明書の提出をした上で会社が承認した場合に限り、無遅刻として取り扱う。

5.社員がやむを得ない事由により終業時刻前に退出する場合は早退扱いとし、会社に所定の届出を行わなければならない。

第●条（欠勤の手続き）

1.社員は私用その他やむを得ない事由によって欠勤するときは、事前にその事由と日数を所定様式に記入し、<u>所属長を経て会社に願い出てその承認を受けなければならない</u>❶。ただし、事前に承認を受けることができないときは、電話等をもって一時承認を受け、事後速やかに願い出て、その承認を受けなければならない。

2.私傷病を理由に欠勤する場合❷、会社は、<u>医師の診断書</u>❸の提出を求めることがある。診断書が提出されないときは、年次有給休暇日数を振り替えることは認められない。

3.前項の場合において、診断書が提出された場合といえども、必要があれば社員に対し、会社の指定する医師の診断を受けさせることがある。

4.社員が事前の連絡なく無断で休んだ場合は欠勤扱いとし、給与は支給しない。この場合、事後速やかに会社に報告を行わなければならない。

5.理由の如何にかかわらず、当日の欠勤は、原則として始業開始時刻までに会社もしくは所属長に会社が指定する方法をもって連絡し、承認を得なければならない。連絡がない場合及び会社が承認していない欠勤については、無断欠勤として取り扱う。

　労働者が遅刻、早退もしくは欠勤等をする場合、事前の申出と会社の承認❶を得る等のルールを策定します。こうした手続を取ることは会社の秩序を維持する上でも重要なこととなりますので、明確に定めるべきといえます。また、欠勤時の取扱いとして、私傷病の場合❷は何日以上の欠勤で医師の診断書❸を提出させるか等を定めておきます。

ポイント

１遅刻、早退、欠勤時の取扱いは、服務規律に定める
２具体的な申請・届出フローを定めておき、トラブル回避を行うこと

コラム　休日の携帯電話による業務指示への対応

　服務規律では、情報機器の私用禁止と合わせて、携帯電話の利用についても規定をします。
　具体的には、業務時間中に携帯電話の私的利用を禁止することと、休日の携帯電話による業務指示への対応について定めておきます。業務時間中の私的利用は、会社の許可なく行わないようにし、利用することがあっても常識的な範囲内で短時間で済ますようにします。
　よく問題になるのは、帰宅後や休日に携帯電話の電源を入れておき、いつでも待機していなければならない場合、これが労働時間にあたるのかどうかが判断の迷うところになります。
　携帯電話は、基本的にいつどこにいてもつながるため、社員からすれば、帰宅後も休日もいつ電話がかかってくるか分からないため、心理的負担があることは否めません。
　医師のように、業務上の緊急性が高い場合には、常時対応することが求められますが、本当に休日も対応が必要な業務なのかどうかも判断が求められます。帰

宅後や休日も携帯電話への対応を求める場合には、就業規則で根拠を定め、また社員の不利益な条件についての対処も必要となります。

⑴ 業務上必要があること

　関わる業務の中で、どこまで緊急性を求められるのか、どこまで対応する必要があるのかで判断をします。

⑵ 個人の携帯電話ではなく、会社が貸与した携帯電話とする

　業務上の必要性から、帰宅後や休日の携帯電話対応を求める以上は、会社が貸与した携帯電話とするのが適切です。

⑶ 帰宅後や休日対応の頻度を限定する

　いくら業務上の緊急性が高いとはいえ、365日・24時間対応では社員の心理的負担が大き過ぎるといえます。対応については、例えば休日なら月2回など、一定時間や回数を設けるなどをします。

⑷ 不利益を解消するため一定の手当を支払う

　帰宅後や休日の対応を求めるとはいうものの、時間や場所まで拘束するものではないため、携帯電話の電源を入れている間中、必ずしも使用者側の指揮命令下にあるというわけではなく、労働時間に該当するとはいえません。とはいえ、心理的な拘束があるのも事実であることから、代償的な措置として一定額の手当を支給する等をします。

　手当額は、どの程度の拘束性があるかにもより金額を設定すべきと考えますが、宿日直手当の再定額に関する行政通達（※1）を参考にした場合、1時間あたりの最低賃金額に1日の所定労働時間の3分の1の時間をかけた額とするのも一つの考え方になります。

　※1 監視または断続的労働について労働基準監督機関の許可を受け、宿日直勤務を行う場合、「宿日直手当」の最低額は、当該事業場勤務の同種労働者への支払賃金の一人一日平均額の3分の1以上の額とする。

5-2　安全衛生

健康診断

モデル条文

第●条（健康診断）

　1.会社は、正社員及び法の定めにより実施対象となり得る社員に対し、

入社の際及び毎年1回以上健康診断を行う。また、法に定められた者は6か月に1回実施する。なお、<u>当該健康診断の費用は会社負担とし、また、当該健康診断受診にかかる時間は無給❶</u>とする。

2. 社員は、<u>正当な理由なく、会社の実施する健康診断を拒否することはできない❷</u>。

3. <u>健康診断の結果、必要がある場合は医師の指示に従って就業を一定期間禁止し、就業時間を短縮し、配置転換その他健康保持上、必要な措置を命じる❸</u>。

4. 前項に従って会社から指示された社員は、この指示を受けなければならない。

5. <u>社員が会社の指定する健康診断を受けることができない場合❹</u>、または希望しない場合は、他の診療機関にて健康診断を受け、その<u>結果を証明する書面を会社に提出しなければならない❺</u>。なお、<u>当該健康診断の費用は自己負担とし、また、当該健康診断受診にかかる時間は無給❻</u>とする。

6. 前項の場合、会社が指定する診断項目を満たしているものでなければならない。

解説

　法律で定める健康診断には、雇入れ時健康診断・定期健康診断・特定業務従事者の健康診断・海外派遣労働者の健康診断、他にも危険物を取り扱う労働者に対する特殊健康診断など、実は様々な健康診断があります。

　一般的には、雇入れ時健康診断・定期健康診断・深夜業に関する特定健康診断が行われています。

　就業規則上で規定すべきは、社員は<u>健康診断の受診義務があること❷</u>、<u>異常所見時の再検査受診と報告の義務があること❸</u>、<u>診断受診時</u>

232

の費用負担❶が主となります。

　特に、会社が指定する健康診断を受診しなかった場合❹に、自身が希望する医療機関で受診するのか、受診した場合の費用負担をどうするのか、受診している時間は有給か無給か❻など具体的に規定します。

　また、健康診断の結果が会社に届かず、社員本人に通知されることが多いことから、健康診断結果を必ず提出するよう規定❺します。提出がない場合には、本人が健康で労務を提供できるかどうか判断がつかないことを理由に、就労を拒否し、または受診拒否に対する懲戒処分の可能性があることを規定❷します。

 ポイント

■1 会社には健康診断を実施義務があり、社員は健康診断を受診する義務がある

■2 健康診断を受診している時間は労働時間ではないため「無給」でも構わない

 ポイント深掘り

　会社は、一般健康診断を1年に1回（安衛則13①［2］で定める業務に従事する者は6か月ごとに1回）、定期的に実施しなければなりません（安衛法66①）。また、会社には、一般健康診断の結果を各労働者に通知することが義務付けられています（安衛法66の6）。

　なお、健康診断の費用については、法で会社に健康診断の実施を課している以上、会社が負担します。

　粉じんや有機溶剤を取り扱う等、有害な業務に従事する労働者には、一般健康診断のほかに特殊健康診断の実施が必要です（安衛法66②）。

なお、特殊健康診断を行わなければならない有害業務については、有機溶剤中毒予防規則（昭47労働省令36）等、労働安全衛生関係規則で定められています。

労働者が採用前3か月以内に健康診断を実施し、その結果を証明する書類を提出した場合には、受診した項目について、採用時の健康診断を省略することができます。

定期健康診断は、常勤でフルタイムの労働者だけでなく、勤務時間の短いパートタイム労働者等であっても、1年以上継続勤務しており、1週間の所定労働時間が通常の労働者の所定労働時間数の4分の3以上の者にも、実施しなければなりません。

健康診断の結果により、作業の転換、労働時間の短縮、深夜業の回数の減少等の措置を講じなければなりません（安衛法66の5等）。

時間労働者に対する面接指導

モデル条文

第●条（時間労働者に対する面接指導）

1. 会社は、社員の労働時間の状況を把握し、長時間労働により疲労の蓄積が認められる社員❶に対し、その者の申出により医師による面接指導❷を行う。

2. 前項の面接指導の結果、必要と認めるときは、一定期間の就業禁止、労働時間の短縮、配置転換その他健康保持上必要な措置❸を命ずることがある。

解説

会社は、面接指導を実施するため、タイムカードによる記録、パーソナルコンピュータ等の電子計算機の使用時間（ログインからログアウトまでの時間）の記録等の客観的な方法その他の適切な方法により、

労働者の労働時間の状況を把握しなければなりません。

　その上で、1か月当たりの時間外労働が80時間を超え、かつ、疲労の蓄積が認められる労働者❶について、その者からの申出により医師による面接指導❷を行わなければなりません（安衛法66の8①）。

　また、時間外労働が一定時間を超えなくても、長時間の労働により、疲労の蓄積が認められ、または健康上の不安を有している労働者❶に対しても同様に、その者の申出により面接指導❷または面接指導に準ずる措置を講じるよう努めなければなりません（安衛法66の9）。

　面接指導の結果によっては、就業場所の変更、作業の転換、労働時間の短縮、深夜業の回数の減少の措置等❸を講じます（安衛法66の8②）。これら面接指導の結果は、記録を作成し、5年間保存します。

 **ポイント**

❶長時間労働が発生し、労働者が疲労を訴えた際には、医師による面談が必要

❷法律で定められている限度時間内でも同様に扱うこと

就業制限、就業制限者の再就業

モデル条文

第●条（就業制限）

1.社員が次の各号に該当する場合は、会社の指定する医師に意見を聴いた上、就業を禁止する。この場合、社員はこれに従わなければならない。

　①感染症法に定める感染症に罹患している者、及びその保菌者

　②病毒伝播のおそれのある伝染性の疾患にかかった者

　③精神障害のため、現に自身を傷つけ、または他人に害を及ぼすお

それのあるとき

④心臓、腎臓、肺等の疾病で、労働により病勢が著しく増悪するおそれのあるとき

⑤前各号に準ずる疾病で、厚生労働大臣が定めるものに罹患したとき

⑥勤務のため、病気が悪化するおそれがある者、及び病気治療後回復せず、通常勤務が困難と認められる者

2.前項の規定に関わらず、会社は社員の心身の状況が業務に適しないと判断した場合❶、その就業を禁止することがある。

3.前各項の就業制限については、会社に責がないことが明らかな場合、無給❷とする。

4.社員は、本人または同居する家族等が伝染病にかかり、またはその疑いがあるときは、直ちにそのことを会社に届け出なければならない。

5.「感染症の予防及び感染症の患者に対する医療に関する法律」に基づく各種措置が講じられた場合、当該措置に従うものとする。この場合、当該措置により就労が不能となった際の給与については、第3項の規定を準用する。

・・

第●条（就業制限者の再就業）

前条により就業を制限された者が、疾病より回復し就業しようとする場合、医師の診断書を提出し会社の許可を受けなければならない。ただし他人に感染する可能性が低く、医師が職場復帰を口頭にて許可した場合は、診断書の提出を免除するものとする。

解説

安衛法では、伝染病の疾病や他の疾病にかかった労働者に対して、使用者は就業を禁止するよう定めていますので、就業規則でも一定の疾病にかかった場合には、就業を禁止するようにします。

　また、法律で定めた疾病以外にも、<u>心身ともに健康な状態で労務を提供できない状態にある場合</u>❶も、就業を禁止したり制限を加えるようにし、完治を促す形とします。

　上記いずれのケースでも、労働者側の事情により就業ができないものとなりますので、会社側には賃金支払義務がないことから、就業禁止・制限期間は<u>「無給」</u>❷となることを定めておきます。

　インフルエンザに関しては、一定期間を経過した場合は他人に感染する可能性が低いとされ、医療機関に診断書を求める必要性が低く、また診断書の記載を求めることで医療機関の負担を増やし、場合によっては診断書作成までの時間もかかる等、速やかな職場復帰を妨げる可能性もあることから、診断書提出の免除規定を設けています。

　新型コロナウイルス感染症に関しても、診断書等の提出を必要としていません。具体的には、PCR検査は、医師が診療のために必要と判断した場合、または、公衆衛生上の観点から自治体が必要と判断した場合に実施しています。そのため、医師や自治体にPCR検査が必要と判断されていない労働者について、事業者等からの依頼により、各種証明がされることはありません。

　また、新型コロナウイルス感染症患者については、医療保健関係者による健康状態の確認を経て、入院・宿泊療養・自宅療養を終えるものであるため、療養終了後に勤務等を再開するにあたり、職場等に、陰性証明を提出する必要もないとされています（令2.5.1厚生労働省新型コロナウイルス感染症対策推進本部事務連絡「感染症の予防及び感染症の患者に対する医療に関する法律第18条に規定する就業制限の解除に関する取扱いについて」）。

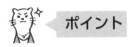

ポイント

1 法律で定める伝染病は、就業を禁止・制限する

2 精神疾患により労務を提供できない状態にある場合も、就業の禁止・制限を加える

3 就業ができない期間は「無給」でも構わない

ストレスチェック

【モデル条文】

第●条（ストレスチェック）※適用される場合**❶**

1. 会社は、毎年1回、定期に、医師または保健師等による心理的な負担の程度を把握するための検査（ストレスチェック）を行う。

2. 前項のストレスチェックの結果、ストレスが高く、面接指導が必要であると医師、保健師等が認めた労働者に対し、その者の申出により医師による面接指導を行う**❷**。

3. 前項の面接指導の結果、必要と認めるときは、就業場所の変更、作業の転換、労働時間の短縮、深夜業の回数の減少等、必要な措置を命ずる**❸**ことがある。

【解説】

　常時50名以上の労働者を使用する事業者に対して、医師等による心理的な負担の程度を把握するための検査（ストレスチェック）を実施することが義務付けられています**❶**。

　医師等とは、①医師、②保健師、③検査を行うために必要な知識についての研修であって厚生労働大臣が定めるものを修了した歯科医師、看護師、精神保健福祉士または公認心理師です（安衛法66⑩）。

　労働者数50人未満の事業場は、当分の間は努力義務とされます。

このストレスチェックの検査結果は、検査を実施した医師等から直接本人に通知され、本人の同意なく事業者に提供されることは禁止されます（安衛法66の10②）。結果、一定の要件に該当する労働者から申出があった場合、医師による面接指導を実施することが事業者の義務❷となります（安衛法66の10③）。そして、面接指導の結果に基づき、医師の意見を聴き、必要に応じ就業上の措置を講ずる❸ことが事業者に義務づけられています。

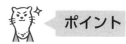 ポイント

❶労働者50名以上の場合は、ストレスチェック実施義務あり
❷検査結果は、医師等から本人に直接通知される

 ポイント深掘り

　事業者は、心理的な負担の程度を把握するための検査（ストレスチェック）を1年に1回定期的に実施しなければなりません（安衛法66の10①）。なお、ストレスチェック及びその結果を踏まえた面接指導の費用については、法で事業者に実施の義務を課している以上、当然、事業者が負担しなければなりません。

　事業者は、面接指導の結果を踏まえた就業上の措置について医師の意見を聴き、意見を勘案して、作業の転換、労働時間の短縮、深夜業の回数の減少等の措置を講じなければなりません（安衛法66の10⑤、⑥）。

　労働者の同意を得て、事業者に提供されたストレスチェックの結果及び医師による面接指導の結果は、事業者が記録を作成し、5年間保存しなければならないとされています（安衛則52の13、52の18）。

作成・見直しチェックポイント

【服務規律】

□服務規律に違反した際には、懲戒処分の対象となり得ることを社員に周知したか

□会社が貸与した情報機器の私的利用禁止を定めたか

□会社貸与の情報機器について、モニタリングすることを定めたか

□企業の変化に応じて、適宜変更しているか

□服務規律の変更が極端なものになっていないか

□ハラスメントの防止に関する事項を定めたか

□ハラスメントが発生した場合の対応について規定したか

□労働時間の管理方法や職務専念義務について定めたか

□始業時刻は作業開始時刻であって、出社時刻ではないことを定めたか

□遅刻、早退、欠勤時の取扱いは定めたか

□具体的な申請・届出フローを定め、トラブル回避を行っているか

【安全衛生】

□社員は健康診断を受診する義務があることを定めたか

□健康診断の受診時間について、有給か無給か定めたか

□長時間労働が発生し、労働者が疲労を訴えた際には、医師による面談を行っているか

□時間外労働が一定時間を超えなくても、健康上の不安を感じている労働者に対して、医師による面談を行っているか

□法律で定める伝染病について、就業を禁止・制限しているか

□精神疾患により労務を提供できない状態にある場合に、就業を禁止・制限しているか

□就業制限の場合、無給でも構わないことを理解したか

□労働者を常時50名以上使用している場合、ストレスチェックを実

施しているか

□ストレスチェックの検査結果は、医師等から本人に直接通知されて
　いるか

□新型コロナウイルス感染症による就業制限時、復職時の扱いについ
　て理解しているか

□新型コロナウイルス感染症に関する具体的な規定が必要と判断した
　際には、就業規則に定めているか

6.表彰・懲戒、解雇、退職、定年 重要度 ★★★

表彰及び制裁について、その種類及び程度に関する事項は、就業規則の相対的必要記載事項に当たりますので、これらについて定めをする場合には、必ず就業規則に記載しなければなりません。

「表彰」は、労働者の士気を高め、会社の業績や生産性の向上等を図ることを目的として設けられるものです。

対して「懲戒」は、労働者が会社内外で不祥事を起こした際に、内部秩序を守ることを目的として科せられる制裁です。

最近では、労働者の不祥事により、利害関係者（ステークホルダー）が多大な損失を被ることが見受けられることから、会社の法令遵守経営（コンプライアンス経営）において重要な位置づけとなっています。そのためか、使用者は労働者を自由に懲戒処分できると思いがちで、就業規則に懲戒条項が規定されていることを理由に処分をする傾向が強いようです。就業規則などで懲戒条項が規定されていれば、一定程度の範囲で懲戒処分の根拠となり得ますが、だからといって使用者は自由に懲戒処分をなし得るというものではありません。

「退職」とは、労働者からの一方的な意思表示により、労働契約ないし労働関係を終了させることであり、一般的には自己都合退職や任意退職といわれています。労働者からの退職の申入れの方法は、労基法に規定がありませんので、就業規則に退職の申入れの規定があるときには、原則として就業規則の規定によります。

「定年」とは、一定の年齢に達した労働者を、会社で定めている就業規則や労働協約によって雇用契約を自動的に終了させ退職させる制度のことで、自然退職ともいわれます。定年年齢は、会社ごとに決めることができますが、現在の法律では60歳未満の定年制は認められません。

他にやりたいことが見つかったので、上司に退職したいと申し出をしたら、「こんな忙しい時期に辞めるなどとんでもない！」「他のみんなも頑張ってるんだぞ！」と怒られてしまいました……

アルバイトや契約社員など、契約期間に定めのある労働契約を結んでいる場合、やむを得ない事由がある場合を除いて、契約期間の満了前に退職することは「契約違反」となり、原則としてできません
正社員や無期雇用契約の場合は、少なくとも2週間前までに退職の申し出をすれば、法律上はいつでも辞めることができます
業務の引継ぎ等も考慮して、退職の意思表示は早めに伝えるようにしましょう

6-1　表彰・懲戒

表彰

モデル条文

第●条（表彰）

1.社員が次の各号に該当する場合は、その都度審査のうえ表彰する。

　①業務上有益な発明、改良、工夫または考案があったとき

　②災害または危険を未然に防止し、もしくは非常の際、特に功労があったとき

　③勤務状態または技能が特に優れ、かつ素行も正しく、一般の模範となるとき

　④永年にわたり誠実に勤務したとき

　⑤国家的、社会的な功績があって、会社の名誉を高める社会的善行をしたとき

　⑥その他前各号に準ずる程度の善行または功労があると認められる

とき

2.表彰は、賞状を授与することによって行い、表彰事由によって賞金
または商品を併せて授与することがある。

解説

　労働者の士気を高め、会社の業績や生産性の向上等を図るためには、
優良な勤務態度の者や、会社に貢献する実績を上げた者を適切に表彰
することも重要です。表彰についても、その種類及び程度に関する事
項は、就業規則の相対的必要記載事項に当たりますので、制度を設け
る場合には、必ず就業規則に記載しなければなりません。

 **ポイント**

1 制度を設ける場合は、相対的記載事項にあたるので、必ず就業規則
に記載する

2 会社に貢献する実績に対して表彰することも、従業員満足を高める
には必要

懲戒の種類

モデル条文

第●条（懲戒の種類）

1.懲戒は、譴責、減給、出勤停止、降格、諭旨解雇及び懲戒解雇とする。
ただし、必要により2種類以上の懲戒を課す場合がある。

①譴責**❶**

始末書をとり、将来を戒める。

②減給**❷**

始末書をとり、1回につき平均賃金1日分の2分の1以内で減給

し、将来を戒める。ただし、減給の総額は、一賃金支払期における賃金総額の10分の1以内とする。

③出勤停止❸

　始末書をとり、14日以内を限度に出勤を停止し、その期間の賃金を支給しない。

④降格❹

　始末書をとり、さらに職制による身分の格下げを行う。

⑤諭旨解雇❺

　懲戒解雇に準じる事由により解雇し、退職金の支給がある場合は減額して支給する。

⑥懲戒解雇❻

　即時解雇し、退職金の支給がある場合も支給しない。なお、所轄労働基準監督署長の認定を受けたときは、解雇予告手当は支給しない。

2.前項各号の懲戒事由の調査、職場秩序の維持のため、一定期間の自宅待機を命じることがある。なお、当該待機期間については、労働基準法26条に基づき休業手当を支給する。

3.他の社員を教唆、幇助、煽動、共謀、または隠蔽の違背行為があると認められた社員については、その行為に準じて第1項に定める懲戒に処す。

解説

　懲戒処分を行うには、社員との労働契約内容として懲戒する権利を明確にするために、就業規則等に規定をします。また、懲戒処分の種類と程度に関する事項は、その定めをする場合に、就業規則に相対的に記載しなければならない事項とされています。（労基法89⑨）。

　懲戒処分の種類としては、軽い方から以下の通りとなります。

(1) 戒告

将来を戒めるのみで始末書の提出はしない。

(2) 譴責❶

始末書を提出させて将来を戒めること。始末書の提出を拒否するケースでは、提出拒否をもって、さらに懲戒処分とするのではなく、再提出の指示にも従わないようであれば、改善する姿勢がないとみなして人事評価に反映させて処遇をしたり、または、普通解雇となった際の判断事由の1つとしてとらえておくべきです。

(3) 減給❷

労働者が受け取ることのできる賃金から制裁罰として一定額を差し引くこと。労基法91条で制限されており、1回の減給額は平均賃金の1日分の50％以下まで、減給の総額は一賃金支払期（1か月分給与の計算期間）に支払われる賃金の10％までとなります。もし上記の制限を超えて減給の制裁を行う場合は、超える分を次の賃金支払期に延ばさなければならないと考えられています。

また、人事評価の結果として賃金が減額される場合や、職務の変更に伴い賃金が減額される場合は、懲戒処分とは扱いが異なるため、労基法の制限は受けません（昭26. 3.14基収518）。

なお、出勤停止の懲戒処分を受けている時に無給扱いとなるのは、労基法の制限とは関係ありません（昭23. 7. 3基収2177）。

(4) 出勤停止❸

労働契約をそのままとして、就労を一定期間禁止すること。出勤停止期間中は無給とし、勤続年数にも算入しません。出勤停止の期間について法律上の規制はありませんが、あまり長期間になると、無給状態が長くなり生活が不安定となるため、好ましくないとされます。長期間の出勤停止にするのではなく、この場合は、より重い懲戒処分を行うべきで、長くても14〜30日程度までを限度とするのが適切と考

えます。ちなみに、多くの企業が「7日以内」と定めているのは、戦前の工場法の名残と考えられています。

　※工場法：1911年（明治44）公布、1916年（大正5）施行、1947年（昭和22）に労働基準法制定により廃止。

(5) 降格❹

　職位の引下げを、人事処分ではなく制裁罰として行います。職位が降格することにより給与も減ります。

(6) 諭旨解雇❺

　本来であれば懲戒解雇処分となるものを、情状等を斟酌して処分を軽減すること。本人が反省していると認められるときは、解雇事由を十分に説明して解雇します。また退職金は、状況により一部不支給とすることが多いです。

　これと同様の懲戒処分として「諭旨退職」があります。諭旨退職は、懲戒解雇に該当する際に自主的に退職届を届け出るよう勧告し、直ちにこれに従わない場合、懲戒解雇とする扱いをいいます。諭旨退職も懲戒処分である点に注意が必要です。諭旨退職の場合、社員に自主的に退職届を届け出させることから、退職勧奨による自己都合退職であるとの誤解を生じさせることがあり、退職金などのトラブルになるリスクがあります。

(7) 懲戒解雇❻

　解雇予告も解雇予告手当の支払いもなく、即時に実行される、一番重い処分。懲戒処分の中では「極刑」とされます。退職金も、全額不支給とするのが多いです。

　懲戒処分を下しても、社員から「不当解雇だ」と訴えられると、相当程度の確率で会社（使用者）は「懲戒解雇無効」との判断をされるため、相当程度の事由があっての処分でないと正当であると判断されるのは難しいです。

以上のような懲戒処分を下されることとなる違反行為として、

◆ 上司の指示命令に従わない、勤務態度が不良であるなどの労務の提供に関すること

◆ 会社の施設・機材を壊す、無許可で施設を利用するなどの施設の管理に関すること

◆ 情報漏えい、無断遅刻・無断欠勤、経歴詐称などの秩序維持に関すること

◆ 無許可での副業、会社の信用を傷つける行為などの会社外・就業時間外に関すること

があり、これらの違反行為の度合いに応じて処分が決定されることとなります。懲戒処分を下すには、処分が不当とならないよう相当程度の注意・配慮が必要とされます。

まずは、誤認がないか事実確認を徹底します。その後、本人に事実を確認し、処分に対する弁明の機会を与えます。結果として処分を下すこととなった場合、同様の処分を受けている者と不公平にならないように扱います。同程度の違反行為に対し、人物によって処分の程度が異なってしまうと、場合によっては懲戒処分が無効になったり、不公平感が生じて会社に対する信頼感が薄まることにもつながりかねません。ちなみに、労働組合があり、組合との協議が必要とされている場合でも、組合側が協議に応じなかったり、組合側委員が懲戒委員会に出席しないようなときには、使用者側委員の一方的な決定となったとしても、手続上は違反とはなりません。

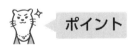 ポイント

❶懲戒処分の種類と程度は、就業規則に定める必要がある
❷懲戒処分となる事由に応じて、処分の程度を定めていく

ポイント深掘り

　懲戒処分の種類については、限定されるものではありません。公序良俗に反しない範囲内で事業場ごと決めることも可能ですが、就業規則で減給の制裁を定める場合には、その減給は、1回の額が平均賃金の1日分の半額を超え、総額が一賃金支払期における賃金の総額の10分の1を超えてはならないこととされています（労基法91）。

　労働者が、遅刻や早退をした場合、その時間については賃金債権が生じないため、その分の減給は労基法91条の制限は受けません。しかし、遅刻や早退の時間に対する賃金額を超える減給は制裁とみなされ、労基法91条に定める減給の制裁に関する規定の適用を受けます。

　労働者を懲戒解雇として平均賃金の30日分以上の解雇予告手当を支給せずに即時に解雇する場合、あらかじめ所轄労働基準監督署長に解雇予告除外認定の申請し、その認定を受けることが必要です（労基法20）。労働基準監督署長の認定を受けずに即時に解雇する場合には、解雇予告手当を支給しなければなりません。

コラム　懲戒の意義

　懲戒処分は、企業が守るべきルールとして定めたものに違反した社員の行為を制裁する罰則になり、企業＝使用者が一方的に、社員に不利益な取扱いをするものです。

　そのため、どこまで制裁罰を与えることができるのかは、非常に難しいものであり、個々の事例により解釈が異なってきます。判例では、企業＝使用者側に一定の企業秩序（ルール）を定める権利があるとし、この企業秩序を律するための一環として懲戒処分があるとしています。

　つまり、社員＝労働者には、就業規則や個別の雇用契約により会社のルールを守る義務が生じますが、企業＝使用者には、会社のルールに違反した行為に対す

る制裁として懲戒処分ができるとしています（関西電力事件・昭58.9.8最判）。

　とはいえ、企業が勝手に極端な制裁基準を設けてしまうのは、社員側からすれば、事あるごとに処分されるかもしれないと安心して働くことができませんし、制裁ルールによっては、すぐに懲戒解雇とされてしまうのも困りものです。

　そこで判例では、企業＝使用者が一方的に様々な制裁基準を設けるのではなく、懲戒権をもつためには「あらかじめ就業規則で懲戒の種類と事由を定めておく必要がある」とし、就業規則に懲戒の根拠があることを要件としています。（フジ興産事件・平15.10.10最判）。

　就業規則に定めた懲戒事由と処分の種類以外で処分はできないこととなりますので、実務上では、懲戒の種類や事由を定める際に、以下のポイントについて検討しなければいけません。

- ①　就業規則や誓約書に懲戒処分が定めてあるか
- ②　就業規則や誓約書に定めてある内容には合理性があるか
- ③　懲戒処分の対象となる事由が明確になっているか

　そして、実際に懲戒処分とする際には、以下のポイントについて検討する必要があります。

- ①　懲戒権が発生しているか（就業規則、誓約書）
- ②　実際に企業秩序に違反する行為があったのか
- ③　違反した行為は、就業規則に定める懲戒事由に該当するか
- ④　懲戒処分とした内容に合理性はあるか

　懲戒処分は、処分行為そのものが労働者に対する不利益行為となるため、処分そのものの有効・無効が問われます。

　まず、自社のルール（企業秩序）として守らなければならないことを明確にし、これに違反する程度によってどのような処分とすべきかを、慎重に決定していく必要があるのです。

懲戒の事由

モデル条文

【譴責、減給または出勤停止のケース】

第●条（懲戒の事由）

　　社員が次のいずれかに該当するときは、情状に応じ、譴責、減給ま

たは出勤停止とする。

①正当な理由なしに、早退、私用外出をし、もしくは無断欠勤したとき

②業務に不熱心なとき、または勤務状態が不良なとき

③正当な理由なしに、勤務中にしばしば職場を離れたとき

④勤怠手続その他の届出書を偽り、またはこれにより不正行為をしたとき

⑤業務上の書類・伝票等を改変し、または虚偽の申告、届出をしたとき

⑥就業時間中に許可なく私用を行ったとき

⑦職場において協調性に欠けた行為をし、社内の調和を乱したとき

⑧会社が行う教育を不当に拒み、または誠実に受講しないとき

⑨性的な言動により他の社員に不愉快な思いをさせ、職場の環境を悪くしたとき

⑩会社の許可なく勤務場所または会社の施設内で、集会、演説、放送、各種印刷物の掲示・貼付・配布・署名運動・募金その他これに類する行為をしたとき

⑪勤務場所または会社施設内で、火気の取扱いを粗略にしたとき

⑫過失により、会社の施設その他会社の金品を損壊または紛失したとき

⑬災害予防及び保健衛生に関する規定または会社の指示に違反したとき

⑭社内で賭博、物品の売買その他これに類する行為をしたとき

⑮不正行為により、社員としての体面を汚したとき

⑯所属社員に対する指導監督不行き届きのとき

⑰個人情報の取扱いについて、会社の指示に違反したとき

⑱故意、過失、怠慢もしくは監督不行届きにより災害、傷害、その他の事故を発生させ、または会社の施設その他会社の金品を損壊、または紛失したとき

⑲許可なく会社の物品を持ち出し、または持ち出そうとしたとき

⑳会社の発行した証明書類を他人に貸与し、または流用したとき

㉑取引先事業場内において、風紀または秩序を乱す行為をしたとき

㉒素行不良にして、他の社員に対し、暴行、脅迫を加え、または賭博、物品の売買その他これに類する行為をする等、社内の風紀秩序を乱したとき

㉓会社の掲示を故意に汚損もしくは改変し、または破棄したとき

㉔正当な理由なく会社の業務上重要な秘密（マイナンバー法上の特定個人情報ファイルを含む）を外部に漏えいして会社に損害を与え、または業務の正常な運営を阻害したとき

㉕その他前各号に準ずる行為のあったとき

【降格、諭旨解雇のケース】

社員が、次の各号のいずれかに該当する場合は、降格または諭旨解雇に処する。

①前条（注：250ページ【譴責、減給または出勤停止のケース】）の違反が再度に及ぶとき、または情状重大と認められるとき

②正当な理由なく、無断欠勤（会社が承認していない欠勤を含む）が5日以上に及んだとき

③会社の信用を傷つけ、社員としての体面を失うような行為をしたとき

④職務または職位を利用して会社の資産、その他これに類するものを使用し、自己の利益を図ったとき

⑤許可なく会社の文書、帳簿、その他の書類を部外者に閲覧させ、またはこれに類する行為のあったとき

⑥会社の許可を受けず、社外の業務に従事したとき

⑦正当な理由なく、職場配置、休職、復職、配置転換、出張、転勤、出向、職位決定、降級等の人事命令を拒否したとき

⑧故意に業務能率を低下させ、または業務の妨害を図ったとき

⑨他人に暴行脅迫を加え、または業務を妨げたとき

⑩公私を問わず、飲酒運転を幇助（飲酒運転を指示・容認すること。飲酒した者が運転する自動車に乗車する等黙示の指示・容認も含む。）するような行為を行ったとき

⑪その他前各号に準ずる行為のあったとき

....

【懲戒解雇のケース】

1.社員が、次の各号のいずれかに該当する場合は、懲戒解雇に処する。ただし、情状酌量の余地があると認められた時は、諭旨解雇にとどめることがある。

①前2条（注：250ページ【譴責、減給または出勤停止のケース】）の違反が再度に及ぶとき、または情状重大と認められるとき

②数回の懲戒処分に対し、改悛の情なしと認められたとき

③重要な経歴を偽り、その他詐術を用いて採用されたとき

④正当な理由なしに、無断欠勤（会社が承認していない欠勤を含む。）が14日以上に及んだとき

⑤会社の経営権を侵し、もしくは経営基盤を脅かす行為、画策をなし、または経営方針に反する行動、画策等により正常な運営を阻害もしくは阻害しようとしたとき

⑥事業上の秘密を社内外に漏らし、またはこれに類する秘密書類等を持出したとき、もしくは持ち出そうとしたとき

⑦会社の金品を許可なく持ち出し、または窃取もしくは横領したとき、あるいはこれらの行為をしようとしたとき

⑧会社の事業に関する虚偽の報道をし、その他の信用を傷付け、または会社の名誉を破棄する行為をしたとき

⑨私益のため職務に関し、社外から金品その他の利益を受け、または職務を利用し、社外に金品その他の利益を与えたとき

⑩故意または重大な過失により、会社施設その他会社の金品を損壊
　　もしくは紛失し、または会社に著しい損害を与えたとき

⑪会社に許可を得ないで他に雇用され、または他の会社の役員に就
　　任したとき

⑫正当な理由なしに、業務命令もしくは所属長の指示に背き、また
　　は職場の秩序を乱したとき

⑬他人の名誉を著しく棄損したとき

⑭殺人、傷害、暴行、脅迫、強盗、窃盗、横領その他刑罰法規に定
　　める違法な行為を犯したとき

⑮公私を問わず、飲酒運転（事故の発生を問わず、酒気帯び運転な
　　らびに酒酔い運転をいう。）を行ったとき

⑯その他前各号に準ずる行為があったとき

2. 前項の懲戒理由に該当した場合は、懲戒処分が決定するまでの間、
　　就業を禁止し、自宅待機を命じることがある。この場合、自宅待機
　　期間の給与は支給しない。出勤停止と決定した場合は、就業を禁止
　　した日数を出勤停止日数に算入する。

解説

　懲戒事由は、それぞれの処分度合いに応じて適用していくようにし
ます。具体的には、各企業の実態に応じた懲戒事由や、処分とすべき
内容を定めることになります。

　ただし、懲戒事由として定めたものが、必ずしも懲戒権を行使する
場合に有効になるとは限りません。各違反行為に該当するかどうかで
判断され、就業規則に懲戒事由が定めてあるからといって、直ちに懲
戒権を行使できるわけではない点に注意が必要です。

　懲戒処分の対象となるのは企業秩序を乱す行為ですから、懲戒事由
となるのは、企業秩序を維持する義務に違反する行為となります。

　この点から、懲戒処分の対象は、企業施設内または就業時間内での行為が対象となるのが原則ですが、企業施設外や就業時間外であっても、会社関係者に関わる行為で私的行為でない場合は、懲戒処分の対象となり得ます。

ポイント

■1 懲戒処分は、違反度合に応じて適用される
■2 就業規則に定めてあったとしても、必ずしも処分が有効になるとは限らない

ポイント深掘り

　懲戒処分については、最高裁判決（国鉄札幌運転区事件・昭54.10.30）において、使用者は規則や指示・命令に違反する労働者に対しては、「規則の定めるところ」により懲戒処分をなし得る、と述べられています。したがって、就業規則に定めのない事由による懲戒処分はできません。

　また、懲戒の事由の内容について、労基法上の制限はありません。しかし、労契法15条において「使用者が労働者を懲戒することができる場合において、当該懲戒が、当該懲戒に係る労働者の行為の性質及び態様その他の事情に照らして、客観的に合理的な理由を欠き、社会通念上相当であると認められない場合は、その権利を濫用したものとして、当該懲戒は、無効とする。」と定められており、懲戒事由に合理性がない場合、当該事由に基づいた懲戒処分は、懲戒権の濫用と判断される場合があります。

　また、懲戒処分の対象者に対しては、規律違反の程度に応じ、過去

の同種事例における処分内容等を考慮して公正な処分を行う必要があります。裁判においては、使用者の行った懲戒処分が公正とは認められない場合には、当該懲戒処分について懲戒権の濫用として無効であると判断したものもあります。

なお、就業規則に懲戒規定を設ける前にした労働者の行為に対して、さかのぼって懲戒処分をすることや、1回の懲戒事由に該当する行為に対し複数回の懲戒処分を行うことはできません。

管理監督者の監督責任

モデル条文

> **第●条（管理監督者の監督責任）**
>
> 社員が懲戒処分を受けたときは、上長の職位にある者に対して、その指導ならびに管理監督❶について精査した上で、懲戒処分を行うことがある。

解説

部下の不祥事に対する上司の懲戒処分は、管理者の監督指導義務❶の度合いや、同様の事例についての先例、規律違反の種類・程度などから、妥当性を考慮し対応することが必要です。

通常であれば、処分対象者への制裁よりは軽減されたものとなりますが、処分対象者の行為が刑事事件など重大な違反行為で、会社に対して甚大な損害をもたらすような事案で、上司が違反行為を放置していたり、故意に違反行為を見逃していたりし、重過失がある場合などには、客観的に合理的な理由があり、社会通念上相当とされる余地が大きく、懲戒解雇も考えられるでしょう。

ポイント

1 懲戒処分となる事実を確認できる根拠が明確になっているか
2 単に上司への連帯責任を求めるものは、懲戒処分といえない場合もある

弁明の機会

モデル条文

第●条（弁明の機会）
　諭旨解雇または懲戒解雇事由に該当するとして、諭旨解雇❶または懲戒解雇❷になるおそれのある社員には、事前に弁明の機会❸を与える。

解説

　懲戒処分が有効であるとするためには、懲戒事由と懲戒の種類・程度が就業規則に明記されていなければいけません。

　また、同じ程度の違反に対しては、同じ処分をする必要があります。これは、企業内で今までどの程度の処分を行ってきたのかを十分に確認しながら対処することを意味し、併せて違反の程度に対して、相当な処分であることも求められます。そして、懲戒処分を下す際には、手続きとして適正であることが求められます。

　諭旨解雇❶や懲戒解雇❷処分については、一方的に処分を下し不公平だとされないためにも、本人に弁明の機会❸を与え、違反内容の最終確認や指示命令を拒否している場合は、その理由などを話してもらいます。諭旨解雇や懲戒解雇処分は、普通解雇と比較すると相当の処分理由が求められ、特に裁判にまで至ってしまった場合は、余程の処分理由がない限りは解雇無効と判断されます。

　最近の傾向として、社員側から懲戒処分の意味をよく理解しないま

ま、普通解雇処分としてもらうよう申し立ててくるケースもあります。これは安易に失業給付を早く受給したいというのが理由のようですが、本人の将来を鑑みれば、安易に普通解雇処分とすべきではありません。

　企業側からすれば、違反行為に対し注意指導を繰り返しながら指導した証拠を残しながら、懲戒処分による制裁を都度行いつつ、相手に行為を是正してもらう機会を与えるという事実の積み重ねが必要であり、これをもって解雇処分が有効となるようにします。

　諭旨解雇や懲戒解雇処分とまで至らない程度の処分は、上記のように事実の積み重ねによる処分が有効であるものとし、原則としては、重罰となる諭旨解雇や懲戒解雇処分に対してのみ、弁明の機会を与えるようにします。

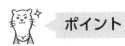 ポイント

1弁明の機会を与えるのは、諭旨解雇や懲戒解雇など重罰のみ

2通常の処分は、注意指導を繰り返し、事実の積み重ねを証拠とする

加重

モデル条文

第●条（加重）

　本章（注：244ページ「懲戒の種類」）に規定する一つの懲戒処分を受けた者が、その後1年以内にさらに懲戒に該当する行為❶をしたとき、または同時に2つ以上の懲戒該当行為❷をしたときは、その懲戒を加重❸する。

解説

別々に発生している事案❶の場合、二重処罰にはあたりませんので、各々の処分を行うことができます。また、同時に別々の事案❷が生じた場合も、それぞれの内容に応じて処分を行うことができます。

加重❸の扱いは制裁に関するものであるため、就業規則の相対的記載事項とされ、処分の有無を規定しておく必要があります。

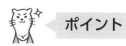 ポイント

■1具体的な基準のもとでの手続きとされているものは、相対的記載事項として就業規則に記載する

■2同時に2つ以上の懲戒該当行為を行っていたときも、処分が加重される

6-2　解雇

解雇

モデル条文

第●条（解雇）

社員が、次の各号のいずれかに該当する場合は、解雇する。

①医師の診断に基づき、精神もしくは身体に障害があり、またはその他の理由により業務に従事させることが不適当なとき

②能力不足または勤務成績が不良で、就業に適さないと認められたとき

③勤務態度が不良で、注意しても改善されないとき

④協調性を欠き、他の社員の業務遂行に悪影響を及ぼすとき

⑤職務適性に欠け、能力開発向上の見込みがない者

⑥特定の業務あるいは特定の目標を定めて雇用された社員が、その業

務あるいは目標を達成できず、その原因が当該社員にあるとみなさ
　れるとき

⑦試用期間中の者で、会社が不適当と認めたとき

⑧事業の継続が不可能になり、事業の縮小、廃止をするとき

⑨前各号のほかに、社員として適格性がないとき

解説

　解雇とは、使用者から労働者に対する労働契約の一方的な解約をい
います。解雇には、労働者の同意や承諾を要しません。いったん、解
雇の意思表示が労働者に到達すれば、撤回することができません（民
法540②）。また、労基法89条3号に定める「退職に関する事項」に
該当し、就業規則の絶対的必要記載事項であることから、就業規則に
必ず規定します。

　解雇には、労働者側に解雇の原因がある普通解雇、経営悪化を理由
とする整理解雇、業務命令違反など経営秩序侵害を理由とする懲戒解
雇があります。普通解雇、整理解雇には労契法16条の「解雇権濫用
法理」が、懲戒解雇には、労契法15条の「懲戒権濫用法理」が適用
されます。

　また、有期労働契約の期間中の解雇は、「やむを得ない事由」がな
ければできません（労契法17①、民法628①）。

【労働契約法15条】
　使用者が労働者を懲戒することができる場合において、当該懲戒が、
当該懲戒に係る労働者の行為の性質及び態様その他の事情に照らし
て、客観的に合理的な理由を欠き、社会通念上相当であると認められ
ない場合は、その権利を濫用したものとして、当該懲戒は、無効とする。
【労働契約法16条】

客観的に合理的な理由を欠き、社会通念上相当であると認められない場合は、解雇権の濫用として無効になる。

 ポイント

❶解雇の事由は法令に違反せず、客観的に合理的・社会通念上相当なものを定めておく

❷解雇予告や解雇理由証明書などの手続きも具体的にする

 ポイント深掘り

❶解雇の禁止

　労基法89条には、就業規則に規定する解雇の事由について特段の制限はありません。しかし、労契法16条では「解雇権濫用法理」が適用され、また、労基法をはじめ様々な法律で解雇が禁止される場合が定められています。そのため、就業規則に解雇の事由を定める際には、関連諸法令に抵触しないようにしなければなりません。

【解雇が禁止される場合】
①労働者の国籍、信条、社会的身分を理由とする解雇（労基法3）
②労働者の性別を理由とする解雇（均等法6）
③労働者の業務上の負傷、疾病による休業期間とその後30日間及び産前産後の休業の期間（産前6週間（多胎妊娠の場合は14週間）以内または産後8週間以内の女性が休業する期間）とその後30日間の解雇（労基法19）
　※業務上の事由による負傷、疾病の労働者が療養開始後3年を経過した日において傷病補償年金を受けている場合（またはその日以降、同年金を受けることになった場合）、または天災事変その他やむを得ない事由によって事業の継

続が不可能となったときで事前に労働基準監督署長の認定を受けた場合は、解雇の制限がありません。

④労働者が労働基準監督機関に申告したことを理由とする解雇（労基法104、安衛法97）

⑤女性労働者が婚姻したこと、妊娠・出産したこと等を理由とする解雇（均等法9②、③）。女性労働者の妊娠中または産後1年以内の解雇は、事業主が妊娠等を理由とする解雇でないことを証明しない限り無効とする（均等法9条④）

⑥労働者が、個別労働関係紛争に関し、都道府県労働局長にその解決の援助を求めたことを理由とする解雇（個別労働関係紛争解決促進法4）

⑦労働者が、均等法、育児・介護休業法、労働施策総合推進法及びパートタイム・有期雇用労働法に係る個別労働紛争に関し、都道府県労働局長に、その解決の援助を求めたり、調停の申請をしたことを理由とする解雇（均等法17②、18②、育児・介護休業法52の4②、52の5②、労働施策総合推進法30の2②、30の6②、パートタイム・有期雇用労働法24②、25②）

⑧労働者が育児・介護休業等の申出をしたこと、または育児・介護休業等をしたことを理由とする解雇（育児・介護休業法10、16、16の4、16の7、16の10、18の2、20の2、23の2）

⑨労働者が労働組合の組合員であること、労働組合に加入し、またはこれを結成しようとしたこと、労働組合の正当な行為をしたこと等を理由とする解雇（労働組合法7）

⑩公益通報をしたことを理由とする解雇（公益通報者保護法3）　　等

❷解雇予告手当

　労働者を解雇するときは、原則として少なくとも30日前に予告するか、または平均賃金の30日分以上の解雇予告手当を支払うことが必要です（労基法20①）。ただし、

①　日々雇入れられる者（1か月を超えた者を除く。）

② ２か月以内の期間を定めて使用される者（所定の期間を超えた者を除く。）

③ 季節的業務に４か月以内の期間を定めて使用される者（所定の期間を超えた者を除く。）

④ 試の使用期間中の者（14日を超えた者を除く。）

には予告する必要はありません。

　また、下記の①または②の場合であって、所轄労働基準監督署長の認定を受けたときも、解雇の予告は必要ありません。

① 天災事変その他やむを得ない事由で事業の継続が不可能となる時（例：火災による焼失、地震による倒壊など）

② 労働者の責に帰すべき事由によって解雇する時（例：横領・傷害、２週間以上の無断欠勤など）

　また、解雇予告の日数は、平均賃金を支払った日数だけ短縮することができます（労基法20②）。

❸証明書の交付

　使用者は、労働者を解雇するに際し、解雇された労働者から解雇の理由を記載した証明書の交付を請求された場合、遅滞なく当該理由を記載した証明書の交付をしなければなりません（労基法22①）。

　また、解雇予告の日から当該解雇による退職の日までに、解雇を予告された労働者から解雇の理由を記載した証明書の交付を請求された場合は、遅滞なく、当該理由を記載した証明書の交付をしなければなりません（労基法22②）。

❹有期雇用者の解雇

　期間の定めのある労働契約（有期労働契約）で働く労働者について、使用者はやむを得ない事由がある場合でなければ、契約期間の途中で労働者を解雇することはできないとされています（労契法17①）。

　有期労働契約中の解雇は、期間の定めのない労働契約（無期労働契

約）の解雇よりも、無効と判断される可能性が高いと考えられます。

　また、有期労働契約が３回以上更新されている場合や１年を超えて継続勤務している有期契約労働者について、契約を更新しない場合、使用者は少なくとも契約の期間が満了する日の30日前までに、その予告をしなければなりません（あらかじめその契約を更新しない旨が明示されている場合を除きます。）（有期労働契約の締結、更新及び雇止めに関する基準（平15厚労告357）１条）。

　さらに、使用者は、雇止めの予告後に労働者が雇止めの理由について証明書を請求した場合は、遅滞なくこれを交付しなければなりません。雇止めの後に労働者から請求された場合も同様です（同基準２条）。

　明示すべき「雇止めの理由」は、契約期間の満了とは別の理由とすることが必要です。

【明記すべき雇止めの理由の例】
・前回の契約更新時に、本契約を更新しないことが合意されていたため
・契約締結当初から、更新回数の上限を設けており、本契約はその上限に係るものであるため
・担当していた業務が終了・中止したため
・事業縮小のため
・業務を遂行する能力が十分ではないと認められるため
・職務命令に対する違反行為を行ったこと、無断欠勤をしたことなど勤務不良のため

6-3　退職

退職

モデル条文

第●条（退職）

　社員が、次の各号のいずれかに該当する場合は退職とし、社員として の身分を失う。

①死亡したとき（死亡した日）

②本人の都合により退職を願い出て、会社が承認したとき（承認され た退職日）

③解雇または懲戒解雇されたとき（会社が指定した日）

④業務上の疾病による休業者に対し、法令に定める打切補償をしたと き（打切補償をした日）

⑤雇用期間が満了したとき（期間満了日）

⑥休職期間が満了し、復職できないとき（休職期間の最終日）

⑦社員が行方不明となり、30日以上連絡がとれないときで、解雇手続 きをとらないとき。会社に届け出のない欠勤が連続30日に及んだ場 合を含む（30日を経過した日）

⑧会社の役員になったとき（役員に就任した日の前日）

解説

　労働者から労働契約を解約することを、一般的に退職といいます。 その意思表示には、労働者による労働契約の一方的解約の意思表示（任 意退職あるいは辞職）と、使用者の承諾を待って労働契約を解約する 合意解約の申込みとの2つの場合が考えられます。どちらに該当する かは、実態に即して判断されます。

　労働者からの一方的な解約の意思表示である任意退職（辞職ともい

う。）は、期間の定めのない労働契約の場合は、理由を問わず、いつでも申し入れることができます。この場合、労働契約の解約申入れの日から２週間を経過することによって契約は終了します（民法627①）。

　いったん、任意退職（辞職）の意思表示が使用者に到達すれば、撤回はできません（民法540の２）。

　他方、合意解約は、一方からの合意解約の申入れに対し、相手方が承諾することで解約が完成します。労働者からの合意解約の申入れの場合、使用者の承諾があるまでは労働者は撤回することできると解されています。合意解約、任意退職（辞職）いずれの意思表示も、錯誤（民法95）、詐欺・強迫による場合は、取り消すことができます（民法96）。

　なお、報酬が月給制など期間をもって定められているときは、解約は次期以降に対して行うことができ、その申入れは当期の前半に行わなければならないとされています（民法627②）。申出期間をこれより長くする場合は、合理的な理由が必要といえます。

 ポイント

1 退職の事由は、具体的に定めておく
2 退職届の提出や退職証明書発行などの手続きも、具体的に定める

コラム　雇止め法理

　有期労働契約は、契約期間の満了によって当然に終了することを契約内容とするものです。しかし、労契法19条は、１回以上、有期労働契約を更新した場合であって、次の①②のいずれかに該当するものについて、労働者が更新を希望した場合には、その雇止めが、客観的に合理的な理由を欠き、社会通念上相当であ

ると認められないときは、従前の有期労働契約の内容である労働条件と同一の労働条件で更新したものとして取り扱うこととしました。

① 過去に反復更新された有期労働契約の期間の定めのある契約で、その雇止めが無期労働契約の解雇と社会通念上同視できると認められる場合

② 有期労働契約の契約期間満了時に、今回の有期労働契約が更新される期待権がある点について、労働者に合理的な理由がある場合

①については、反復更新した有期労働契約が、実質的にみて、無期労働契約と同様の状態になっている場合に、解雇権濫用法理を類推適用して、雇止めには特段の理由が必要とした東芝柳町工場事件（最判昭49. 7.22最判）があり、また、②については、「雇用関係の継続が合理的に期待される状態」にある場合には、解雇権濫用法理の類推適用があるとした日立メディコ事件（昭61.12. 4最判）があり、これらの2つの判例で示された基準が労契法に取り入れられたとされています。

労契法では、①または②の場合には、労働者が期間満了までに（または満了後遅滞なく）有期労働契約の更新の申込みをしたときは、使用者が雇止めをすることが客観的に合理的な理由を欠き、社会通念上相当であると認められないときは、使用者は、従前の労働契約と同一の労働条件で、当該申込みを受諾したものとみなすとしています（労契法19）。

6-4　定年

定年

モデル条文

【定年を満70歳とするケース】

第●条（定年）

社員の定年は、満70歳とし、定年に達した日の属する月の末日をもって退職とする。

【定年を満65歳とするケース】

1.社員の定年は、満65歳（誕生日の前日）とする。

2. 社員の定年退職の日は、満65歳に達した日の属する賃金計算期間の末日とする。

【定年を60歳とし、その後希望者を再雇用するケース】

1. 社員の定年は、満60歳（誕生日の前日）とする。

2. 社員の定年退職の日は、満60歳に達した日の属する賃金計算期間の末日とする。ただし、本人が希望し、第○条に定める解雇事由または第○条に定める退職事由に該当しない者については、有期契約社員として期間を定め、再雇用契約を行う。

3. 前項により再雇用するものについての労働条件は、個別の雇用契約書による。

4. 前項による1回の雇用契約期間は、最長1年とし、当該雇用契約の更新は、各契約期間を通算して5年間を限度とする。ただし、能力等年齢以外を理由として、個別に判断し、契約を更新しない場合がある。

5. 前項までの規定にかかわらず、満65歳に達した日以降の契約更新は行わず、契約期間の満了が満65歳を超える場合は、満65歳までの期間とする。

【定年を満65歳とし、その後希望者の意向を踏まえて継続雇用または業務委託契約を締結するケース（ともに対象者基準あり）】

1. 社員の定年は、満65歳とし、定年に達した日の属する月の末日をもって退職とする。

2. 前項の規定にかかわらず、定年後も引き続き雇用されることを希望し、解雇事由または退職事由に該当しない社員のうち、次の各号に掲げる基準のいずれにも該当する者については、満70歳までこれを継続雇用する。

①過去○年間の人事考課が○以上である者

②過去○年間の出勤率が○％以上である者

③過去○年間の定期健康診断結果を産業医が判断し、業務上、支障
がないと認められた者

3.第1項の規定にかかわらず、定年後に業務委託契約を締結すること
を希望し、解雇事由または退職事由に該当しない者のうち、次の各
号に掲げる業務について、業務ごとに定める基準のいずれにも該当
する者については、満70歳まで業務委託契約を継続的に締結する。
なお、当該契約に基づく各業務内容等については、別途定める創業
支援等措置の実施に関する計画に定めるところによるものとする。

①○○業務においては、次のいずれの基準にも該当する者

ア）過去○年間の人事考課が○以上である者

イ）当該業務に必要な○○の資格を有している者

②○○業務においては、次のいずれの基準にも該当する者

ア）過去○年間の人事考課が○以上である者

イ）定年前に当該業務に○年以上従事した経験及び当該業務を遂
行する能力があるとして、以下に該当する者

a）・・・・

b）・・・・

解説

定年制とは、労働者が一定年齢に達したことを理由に、一律に雇用
を終了させる制度です。定年年齢到達によって当然退職となる定年退
職制、定年年齢到達を解雇理由として定める定年解雇制とがあります。
定年制を設ける場合、60歳を下回る定年年齢を定めることは許され
ません（高年齢者雇用安定法8）。

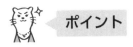

ポイント

■1 定年年齢は、60歳未満にはできない

■2 65歳までの雇用確保措置を定める、もしくは70歳定年を検討する

ポイント深掘り

■1 65歳までの高年齢者雇用確保措置

　使用者は、65歳までの高年齢労働者の雇用の安定確保を図る措置の導入を義務付けられており（高年齢者雇用安定法9）、以下のいずれかの措置を講じて65歳までの雇用確保を行わなければいけません（同法9①）。

① 65歳以上への定年年齢の引上げ

② 継続雇用制度の導入（定年時にいったん雇用を終了させた上、あらためて雇用契約を締結する「再雇用制度」、または、定年時の雇用契約を終了させずにそのまま延長する「勤務延長制度」。いずれも、現に雇用されている高年齢労働者が希望するときにはその制度が適用されるもの）

③ 定年制の廃止

　高年齢者が、上記②の継続雇用（再雇用）される企業の範囲は、グループ企業（特殊関係事業主）にまでとされています（同法9②）。また、上記②の再雇用をする際に、有期労働契約で雇用する場合や、パートとして再雇用する場合には、パートタイム・有期雇用労働法の適用があります。

　ちなみに、2013年3月31日までに労使協定により継続雇用制度の対象者を限定する基準を定めていた事業主については、高年齢者雇用安定法の一部を改正する法律（平24法78）の経過措置として、2025

年3月31日までは、老齢厚生年金の支給開始年齢以上の年齢の者について、継続雇用制度の対象者を限定する基準を定めることが認められています。

【老齢厚生年金の報酬比例部分の支給開始年齢】

昭和28年4月2日から昭和30年4月1日までに生まれた方	61歳
昭和30年4月2日から昭和32年4月1日までに生まれた方	62歳
昭和32年4月2日から昭和34年4月1日までに生まれた方	63歳
昭和34年4月2日から昭和36年4月1日までに生まれた方	64歳

（男性の場合。女性は5年遅れ）

2 70歳までの就業機会確保措置

2020年3月に成立した雇用保険法等の一部を改正する法律（令2法14）では、65歳から70歳までの高年齢者就業確保措置（※1）のいずれかを講ずることが事業主の努力義務とされました（2021年4月1日施行）。これに伴い、高年齢者就業確保措置の実施及び運用に関する指針（令2厚労告351）が策定されています。

※1　①定年引上げ、②継続雇用制度の導入、③定年廃止、④労使で同意した上での雇用以外の措置（継続的な業務委託契約、社会貢献活動に継続的に従事できる制度）

65歳から70歳までの就業機会を確保するため、事業主は、高年齢者就業確保措置として、以下の①〜⑤のいずれかの措置を講ずるよう努めなければなりません。

【雇用による措置】
　①　70歳までの定年引上げ
　②　70歳までの継続雇用制度の導入（特殊関係事業主や、他の事業主による雇用）
　③　定年廃止

【創業支援等措置（雇用によらない措置）】

④　高年齢者が希望するときは、70歳まで継続的に業務委託契約を締結する制度

⑤　高年齢者が希望するときは、事業主が実施する社会貢献事業または事業主が委託・出資した団体が行う社会貢献事業に、70歳まで継続的に従事できる制度の導入

※④または⑤については、過半数労働者の代表者等の同意を得た上で導入しなければならないとされています。

コラム　退職金

　退職金は、必ず支給しなければならないものではありませんが、退職金制度を設ける場合は、就業規則に次の事項を記載しなければなりません（労基法89③の2）。通常は、別規則として設けます。

①適用される労働者の範囲

②退職金の決定、計算及び支払の方法

③退職金の支払の時期

　また、退職手当について不支給事由または減額事由を設ける場合には、上記に該当するので、就業規則に記載する必要があります（平11.3.31基発168）。

　退職手当については、労働者の同意を条件に、本人が指定する銀行その他の金融機関の口座へ振込み、銀行振出小切手、銀行支払保証小切手、郵便為替により支払うことができます。なお、退職金制度を設けたときは、退職金の支払に充てるべき額について金融機関と保証契約を締結する等の方法により保全措置を講ずるよう努めなければなりません（賃金の支払の確保等に関する法律5）。ただし、中小企業退職金共済制度や特定退職金共済制度に加入している場合はその必要はありません。

作成・見直しチェックポイント

【表彰】

□相対的必要記載事項となる種類・程度について記載したか

□懲戒処分の種類と程度について定めたか

□懲戒処分となる事由に応じて、処分の程度を定めたか

□違反度合に応じて、懲戒処分を適用したか

□就業規則の違反行為が、必ずしも懲戒処分に有効にならないことを理解したか

□上司の監督責任について、部下の懲戒処分となる事実及び根拠が明確か

□諭旨解雇・懲戒解雇処分等について、社員に弁明の機会を与えているか

□懲戒解雇処分等とまで至らない処分は、注意指導を繰り返し、事実の積み重ねを行っているか

□１年以内の再懲戒処分は、懲戒を加重しているか

【解雇】

□解雇の事由は法令に違反せず、客観的に合理的で社会通念上相当なものを定めているか

□解雇予告や解雇理由証明書などの手続きについて具体的に定めたか

【退職】

□退職の事由は具体的に定めたか

□退職届の提出や退職証明書発行などの手続きについて具体的に定めたか

【定年】

□定年年齢を60歳以上にしているか

□65歳までの雇用確保措置を定めたか、または70歳定年を検討したか

【新型コロナウイルス感染症による事業への影響により、退職勧奨や解雇を検討する場合】

□労働者の権利侵害に当たるような、会社からの一方的な退職勧奨になっていないか

□やむを得ず解雇を検討する場合は、解雇制限・解雇予告に違反していないか

□解雇制限、解雇予告に反していない場合でも、客観的に合理的な理由は備えているか

□人員削減のための整理解雇を行う場合は、整理解雇に関する以下の4要件が考慮されているか

　□(1)人員整理を行う必要性

　□(2)できる限り、解雇を回避するための措置が尽くされているか

　□(3)解雇対象者の選定基準が客観的・合理的であるか

　□(4)労働組合との協議や労働者への説明が行われているか

□有期労働契約の雇い止めを検討する場合、以下の点を考慮しているか

　□(1)雇い止めの理由が客観的・合理的な理由であるか

　□(2)現在の有期労働契約が満了する際に、契約更新の可能性を持たせていないか

　□(3)有期労働契約が3回以上更新されている・1年を超えて継続雇用されている場合には、解雇予告の要件を満たした対応になっているか

第**4**章

業界別就業規則の作成ポイント

就業規則は、業界・職種によって策定のポイントが異なります。特に、労働時間管理については業界特有の習慣もあり、また、運輸業、医療・介護業、建設業では、労基法でも労働時間の取扱いが異なります。

この章では、業界別にどこに着目して就業規則を作成すればよいのかを解説します。

IT 業界

🔳 業界の特徴

　IT業界は、情報技術を活用したサービスを展開する企業が集まる業界で、様々な職種があり、それぞれ細分化されている分、働き方も異なります。

　多くの業種や職種が存在するIT業界ですが、大きく分けると、ソフトウェア、ハードウェア、情報処理、インターネット・Webに分けられます。

　IT業界の企業では、正規雇用社員以外に、派遣社員、在籍出向、直接雇用ではない業務委託・委任契約者など、雇用形態も職種も多く複雑なケースもありますので、就業規則の適用範囲を明確にしておきます。必要に応じて、雇用形態ごとに就業規則を作成するのも一考です。

🔳 就業規則作成のポイント

(1)「勤務管理」の扱いが重要

　IT業界では、在宅ワークやフレックス勤務など、勤務形態が柔軟な会社が多く、また、システムダウンへの対応などで、時間を問わず業務に対応にあたる必要性があるなど、勤務管理が一番のポイントになります。

　具体的には、固定時間での管理以外に、フレックスタイム制・裁量労働制などの変形労働時間制の導入による労働時間管理が適しているともいえます。

(2) 在宅勤務を認めるか

　IT業界特有の勤務形態の1つに在宅勤務があります。新型コロ

ナウイルス感染症対策としてテレワークを推奨する会社も他業界より多く、制度自体も浸透しているところが多いでしょう。

　この勤務形態での就業を認める場合には、実際の勤務状況の把握が難しくなるため、労働時間の管理方法・経費精算方法・労災が発生した場合の対応、人事評価方法などを、必要に応じて別規則を設けて規定しておく必要があります。

⑶ 病気や怪我への対応

　メンタルヘルス対策と合わせて検討することとなりますが、うつ病などの精神疾患による休職に対して、就業規則上の休職にプラスし、一定傷病による休職を救済するものとして設ける場合があります。

　これは、会社が医師の診断書や本人との面談を元に、今後の復職が期待される社員に対し、一定日数の有給休暇を与えるものです。

　本来の休職期間＋本休暇期間を経過しても傷病の改善の兆しがなく復職が難しい場合は、退職を促すこととなります。

⑷ 情報漏えい問題

　今や勤務中だけではなく、業務外でも情報セキュリティに関する規定は不可欠とされています。

　特にIT業界では、営業秘密の情報漏えいの防止を万全にする意味でも、セキュリティをどのように考え、対応しているかを、規則上でも明らかにしておく必要があります。

　就業規則内の服務規律部分に、やってはいけない行為・守るべきものを具体的かつ詳細に明記し、違反した際にどのような懲戒処分となるのかを、懲罰規定とリンクさせて定義しておきます。

⑸ メンタルヘルス問題

　会社がメンタルヘルスをどうとらえているか、メンタルヘルスに対してどのような対策を講じるのかを規定します。

この場合、定期的な調査の実施、調査結果に応じた専門医の紹介など、会社のメンタルヘルスに対する姿勢を規定することで、労働者に安心感を与え、業務に専念させる意識付けを行うこともあります。

(6) 機密保持と著作権

機密保持に関して、規定をしっかりとしている就業規則をみかけることは正直あまりありません。

「会社の機密事項は漏えいしないようにしなければいけない」程度では十分ではなく、機密保持に対する重要性を意識づける意味でも、どんな情報が機密保持事項にあたるのか、どのような媒体で保管されておくべきなのか、使用・持ち出しする際の決裁・承認方法などを具体的に明記しておくべきでしょう。

併せて、著作権についても、会社に帰属する権利はどこまでの範囲なのかを具体的に明記しておく必要があります。

IT業界の就業規則では、変則的な制度を考慮し勤務実態に応じた制度を導入することで、時間外勤務の削減とフレキシブルな働き方を実現できる可能性があります。

特にIT業界では、働き方や時間の管理が難しいところですので、就業規則で扱いを明記のうえ、運用することが重要です。

運送業界

❶ 業界の特徴

運送業は「物や人の流れ」を扱う業界で、商品の運搬を行って生産者から消費者まで届ける事業や、人を目的地へ届けるような事業を

行っています。例えば、石油や天然ガスのような資源などの運搬から、顧客の自宅への輸送など、トラックや車を用いた輸送しかできないような地域への輸送があります。

　また、公共交通機関である「バス」や「鉄道」、旅行の際に使用される「航空機」「旅客船」事業もあります。

☑ 就業規則作成のポイント

　運送業の就業規則を作成する場合、最も注意しなければならないのは、労働時間の管理です。

　労基法では、原則的に業種による例外的な取扱いはしませんが、運送業については「自動車運転者の労働時間等の改善のための基準」（改善基準告示。平元労告７）で、労働時間に関して他の業種とは異なる扱いをしています。

⑴ 拘束時間

　　運送業以外の業種に関しては、拘束時間（労働時間と休憩時間を合わせた時間）について上限時間が定められていません。例えば、小売業の場合で、５時間働いた後に５時間休憩して、その後また５時間働いた場合、拘束時間の合計は15時間となります。

　　この場合、実労働時間が10時間ですので、法定労働時間を超えていますが、３６協定を届出していれば、時間外労働も問題ありません。つまり、拘束時間が15時間であったとしても、法律上の問題はありません。

　　対して運送業の場合、１日の拘束時間が、原則13時間以内という規定があります。仮に１日の拘束時間が13時間を超える場合でも、拘束時間の上限が16時間とされていますので、１日の拘束時間が16時間を超えることはできません。

　　さらに、拘束時間が13時間を超える場合でも、１週間で超える

ことができる回数の制限が設けられています。

　これら以外にも複雑な労働時間管理があります。要約すると、以下になります。

① 1日の拘束時間は、原則として13時間以内

② 延長する場合でも、最大16時間が限度

③ さらに、休息期間は継続8時間以上必要

④ 1日は、始業時刻から起算して24時間

⑤ 拘束時間が15時間を超える回数は、1週間に2回まで

(2) 休日の扱い

　運送業の場合、休日と認められるのは「休息期間＋24時間の連続した時間」とされており、いかなる場合であってもこの時間が30時間を下回ることはできません。また、休息期間は原則8時間以上とされますので、休日は8時間＋24時間＝32時間以上の連続した時間が必要となります。

(3) 連続運転時間

　連続して運転する時間は、4時間が限度とされています。また、運転4時間ごとに合計30分以上の休憩等の運転の中断が必要とされます。ただし、30分以上の休憩等は分割でとることが可能ですが、1回あたりの休憩等は10分以上とされています。

(4) 1日・1週の運転時間

　1日の運転時間は2日平均で9時間までが限度とされます。この2日平均とは、運転日の前後2日を平均し、どちらか一方が平均9時間以内となっていれば違反にはならないという考え方になります。また、1週間の運転時間は2週間ごとの平均で44時間が限度とされています。

(5) 時間外労働、休日労働

　時間外労働及び休日労働の限度は、1日の拘束時間が最大16時間、

　1か月の拘束時間が293時間（労使協定があり、一定条件のもとで最大320時間まで）とされています。なお、時間外労働・休日労働を行う際には、３６協定の届け出が必要です。

　上記以外に、隔日勤務、２人乗務、勤務途中のフェリー乗船など、特例事項が多くあり、様々な規定が通達によって定められていて、通常の業種に比べて細かい労務管理が求められます。

　拘束時間が長い業界ですので、残業代問題も深刻です。賃金規程が実態と合っているかも大事な要素です。「完全歩合給」制を採用している場合には、未払い残業が発生しないような規定になっているかもポイントになります。

　特に自動車事故については、長時間労働による自動車事故は使用者責任も問われることになりますので、社員の健康管理体制にも配慮すべきです。

　ハラスメントや懲戒処分に関しても、特に懲戒規定と連動させた運行者心得、車両管理、自動車事故に関する規定を定めるようにします。

医療・介護業界

◼ 業界の特徴

　医療・介護業は、少子高齢化の影響により伸びている市場です。高齢者人口の増加に比例し、必要性も高い業界で、私設の病院・クリニック、行政や大学の付属する大病院以外に、介護施設や福祉施設があります。

　特に、介護保険制度上の介護サービスは、65歳以上の要介護者を対象とし、医療の必要性も年齢が高まるほど増していくことから、医

療・介護サービスへの需要は、今後もさらに高まっていくことが予想されています。また、将来に向けた発展の礎を再構築する「日本再興戦略」では、医療関連産業の活性化策が盛り込まれるなど、医療・介護分野を日本の成長の原動力の一つとして積極的にとらえ、取り組んでいこうという動きがみられています。

② 就業規則作成のポイント

長時間労働や休日なしの勤務への対策を必要とする業界であり、就業規則においても、労働時間管理について、実態に即した規定をする必要があります。

(1) 医療機関全般

私設の医院・クリニックなど小規模の医療機関では、日によって長短はあるものの、一定の固定時間勤務が主となります。この場合は、1か月単位の変形労働時間を採用するなどし、業務の繁閑に応じた勤務時間を設定します。

一定規模以上の病院、行政運営や大学に附属する病院の場合、深夜勤務や交代制勤務が主となります。休日も不定休となりがちですので、1か月単位の変形労働時間制や1年単位の変形労働時間制で対象期間を短く設定するなどし、勤務時間・休日を設定します。

(2) 医師、看護師

医師についても、労働時間の上限は原則通りに適用されますが、現時点では適用例外として扱われています。2024年4月以降は、一定要件の医療機関に対して、連続勤務28時間までとし、次の勤務開始まで8時間のインターバルを設けなければならないとされています。

看護師の場合も、長時間労働への対応が不可欠です。以下の課題があるとされていますので、これらを改善できる就業規則が必要と

なります。

・ 過労死につながりかねない長時間労働がある

・ 時間外勤務手当の不払いがある

・ 始業時刻前に開始する業務（前残業）、勤務時間外の研修、持ち
　帰り仕事など、時間外勤務として扱われていない業務がある

・ 労基法上の時間外・休日労働の規定適用を受けない「管理監督者」
　の範囲が不適切である

・ 休憩が十分にとれていない

・「３６協定」未締結の病院が少なくない

・ 労働基準監督署の「当直」許可要件に沿わない当直実態がある

・ 交代制勤務での勤務間隔が短く、実質的に長時間の連続勤務に
　近い

(3) 福祉施設・介護施設職員

　　福祉施設・介護施設の職員の場合、24時間体制への対応が基本
となるため、変形労働時間制によるシフト勤務や３交代勤務が主と
なります。また、24時間勤務ですので、夜勤（宿直と表現する場
合もあります。）も発生します。この夜勤とは、労基法の宿直勤務・
日直勤務とはまったく別の勤務を意味し、労働基準監督署長の許可
を得なければなりません。これら施設では、業務の特殊性にかんが
み、通常の宿直要件に加え、次のような許可基準の取扱いの細目が
定められており、これらの条件のすべてを満たす場合には、許可が
与えられることとされています（昭49.7.26基発387）。

（許可基準の取扱いの細目）

・ 通常の勤務時間の拘束から完全に開放された後のものである

・ 夜間に従事する業務は、一般の宿直業務の他に軽度な介助業務
　が一勤務につき１回ないし２回を限度とし、１回の所要時間が
　10分程度である

- 夜間に十分睡眠がとれること

（通常の宿直要件）

- 原則として、定期的な巡視、緊急の文書の収受、非常事態に備えての待機等を目的とする
- 宿直、日直の勤務回数は、原則として宿直勤務週1回以下、日直勤務月1回以下
- 1回の宿日直手当は宿日直勤務に就くことが予定されている同種の労働者の1人1日あたり平均賃金額の3分の1以上
- 宿直については、寝具、暖房等相当の睡眠設備を設ける
- 福祉施設、介護施設では女性の宿日直勤務はできるが、年少者は不可

⑷ 訪問介護労働者（ホームヘルパー）

訪問介護労働者（以下、「ホームヘルパー」といいます。）の場合、介護事業者に雇用されているケースと委任契約で就労するケースがあります。行政通達（※1）で、訪問介護事業所で働く登録ヘルパーは労働者であるとの見解がすでに出されています。以前は、業務委託契約の形で働く登録ヘルパーの方も多かったのですが、委任や委託契約となっていても、実態が雇用であれば（事業所の業務指揮を受けている、業務を断る権限がない等）、労働者として取り扱わなければいけない決まりとなっています。

※1　「訪問介護労働者の法定労働条件の確保のために」（平16.8.27基発0827001）ホームヘルパーの場合、訪問介護の業務に直接従事する時間だけでなく、移動時間、業務報告書等の作成時間、待機時間及び研修時間についても、労働時間に該当するかどうかを、使用者は適正に把握する必要があります。

移動時間については、介護サービスの利用者宅間の移動を使用者が命じ、当該時間の自由利用が労働者に保障されていないと認められる場合には、労働時間に該当します。したがって、事業所や集合

場所から利用者宅への移動時間や、一の利用者宅から次の利用者宅への移動時間であって、その時間が通常の移動に要する時間程度である場合は労働時間と考えられます。

　対策としては、①訪問先と次の訪問先に向かうまでの空き時間には労働者の自由利用を保証し、就業規則等へ具体的に明記します。さらに、②移動に要する時間がどの程度必要か、ケースに応じて合理的な基準を作成し、また、③訪問宅での作業は時給1,100円、移動時間は時給800円とするなど、訪問宅での作業時間と移動時間とで賃金額を分ける等も一考です。

　業務報告書等を作成する時間は、その作成が介護保険制度や業務規定等により業務上義務づけられているものであって、使用者の指揮監督に基づき、事業場や利用者宅等において作成している場合には、労働時間に該当します。

　待機時間は、使用者が急な需要等に対応するため事業場等におい

【移動時間の考え方】

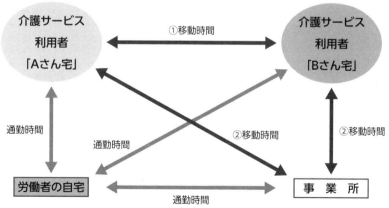

　具体的には、指揮監督の実態により判断するものであり、例えば、①移動時間、②移動時間が、通常の移動に要する時間程度である場合には、労働時間に該当するものと考えます。
出典：「訪問介護員のための魅力ある就労環境づくり」（厚生労働省）（https://www.mhlw.go.jp/new-info/kobetu/roudou/gyousei/kaigo/index.html）を一部加工して作成

【訪問介護員の労働時間の主なケース】

ケースA

このケースでは、Aさん宅での介護サービス開始時刻から、Bさん宅での介護サービス終了時刻までの時間のうち、休憩時間を除いたものが労働時間となります。

ケースB

このケースでは、Aさん宅での介護サービス提供時間、Bさん宅への移動時間及びBさん宅での介護サービス提供時間が労働時間となります。移動時間はBさん宅への移動に要した時間であり、それ以外の「空き時間」については、その時間には労務に服する必要がなく、労働者に自由利用が保障されている限り、労働時間として取り扱う必要はありません（Aさん宅での介護サービス終了時刻からBさん宅での介護サービス開始時刻までの時間すべてを労働時間として取り扱う必要はありません）。

ケースC

このケースでは、Aさん宅での介護サービス提供時間のみが労働時間となります。

出典：「訪問介護員のための魅力ある就労環境づくり」（厚生労働省）（https://www.mhlw.go.jp/new-info/kobetu/roudou/gyousei/kaigo/index.html）を一部加工して作成

て待機を命じ、当該時間の自由利用が労働者に保障されていないと認められる場合には、労働時間に該当します。

　研修時間は、使用者の明示的な指示に基づいて行われる場合は、労働時間に該当します。また、使用者の明示的な指示がない場合であっても、研修を受講しないことに対する就業規則上の制裁等の不利益な取扱いがあるときや、研修内容と業務との関連性が強く、それに参加しないことにより本人の業務に具体的に支障が生じるなど、実質的に使用者から出席の強制があると認められる時などは、労働時間に該当します。

　訪問介護の利用者の方から突然の利用キャンセルの連絡があった

場合、利用者からキャンセル料をいただかない場合でも、ホームヘ
ルパーの勤務予定表が作成されており、勤務予定が確定していた場
合には、ホームヘルパーに平均賃金の６割以上の休業補償（休業手
当）の支払いが必要になります。利用者の都合でキャンセルになっ
たにもかかわらず、事業所責任でホームヘルパーに休業手当を出さ
なければいけないのは、不条理に感じるかもしれません。こういっ
た休業手当の支払いを避けるには、予定がキャンセルになった際に、
代わりの業務や訪問先、労働日と休業日の振替えを行うなどの措置
を事業所側がとらなければいけません。

　年休の付与では、短期間の労働契約を繰り返し更新しているホー
ムヘルパーであっても、雇入れの日から起算して６か月間継続勤務
し、全労働日の８割以上出勤した場合は、年休を与えなければなり
ません（労基法39）。また、所定労働日数が少ない労働者に対しても、
所定労働日数に応じた年休を付与しなければなりません。

　ホームヘルパーは、個々それぞれが家庭の事情や希望する曜日、
時間帯等により、様々な勤務形態をとっている場合が多く、日々の
労務管理に関しては、一律に管理がしにくく、また曖昧な部分を残
しながら勤務されている場合が多いようです。

　基本的な雇用管理の部分で無用なトラブルを避けるためにも、具
体性のあるホームヘルパー用の就業規則を作成する必要がありま
す。

建設業界

◼ 業界の特徴

建設業は、建設業法で「元請、下請その他いかなる名義をもってす

るかを問わず、建設工事の完成を請け負う営業をいう」と定められて
おり、建設工事を行う仕事だけでなく、建設工事の工程で必要となる
その他の仕事を含めたものを指します。工事を完成させることを「請
け負（請負契約）」い、建設業法によって定められた建設工事の種類
にある工事を行い、完成させるのが仕事です。

　建設業法上の分類として、29種類の業種があります。土木一式工
事と建築一式工事の2種類の一式工事のほか、屋根工事、電気工事な
ど27種類の専門工事業に分類されています（2016年6月より、建設
業許可における新たな業種として「解体工事業」が追加されています）。

(1) 慢性的な人手不足

　建設業においても人手不足は深刻な課題となっており、国土交通
省の「建設産業の現状と課題」によると、建設業就業者数（2016
年平均）は492万人で、ピーク時（1997年平均）から約28％減少し
ています。

　また、技能労働者の高齢化と若手人材不足も進んでおり、55歳
以上が約34％、29歳以下が約11％と高齢化が進行し、次世代への
技術承継が大きな課題ともされています。この人材不足をカバーし
ようと外国人労働者や女性労働者を増やそうとしていますが、まだ
まだ十分とはいえません。

(2) 長時間労働、休日の少なさ

　建設業は、他の産業と比較して残業時間が多く、週休2日の採用
も少ない状況です。

　国土交通省の同資料によると、年間実労働時間では、産業平均
1,720時間に対して、建設業は2,056時間と、年間の労働時間では他
産業と比べて300時間以上（約2割）長くなっています。また、10
年前と比べると、全産業では約87時間減少しているものの、建設
業はほぼ横ばい（約9時間の減少）であり、大幅な改善は見られま

せん。

　年間出勤日数は、産業平均222日に対して、建設業は251日。4週8休制（週休2日相当）の適用は5.7％と非常に少なく、約65％が4週4休（週休1日相当）以下となっていて、大変厳しい労働環境であるといえます。給与水準もほかの製造業と比べて低くなっています。

　そこで、国土交通省は「建設業働き方改革加速化プログラム」を策定し、「長時間労働の是正」「給与・社会保険」「生産性向上」の3つの分野における新たな施策を打ち出しました。

①　長時間労働の是正に関する取組み

　　公共工事事業での週休2日工事を大幅に拡大し、民間工事を含めた建設業全体の週休2日制の導入を推進していく取組みです。具体的には、週休2日工事によって追加発生する労務費などの補正、共通仮設費・現場管理費の補正率見直しなどが実施され、必要経費に的確な計上がされるようになります。

　　これは、週休2日が定着しつつある他の産業に比べ、納期の短縮が求められやすい建設業で、週休1日が当たり前になっている状況を改善し、長時間労働を是正するのが目的です。

②　給与・社会保険に関する取組み

　・技能や経験にふさわしい処遇（給与）を実現する

　　ほかの産業に比べて賃金が低いといわれる建設業の処遇を改善するため「建設キャリアアップシステム」を稼働させ、技能者の加入を推進することで能力評価制度を確立させます。また、能力評価制度にもとづいた技能者、工事企業の評価を可視化し、給与設計に活用することも検討されています。

　　「建設キャリアアップシステム」とは、建設技能者が持つ資格や就業履歴を登録し、公布されたICカードに日々アップデー

トされる情報を蓄積していくシステムです。

　個々の技能者の能力を適切に評価することで、給与設計の遅れから技能や経験にふさわしい給与が得られにくかった建設業の課題を改善し、労働者の処遇を改善する取組みです。

・社会保険への加入を、建設業を営む上でのデファクト・スタンダードにする

　社会保険への加入を建設業のデファクト・スタンダードとするため、社会保険に未加入の建設企業に対し、建設業の許可・更新を認めない仕組みです。

　建設業が災害対策やインフラ整備、メンテナンスなどの役割を果たしていくには、将来の担い手である新たな労働力を確保しなければなりません。しかし、多くの建設企業が社会保険に未加入という現実があり、環境が整備された魅力的な業界だとはいえません。これを解決し、若年層の業界への参入を促すのが目的です。

③　生産性向上に関する取組み

・生産性の向上に取り組む建設企業を後押しする

　工事費を含めた公共工事の積算基準等を改善し、中小建設企業のICT活用を積極的に促します。労働者の勤務時間を管理できる勤怠管理システムなどの導入が想定されます。

・仕事を効率化する

　公共工事に関連する基準を改定し、工事書類の作成負担を軽減して施行品質の向上と省力化を推進します。現場の進捗や日報の確認ができる施工管理システムなどの導入が想定されています。

・限られた人材・資機材の効率的な活用を促進する

　少子高齢化の進行などによる労働者人口の減少を見据え、現

場への技術者配置の要件を見直し、合理化を目指していきます。

　この「建設業働き方改革加速化プログラム」は、建設業団体側にも積極的な取組みを要請し、官民の取組みを共有しつつ、施策の具体的展開や強化に向けた対話をしながら進めていくとされています。

　就業規則を作成する際には、特に「長時間労働の是正に関する取組み」を軸に、就労ルールの仕組みを検討することになります。

② 就業規則作成のポイント

　建設業の就業規則では、安全面や労災事故防止のための管理、建設事業特有の労働時間、天候に左右される場合や繁忙期と忙しくない時期の賃金体系、現場への移動時間、各種免許の取得について、工夫が必要です。また、有期雇用契約の労働者も多いことから、社員とは別の雇用形態の規則もあったほうがよいでしょう。

(1) 安全管理・健康管理

　建設業は労災事故が多い業種でもあることから、就業規則にも労働者の安全管理や健康管理について規定をします。

　例え労働者の不注意で起こってしまった労災事故の責任であっても、会社の安全配慮義務違反を問われ、場合によっては、損害賠償を請求されることもあります。「夏場にヘルメットを着用しない労働者」や「健康診断の受診を拒否する労働者」には、就業規則の服務規定を絡めて指導することも必要です。

(2) 建設業特有の労働時間制度

　建設業は、労基法上でも、一定期間に建物等を完成させなければならないなどの理由から特殊な業種とされ、３６協定を届出すれば、労働時間の制限が法的にはありません（2024年４月１日以降は、

時間外労働の上限は原則通り適用となり、月45時間・年360時間となります。特別条項は適用あり。災害時の復旧・復興の事業に関しては例外規定あり。）。

　そのため、残業が無制限だと思っている方もいらっしゃるでしょう。しかし、長時間労働は残業代増加、労災事故の発生要因、生産効率の低下にもつながりますので、具体的な労働時間制度を規定すべきと考えます。

(3) **悪天候で現場作業ができない場合や繁忙期・閑散期の賃金体系**

　建設業では、労働者が車に乗り合わせて現場へ移動する時間、悪天候で現場作業ができない時間など、労働時間の対象となり、給与支払いが必要かどうかを具体的に定めておく必要があります。

　この「給与の支払いが必要な労働時間」と「給与の支払いが不要な拘束時間や休憩時間」の違いは、労働者だけでなく、会社側も勘違いしているケースが多く、時間換算すると、必要以上に給与が支払われていたり、法律上必要とされない残業代を払っていたりすることがあります。逆に、労働時間としてカウントし給与を支払わなければならないものが未払いになっている等もあります。

　建設業特有の労働時間・休憩時間・拘束時間をしっかり規定することで無駄をなくし、労働者の勘違いを防ぐことでトラブルを防ぎましょう。

(4) **その他**

　直接雇用の労働者、有期雇用契約の労働者、労働者ではない一人親方の職人など、様々な形態で仕事に就いているのも、建設業特有になります。

　業務に関連する資格取得の必要も多い業種ですので、研修や資格取得の義務なども定めておくとよいでしょう。

飲食業界

1 業界の特徴

　飲食業界は、食品を調達、加工、調理し、飲食品を顧客に提供するサービスを行う業界です。材料に使用する食材を外部から購入しているところが一般的ですが、飲食業界の中には、食材の生産も自社で行っているところもあります。

　食べ物に対するニーズや好みは、性別や年齢などによってそれぞれ異なることから、様々なタイプの飲食物を提供している店舗が存在します。全国規模でチェーン店を展開しているような大企業から個人経営の店舗まで、幅広い種類の店舗があります。

　食事は人間が生活する上で不可欠な行為であることから、他の業種と比較しても、潜在的なニーズが常に存在するのが飲食業です。

　食材を購入し、調理して提供するという比較的簡単な事業スタイルであるために、誰でも気軽に参入しやすい業種ですが、店舗の数が多い分、生き残りのための競争も激しく、人気があったお店でも短期間のうちに撤退の可能性もある厳しい業界でもあります。

　事業の効率化や収益の見直しを日常的に行わなければならず、休みを取ることができる時間が少ないのもこの業界の特徴です。

2 就業規則作成のポイント

　飲食業は、労務管理が煩雑な業界でもある一方、就業規則を作成している店舗（特に個人経営の小規模）が非常に少ないのも特徴の1つです。他店舗展開をし出店ペースが早い場合は、労務管理が飲食店の規模に追いつかないことが多く、また、店舗スタッフの入社・退職の出入りが激しく、さらにお客様とのトラブルなど、日々のトラブルも

多いためか、いざ問題が起こった後で、あわてて労務管理に力を入れる場合が多い業種でもあります。

就業規則を作成している飲食店は、非常に少ないですが、逆にトラブルの多さから就業規則が必要な業種でもあるといえます。また、しっかりした就業規則を作成することで、他店と差が付きますし、労働者の定着率やモチベーションがUPする効果が期待できる業種でもあります。

(1) 残業代の取扱い

時給制のアルバイトには残業代を払っているが、店長には残業代を払っていない、店長は管理者だから払わなくていいだろうと考えているところもあります。数年前に話題になった「マクドナルドの名ばかり管理職問題」（日本マクドナルド事件・平20.1.28東京地判）でも有名になったように、ほとんどの飲食店の店長は労基法に定める管理監督者ではないとされ、店長にも残業代を払わなければならないケースがほとんどです。管理者と管理監督者の違いを理解し、賃金体系・職務権限・労働時間管理についてルールを定める必要があります。

(2) 衛生管理

食品を扱う業種のため、衛生管理の規定を明確化する必要があります。また、食品の取扱いだけでなく、制服やエプロンのクリーニングをどうするか、クリーニング費用の負担をどうすべきかなどの細かい規定も必要でしょう。厨房スタッフだけでなく、ホールスタッフの髪型や化粧も服務規定に記載します。

(3) アルバイト・パート用の就業規則

正社員向けの就業規則をパート・アルバイトにそのまま適用すると、休日・休暇の扱いも正社員と同じにしなければならなくなります。同様に懲戒規定なども、正社員とパート・アルバイトでは適用

する範囲が異なります。

　同一労働同一賃金の定義、無期雇用転換など、パート・アルバイトにのみ適用される制度もありますので、パート・アルバイト用の就業規則は別に定めるようにします。

⑷ ルールの明確化

　人の入れ替わりが多いので、店舗内や社内のルールが曖昧になっていたり、ルールが徹底されていないことが多く、多店舗展開している場合は店舗ごとにルールが異なったりすることもあります。就業ルールを整備し、明確化することで、各店舗の不公平感をなくすようにします。

⑸ 店長とオーナーの労務管理の意識

　飲食店は、パートやアルバイトの雇用が多く、学生から主婦まで様々な労働者がいますので、労働者間のトラブルも非常に多いという特徴があります。

　トラブルの原因は、オーナー（経営者・本部）と店長、店長とスタッフ間の意識のズレにあることが多く、店長も売上げを上げることに必死で、スタッフである労働者に対して意識が向きにくいことも原因の1つでもあります。

　店舗内でのコミュニケーションに気を配り、トラブルを先んじて把握するような仕組みも必要です。

⑹ 外国人を雇う場合の規定

　外国籍の人を雇う場合、在留カード（外国人登録証）やパスポートを採用前に確認できるように定めます。また、日本語が得意でない外国人がいる場合は就業規則を翻訳し、理解してもらう必要があります。

⑺ 門外不出の秘蔵レシピなどの情報管理

　スタッフの出入りが多かったり、調理人の独立志向も強い飲食業

ですので、レシピや店舗運営ルールなど、他店には知られたくない
ヒミツの情報管理も就業規則の重要な役割です。秘密保持の規定や
レシピの社外持ち出し禁止について規定し、万が一違反した場合の
懲罰規定も定めておきます。

(8) 食材の持ち帰りなどの内部不正への対応

　飲食店スタッフの内部不正で多いのが、残った食材を持ち帰った
り、勝手に食べてしまったり、ということです。まかない食を自分
で作って食べることが当たり前だと、食材は、商品であり店の資産
だという認識が薄くなり、このような内部不正が起こりやすいよう
です。このような不正を放っておくと、やがて、売上金など金銭横
領などの大きな不正にもつながってしまいます。この点についても
服務規定や懲罰規定で厳格に定めるようにします。

(9) 義務の明確化

　昨今は、労務提供義務を果たしていないにもかかわらず、年休な
どの労働者としての権利ばかり主張してくる者もいます。労働者に
は、労働契約により「業務命令に従い会社に協力する義務」「職場
内のルールや人間関係に気を配り、働きやすい職場を作る義務」「異
動、昇格、降格等の人事権に従う義務」「会社の利益を損害しない
義務」「働くための健康を維持する義務」などの義務を果たす必要
があります。これらの義務を果たすことを就業規則に明記し、あら
ためて理解してもらう必要があるでしょう。

小売業界

■ 業界の特徴

卸売業者や生産者から仕入れた商品を、直接、消費者に販売するの

が小売業です。スーパーマーケットやコンビニ、ドラッグストアなどは、小売業の代表的な業態だといえます。他にも、百貨店・デパート、ショッピングモール、ホームセンターなど規模の大きいものから、100円ショップ、ディスカウントストア、個人商店と、様々な店舗形態で様々な商品を取り扱います。インターネット上での販売も小売業の一形態といえます。

　仕入れた商品を消費者に販売することで、仕入価格と販売価格の差額から利益を生み出すのが小売業の基本的なビジネスモデルですが、様々な業態があり、業態によってビジネスモデルにも差があります。

② 就業規則作成のポイント

　小売業は、1店舗当たりの従業員数が10人未満であったり、商業施設に入っていたり、はたまた24時間営業を行っていたり、労働時間・休日や残業時間、さらに服務規定を工夫する必要がある業種です。

(1) 残業代の取扱い

　飲食店同様に、時給制のアルバイトには残業代を払っているけれども、店長には残業代を支払っていないケースが多いようです。小規模店舗型の小売業であれば、スタッフが少人数なので、1人あたりの残業代がかさむのを嫌がり、結果として未払いとなっていることもあります。

　労働時間の客観的管理が求められている中、残業時間の把握を徹底しながら、無駄な作業がないか、省力化できるところはないかなど改善を重ねていくようにしましょう。

(2) 労働時間や休日の規定

　商業施設などに入っている場合は、定休日がない場合もありますが、シフト制で休日を設定していたり、スタッフ人数が不足している際には、振替休日（代休ではない）を就業規則に規定した上で、

運用を徹底します。結果として残業代の削減にもつながり、労働者の休日もしっかり確保することができます。

　なお、1店舗当たりの労働者数が10人未満の小売業では、労働時間の特例（1週44時間特例や1週間単位の変形労働時間制）が適用できます。特殊な労働時間制ですので、就業規則の賃金規定で割増賃金の計算ルールも定め、労働者が理解できるようにします。

⑶ 健康診断や長時間労働時の医師の面談

　小売業は、営業時間が長く、一律に休憩が取れないので、どうしても長時間労働になりがちです。

　過労死や過労で病気になり障害が残るケースでは、会社の安全配慮義務違反により、損害賠償責任が生じることもあります。健康診断の結果や、長時間労働時の医師の面談を具体的に定め、かつ運用も徹底し、健康管理上のリスクを軽減するようにします。

　商業施設に入っている場合は、施設側の健康診断を受診できることもあるなど、比較的健康診断を受けやすい環境にあります。どういった場合でも、一定数、健康診断を受診しない労働者がいるので、健康診断の受診は労働者の義務であると就業規則に明確に規定すべきでしょう。また現実的には、健康診断を受診しない労働者に対して懲戒処分を行うことはありませんが、抑止力も考え、懲戒規定に健康診断未受診者の罰則も定めます。

⑷ 接客や身だしなみ

　小売業では、接客時の行為や身だしなみに関する内容を具体的に定めておきます。「こういう服装は禁止」「制服着用」「髪の色、マニキュアの可否・色」など細かい規定はマニュアル等に定めるとして、服務規律に一定事項を定めておき、健康診断と同様に、懲罰規定でも具体的に定めておきます。

⑸ デベロッパーの規則遵守

　商業施設などに入っている場合には、施設ごとに館内ルールが異なるので、各施設のルールを遵守するよう服務規定や懲戒規定を定めることも検討します。

第5章

付属規程の概要

この章では、就業規則に付属する規程について説明します。本来であれば、就業規則へ統一的に定めるのが基本となりますが、規定する内容が複雑・多岐にわたるようになり、また、職種ごとや雇用形態に応じた就業規則を作成することも多いことから、必要に応じて付属規程として作成をします。

ちなみに、付属規程についても、就業規則と同様の法的手続きを求められ、従業員への周知、労働者代表の意見聴取と労働基準監督署への届出が必要です。

（付属規程のひな型については、ダウンロードできます **DL⬇** ）

　育児・休業休業規程は、就業規則本則からの委任に基づいて定められる規程です。

　育児休業、介護休業、子の看護休暇、介護のための休暇は、労基法89条1号の休暇に該当するものであり、短時間勤務制度は同法の始業及び終業の時刻の規定であることから、これらは就業規則の絶対的必要記載事項と考えます。育児・介護休業法に基づく諸制度は、厚生労働省告示（平21厚労告509）でも、<u>労働者がこれを容易に取得できるようにするため、あらかじめ制度が導入され、規則が定められるべきものである</u>とされています。

(1) 仕事と家庭の両立支援を進めていくことが重要

　育児・介護休業法は、仕事と家庭生活の両立との趣旨から男女の区別なく各種制度を定めており、均等法でも法改正を重ね、セクシュアルハラスメントの対象が女性に限らず男性も含まれるなど、男女平等の取扱いが進められています。しかし、次世代の育成という育児の問題や、先世代の介護という問題は、未だ女性が担うことのほうが多い現状といえます。

　雇用面では、少子化の急速な進行による労働力人口の減少が、社会経済に深刻な影響を与えます。一方で、子どもを生み育て、家庭生活を豊かに過ごしたいと願う人々は男女ともに多いにも関わらず、こうした人々の希望が実現しにくい状況がみられます。

　持続可能で安心できる社会をつくるためには、「就労」と「結婚・出産・子育て」、あるいは「就労」と「介護」の「二者択一構造」を解消し、「仕事と生活の調和（ワーク・ライフ・バランス）」を実現することが必要不可欠です。一人ひとりの生き方や子育て期、中高年期といった人生の各段階に応じて、男女ともに多様な働き方の選択を可

能とする社会とすることが、人々の希望の実現となるとともに、企業
や社会全体の明日への投資であり、活力の維持につながります。

　そのためには、すべての労働者を対象に、長時間労働の抑制等、仕
事と生活の調和策を進めていくとともに、特に、子育てや介護など家
庭の状況から、時間的制約を抱えている時期の労働者を対象に、仕事
と家庭の両立支援を進めていくことが重要です。

(2) 育児・介護休業法等関連法の改正

　こうした中、子が保育所などに入所できず男女労働者が退職を余儀
なくされる事態を防ぎ、さらに、育児をしながら働く男女労働者が育
児休業などを取得しやすい就業環境の整備等を進めていくため、育児・
介護休業法が改正され、2017（平成29）年10月1日から施行されま
した。

　この改正により、子が保育所等に入れない場合、最長2歳まで育児
休業の再延長が可能になり、法律で定める制度はさらに充実したもの
となりました。また、子どもが生まれる予定の労働者に、育児休業等
の制度等を知らせることや、未就学児を育てながら働く方が子育てし
やすいよう、育児に関する目的で利用できる休暇制度を設けることが、
事業主の努力義務として創設されました。

　また、職場におけるハラスメント防止対策を強化するため、国、事
業主及び労働者の責務の明確化や、職場における育児休業等に関する
ハラスメント相談したこと等を理由とする不利益取扱いの禁止等を内
容とした労働施策総合推進法の改正が、2020（令2）年6月1日から
施行されています。

　さらに、育児や介護を行う労働者が「子の看護休暇」や「介護休暇」
を柔軟に取得することができるよう、2021（令3）年1月1日から「子
の看護休暇」及び「介護休暇」が時間単位で取得できるようになりま
した。

⑶ 令和３年改正法　男性育休取得の促進へ

　男性の育児休業取得をより促進するために、出生直後の時期における柔軟な育児休業の枠組みの創設がされました。

　2022（令4）年４月１日から、育児休業を取得しやすい雇用環境整備及び妊娠・出産の申出をした労働者に対する個別の周知・意向確認の措置の義務付けとし、①育児休業の申出・取得を円滑にするための雇用環境の整備に関する措置、②妊娠・出産（本人または配偶者）の申出をした労働者に対して、事業主から個別の制度周知及び休業の取得意向の確認のための措置を講じることが義務化されます。

　また、有期雇用労働者の育児休業及び介護休業の取得要件のうち、「事業主に引き続き雇用された期間が１年以上」という要件が廃止されます（労使協定の締結により、無期雇用労働者と同様に、事業主に引き続き雇用された期間が１年未満である労働者を対象から除外することは可能です）。

　この改正では、公布後１年６か月以内の発令日に、以下の仕組みを導入するとされています。

①　男性の育児休業取得促進のための子の出生直後の時期における柔軟な育児休業の枠組みの創設
　・子の出生後８週間以内に４週間まで取得が可能
　・休業の申出期限は、原則休業の２週間前まで（現行の申出期限１か月前よりも短縮）
　・２回まで分割して取得が可能
　・労使協定を締結している場合に、労働者と事業主の個別合意により、事前に調整した上で休業中に就業することを可能とする
②　上記の新制度とは別に、分割して２回まで育児休業の取得が可能
③　１歳以降に延長する場合の育休開始日を柔軟にする

ハラスメント防止規程　DL⤓

　ハラスメント防止規程は、職場での各種ハラスメント（パワーハラスメント、セクシュアルハラスメント、マタニティハラスメント等。以下「パワハラ」「セクハラ」「マタハラ」といいます。）を防止するために、従業員が遵守するべき事項を定めたもので、正社員だけではなく、契約社員等の非正規社員及び派遣労働者も含まれるものとしています。

　職場での様々なハラスメントは、働く人が能力を十分に発揮することの妨げになることはもちろん、個人としての尊厳や人格を不当に傷つける等の人権に関わる、許されない行為です。また企業にとっても、職場秩序の乱れや業務への支障が生じ、せっかく採用した貴重な人材の損失につながり、社会的評価にも悪影響を与えかねない大きな問題です。

　職場のパワハラについては、2020年に厚生労働省が実施した「職場のパワーハラスメントに関する実態調査」によると、セクハラ、パワハラ及び顧客等からの著しい迷惑行為について、過去3年間での勤務先での経験有無・頻度を聞いたところ、各ハラスメントを一度以上経験した者の割合は、パワハラが31.4％、顧客等からの著しい迷惑行為が15.0％、セクハラが10.2％でした。パワハラの経験割合は、2016年度の調査結果から1.1ポイント減少しています。

　また、コロナ禍前後での顧客等からの著しい迷惑行為の増減については、「コロナ禍以前と変わらない」が最も多く、コロナによる影響がそれほど多くない状況がみられます。

　ハラスメントを受けた後の行動として、パワハラ、セクハラでは「何もしなかった（パワハラ35.9％、セクハラ35.8％）」の割合が最も高く、一方、顧客等からの著しい迷惑行為では、「社内の上司に相談した

48.4％」の割合が最も高く、次いで「社内の同僚に相談した34.0％」が高くなっています。

　パワハラ、セクハラ、顧客等からの著しい迷惑行為のいずれにおいても、勤務先が各種ハラスメントの予防・解決に向けた取組みをしているという評価（勤務先の取組評価）が高いほど、「社内の同僚に相談した」等の割合が高くなっています。

　依然としてハラスメントが減らない状況の中、2019（令和元）年に「女性の職業生活における活躍の推進に関する法律等の一部を改正する法律」が成立し、これにより、労働施策総合推進法が改正され、職場におけるパワハラ防止対策が事業主に義務付けられました。併せて、男女雇用機会均等法及び育児・介護休業法においても、セクハラやマタハラに係る規定が一部改正され、今までの職場でのハラスメント防止対策の措置に加えて、相談したこと等を理由とする不利益取扱いの禁止や、国、事業主及び労働者の責務が明確化されるなど、防止対策の強化が図られました。

ストレスチェック規程　　　　　　　　DL⬇

　労働者数が50人以上（派遣労働者やパートタイム労働者を含む）の事業場は、自社の労働者に対して、ストレスチェックを実施する必要性があります。これはストレスチェック制度によるもので、安衛法66条の10によって実施が義務付けられているものです。ただし、「ストレスチェックの規定を作成する」という法令上の義務はありません。

　しかし、ストレスチェックの結果として、高ストレス者と判定された従業員には、産業医面談の勧奨や就業上の措置を行う必要があります。また、外部業者を利用したストレスチェックでは、個人情報の取扱いを厳格に定めることも必要です。

　こうした理由から、ストレスチェックに関する社内規定を明文化しておくことが、厚生労働省のストレスチェック指針では推奨されています。

　ストレスチェックの規程を作成する際に、事前に以下の8つのポイントを押さえておきましょう。

⑴ ストレスチェックは、誰に実施させるのか？

　ストレスチェック制度の実施者は、事業場で選任されている産業医を基本とします。理由としては、ストレスチェック後の高ストレス者対応では、選任された産業医による産業医面談が発生する可能性があるためです。産業医以外でも、外部委託の医師や保健師、厚生労働大臣の定める研修を受講した看護師や精神保健福祉士を指名できます。ストレスチェックの実施を外部業者に委託する場合でも、自社の産業医（または産業保健スタッフ）を共同実施者とします。

　また、ストレスチェックの調査票の回収やデータ入力・集計といった実施者をサポートする実施事務従事者も定めます。実施者や実施事務従事者は、ストレスチェックの受検結果を取り扱うため、労働者の人事に関わる権限（異動・昇進・解雇など）を持つ者はなれません。

⑵ ストレスチェックは、いつ実施するのか？

　ストレスチェックは1年以内ごとに1回行うことと決められています。

　衛生委員会による調査・審議によっては、1年以内に複数回実施したり、ストレスの高まりやすい繁忙期に配慮したりすることも可能です。

⑶ どんな質問票を使って、ストレスチェックを実施するのか？

　質問票には、「ストレスの原因」「ストレスによる心身の自覚症状」「労働者に対する周囲のサポート」に関する質問を含む必要があります。厚生労働省が推奨している「職業性ストレス簡易調査票（57項目）」を利用することで、法定義務を満たすことができます。

　紙の質問票では、回答や集計が煩雑になってしまうため、クラウド

サービス等のシステムを活用して実施することも可能です。ストレスチェックを実施する事業者に向けて、厚生労働省が「ストレスチェック実施プログラム」を無料で公開していますので、ぜひ活用してみてください。

⑷ どんな方法で、ストレスの高い人を選ぶのか？

回収した質問票の答えから数値を算出し、実施者がストレスの高い人を選出します。高ストレス者の選出にあたって、面談を併用するケースもあります。

ちなみに、ストレスチェックの結果は企業には通知されません。企業側が結果を知るためには、労働者本人の同意が必要となります。

⑸ 面接指導の申出は、誰にすればよいのか？

ストレスチェックを受検した結果、高ストレス者と認定された労働者は、産業医による面談を申し出ることができます。高ストレス者から申し出があった場合、人事担当者は産業医の面談日程について、申し出の後、1か月以内に調整してください。面接指導は就業時間内に行いますが、面接指導が1回で終わらず、複数回に及ぶケースもあります。

⑹ 面接指導は、どの医師に依頼して実施するのか？

高ストレス者に対する面接指導は、事業場の産業医もしくは事業場での産業保健活動に携わっている医師が望ましいとされます。この面接指導では、ストレスチェックの結果はもちろん、労働者の勤務状況や健康診断の結果を参考にするため、従業員の健康情報（要配慮個人情報）の取扱いを事前に定めておく必要があります。

支社や店舗など、労働者数が50人未満の事業場で、高ストレス者が発生した際には、産業医が選任されていないことがありうるため、産業医の在籍している産業保健総合支援センターの地域窓口を活用する方法もあります。

(7) **集団分析は、どんな方法で行うのか？**

　ストレスチェック制度では、集団分析の実施は努力義務となっているため、実施していない企業もありますが、生産性の低くなりがちな部署やストレスを感じやすい年代といった有用な情報を定量的に判定できるため、正しく実施することをおすすめします。

　集団分析を実施する際の留意点として、集計する部署やグループの人数が少ないと個人を特定できてしまうおそれがあります。集計の対象が10人未満となる場合は、他の部署やグループと統合して分析しましょう。

(8) **ストレスチェックの結果は、誰が、どこに保存するのか？**

　ストレスチェックの結果の取扱いは、個人情報取扱の観点から実施者もしくは実施事務従事者が行います。実際に結果を保存する場所は、衛生委員会を通じて事業者が決定しますが、社内の鍵付きのキャビネット内、もしくは電子化してサーバー内に保管する形が一般的です。

　どちらの方法を採用するにしても、情報漏えいのないよう、鍵やパスワードの管理、閲覧権限を慎重に取り扱わなければいけません。

　なお5年間の保存が義務付けられている書類・データは、①個人のストレスチェックの結果、②ストレスの判定、③面接指導対象の判定の3点です。受検した調査票の原本やそのコピーを保存しておく必要はありません。

　自社独自で社内規程を作成するにあたっては、以下項目をご参考ください。

1	ストレスチェックを行う目的
2	ストレスチェック制度の周知方法
3	ストレスチェック制度の実施体制

4　ストレスチェック制度の対象者

　5　ストレスチェック制度の実施時期

　6　ストレスチェック制度の具体的な実施方法

　7　ストレスチェック結果の評価方法

　8　高ストレス者の選定方法

　9　ストレスチェックの受検情報に関する取り扱い

　10　ストレスチェック結果の通知

　11　面接指導を希望する際の申出方法

　12　面接指導の実施方法

　13　ストレスチェック結果の保存方法

　14　ストレスチェック結果の利用目的

　15　ストレスチェック結果を共有できる範囲

　16　ストレスチェックの情報の開示、訂正、削除など

　17　各情報の取り扱いに関する苦情の処理方法

　18　ストレスチェック受検は任意であること

　19　受検者に対する不利益な取り扱いの防止策

　20　ストレスチェックや面接指導にかかった分の賃金の支払い

　ストレスチェックによりメンタル不調者の未然予防を達成するためにも、社内規程を整備し、できる限り、すべての従業員に受検してもらうことが重要です。

　また、ストレスチェックは、従業員の健康情報の中でももっともデリケートな情報を取り扱うものです。実施前の準備から、受検の方法、結果の回収・集計、高ストレス者へのフォローまで、規程に則って運用を行います。

感染症対策規程　DL↓

　感染症対策規程は、法律で定められている各種感染症に対して、どのような体制を設け、どういった対策を講じるのかを定めます。これまでは新型インフルエンザ対策として感染症対策を講じていましたが、現在は新型コロナウイルス感染症への対策が必要とされています。

　新型コロナウイルス感染症は、感染症法に基づく指定感染症及び検疫法に基づく検疫感染症に指定されており、この指定により、①患者に対する入院措置の指示や公費での医療提供、②医師による迅速な届出による患者の把握、③患者発生時の積極的疫学調査（接触者調査）がされ、検疫では、質問・診察・検査、消毒等が可能（隔離・停留はできない）とされています。

　企業としては、法律に基づいた感染対策を講じる必要があるため、その場凌ぎでの対応ではなく、基本方針を定めて統一的な対策を講じることが肝要です。具体的なアクションについては、規程以外に社内ルールブックを定めておき、感染拡大状況に併せて適宜見直しを行いながら運用していくのも一考です。

副業・兼業規程　DL↓

　副業・兼業を希望する人は、年々増加傾向にあります。株式会社リクルートが2020年に実施した「兼業・副業に関する動向調査データ集」によると、新型コロナウイルス感染症により、働き方やライフスタイルを見直す傾向もあってか、副業・兼業を認める人事制度があると回答した企業（全業種）は49.5％と、半数近くの企業が副業・兼業を認めています。

　労働者からすると、副業・兼業を行う理由は、「収入を増やしたい」

「1つの仕事だけでは生活できない」「自分が活躍できる場を広げる」「様々な分野の人とつながりができる」「時間のゆとりがある」「現在の仕事で必要な能力を活用・向上させる」等、様々であり、また、副業・兼業の形態も、正社員、パート・アルバイト、会社役員、起業による自営業主等、様々な形態で行われています。

　厚生労働省も、副業・兼業を行うにあたり、企業や働く人がどういう事項に留意すべきかをまとめたガイドラインを作成し、さらに、副業・兼業に関するルールを明確化するため、2020年9月にガイドラインを改定しています。

　ガイドライン改定時に、厚生労働省が用意しているモデル就業規則内の副業・兼業に関する規定も変更されています。ここでは「許可なく他の会社等の業務に従事しないこと」が削除され、競業による逸失利益に対する制限が追加されました。

　実運用では、労働者からの申告や届出等により、企業は副業・兼業内容を確認します。労働者からの申告等に際しては、副業・兼業が労働者の安全や健康に支障をもたらさないか、禁止または制限しているものに該当しないかなどの観点から、副業・兼業の内容として、次のような事項を確認することが望ましいです。

(1)基本的な確認事項
　①副業・兼業先の事業内容
　②副業・兼業先で労働者が従事する業務内容
　③労働時間通算の対象となるか否かの確認（※1）
(2)労働時間通算の対象となる場合に確認する事項
　④副業・兼業先との労働契約の締結日、期間
　⑤副業・兼業先での所定労働日、所定労働時間、始業・終業時刻
　⑥副業・兼業先での所定外労働の有無、見込み時間数、最大時間数
　⑦副業・兼業先における実労働時間等の報告の手続
　⑧上記④～⑦の事項について確認を行う頻度

※１　労基法38条１項では、「労働時間は、事業場を異にする場合においても、労働時間に関する規定の適用については通算する。」と規定されており、また「事業場を異にする場合」とは、事業主を異にする場合も含むとされています。

　　労働者が行う副業・兼業の形態によっては、企業は労働者の副業・兼業先の労働時間も通算して管理する必要が生じますので、副業・兼業の内容を事前に労使双方でしっかり確認することが重要です。

　　なお、労働時間通算の対象とならない場合においても、過労等により業務に支障を来さないよう、対象者からの申告等により就業時間を把握すること等を通じて、就業時間が長時間にならないよう配慮するようにします。

　副業・兼業の内容を確認した結果、その内容に問題がない場合は、副業・兼業の開始前に書面により労使で合意をしておくことにより、労使双方がより安心して副業・兼業を行えるようにすることも考えられます。

（参考）厚生労働省「副業・兼業の促進に関するガイドライン（2020年９月改定版）」https://www.mhlw.go.jp/content/11200000/000695150.pdf

テレワーク管理規程　DL⬇

　テレワーク管理規程を作成する際、多くは別規程として作成をします。

　通常勤務とテレワーク勤務（在宅勤務、サテライトオフィス勤務及びモバイル勤務をいう。以下「テレワーク勤務」といいます。）で、労働時間制度やその他の労働条件は同じであれば、現行の就業規則のままでもテレワーク勤務ができます。

　しかし、テレワーク勤務の従業員に通信費用を負担させたり、通勤費の取扱いが異なるなど、通常勤務では生じないことがテレワーク勤務に限って生じる場合には、就業規則の変更が必要となります。

　また、テレワーク勤務者に限ってフレックスタイム制を採用したい

場合は、既存の就業規則にその規定が定められていなければ、就業規則の変更が必要となります。

　テレワーク勤務には、在宅勤務、サテライトオフィス勤務及びモバイル勤務の３形態があると定義されています。

(1) 在宅勤務

　所属するオフィスに出勤しないで、自宅を就業場所とする勤務形態です。オフィスに出勤したり、顧客訪問や会議参加などによって外出

【テレワークの利用時間のパターン（育児期の場合）】

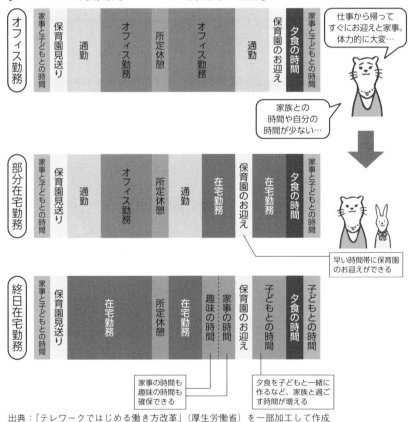

出典：「テレワークではじめる働き方改革」（厚生労働省）を一部加工して作成

することがなく、1日の業務をすべて自宅の執務環境の中で行います。通勤負担が軽減され、時間を有効に活用することができます。

- ・ 従業員のワーク・ライフ・バランスを実現する上で効果的です
- ・ 育児・介護期の従業員が、キャリアの継続を図ることができます。また、障がいなどにより通勤が困難な従業員の就労継続にも効果的です
- ・ 静かな環境を整えやすいため、集中して業務を行うことができます

⑵ サテライトオフィス勤務（施設利用型勤務）

　所属するオフィス以外の他のオフィスや遠隔勤務用の施設を就業場所とする働き方です。

　例えば、所属するオフィス以外の他のオフィスが従業員の自宅近くにある場合、そのオフィス内にテレワーク専用の作業スペースを設けることで、職住近接の環境を確保することができ、通勤時間も削減することができます。また、遊休施設や空き家などを活用して行う遠隔勤務には、組織の活性化や地方創生など、多様な期待が寄せられています。

　サテライトオフィスは、そのオフィススペースの契約形態によって、専用型と共用型に分類されます。

⑶ モバイル勤務

　移動中（交通機関の車内など）や、カフェなどを就業場所とする働き方です。営業など頻繁に外出する業務の場合、様々な場所で効率的に業務を行うことにより、生産性向上の効果があります。モバイル勤務が広がれば、わざわざオフィスに戻って仕事をする必要がなくなるので、無駄な移動時間を削減することができます。

　テレワーク管理規程を作成するに際しては、テレワークの導入目的・

対象範囲・想定される運用上の課題などを検討し、できるところから
「対象者」「対象業務」「実施頻度」を決めてトライアルを重ねながら
社内ルールとして整備をしていきます。

【テレワークの導入のプロセス】

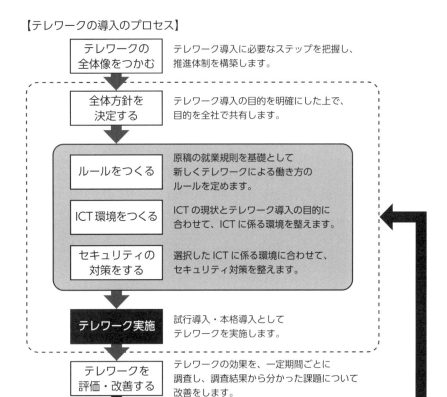

出典：「テレワーク導入のための労務管理等Q&A集」（厚生労働省）

　自社独自で社内規程を作成するにあたっては、以下項目をご参考く
ださい。

1　テレワーク勤務の対象者（全員を対象、勤続年数等に制限を設け
　　る、育児・介護・傷病等に限定する、職種、職務内容など）

2　テレワーク勤務の利用申請方法

3　テレワーク勤務時の服務規律

4　テレワーク勤務時の労働時間、休憩、休日、時間外勤務

5　テレワーク勤務時の出退勤管理

6　テレワーク勤務時の賃金、費用負担、情報通信機器等の貸与

ソーシャルメディア利用規程　DL↓

　ソーシャルメディア利用規程は、企業として、あるいは従業員自身がソーシャルメディアを利用する際の指針・ルールを定めたものです。

　企業が、ソーシャルメディア利用規程を作成するのは、ソーシャルメディアに関連したトラブルを防ぎ、企業の利益や信用を守ることにあります。

　近年、公的TwitterやInstagramなどを利用し、ユーザーやメディアとインタラクティブなコミュニケーションを楽しむ形のソーシャルメディア運用を行う企業が増えています。そこには「生活者との接点を増やし、認知拡大できる」「自社のファンを作ることができる」「生活者や他社と共創することができる」といったメリットがあります。

　その一方で、ユーザーとの距離が近いからこそ、トラブルや炎上するケースも少なくありません。ソーシャルメディアでの情報発信は、リスクもあることを理解しておく必要があります。

　また、ソーシャルメディアで発信している情報は、ユーザーやファンを含む「全世界」に向けて発信されているもので、意図しない範囲や形で拡散される可能性がある点も見逃せません。

　このようなトラブルから生じるリスクを最小限にするために、「やっていいこと・だめなこと」「トラブル発生時の対応方法」を具体的に定めているソーシャルメディア利用規程が求められます。

317

また、企業が本規程を作成する目的に「ソーシャルメディア運用の属人化を防ぐ」があります。

　1つの公的なSNSアカウントを10〜20人の大人数で運用しているケースは少なく、多くの場合、1人〜数人程度の少人数で運用しており、少人数であればあるほど、運用は属人化しやすくなります。

　属人化すると、①継続的な運用が難しくなる、②担当者が変わるたびにトーン＆マナーが変わる、③トラブルが起きたときに対応しきれない、④個人の勝手な判断で対応してしまってさらにトラブルが悪化する、などのリスクが想定されます。

　このようなリスクを回避するためにも「ソーシャルメディア利用規程」を定め、「企業として」ソーシャルメディアの運用方針やルールを明らかにしておくことが肝要です。

　ソーシャルメディア利用規程は、ソーシャルメディア運用の幅を狭める制約ではなく、むしろ積極的に利用するために定めるものになります。規程を制定して終わりではなく、社内へ確実に浸透させていく必要もあります。

　本規程をもとに、事前に十分な想定と対策をして、ソーシャルメディアの運用に取り組んでください。

【著者プロフィール】

成澤 紀美 （なりさわ きみ）

　社会保険労務士法人スマイング代表。特定社会保険労務士。弘前大学人文学部卒業。元SEの経験を生かしたIT業界特化の人事労務サービスを展開。顧問先企業はスタートアップ数名から数千名規模まで幅広く、その8割がIT関連企業。「企業と人に元気と笑顔を！〜働きたくなる社会づくり〜」をモットーに、相談しやすく分かりやすく、時に厳しいコンサルティングを心がけている。

　2018年より人事労務業務のクラウド対応支援サービスである「教えて！クラウド先生！®」を開始。2021年10月より給与計算アウトソーシングに特化した「クラウドBPO株式会社」を共同設立。企業の人事労務業務のクラウド利用を推進している。

サービス・インフォメーション
―――― 通話無料 ――――

①商品に関するご照会・お申込みのご依頼
　　　　　　TEL 0120(203)694／FAX 0120(302)640
②ご住所・ご名義等各種変更のご連絡
　　　　　　TEL 0120(203)696／FAX 0120(202)974
③請求・お支払いに関するご照会・ご要望
　　　　　　TEL 0120(203)695／FAX 0120(202)973

●フリーダイヤル(TEL)の受付時間は、土・日・祝日を除く
　9:00～17:30です。
●FAXは24時間受け付けておりますので、あわせてご利用ください。

モデル条文・チェックリストですぐできる
ポストコロナの就業規則見直しの実務

2021年12月20日　初版発行

著　者　　成　澤　紀　美

発行者　　田　中　英　弥

発行所　　第一法規株式会社
　　　　　〒107-8560　東京都港区南青山2-11-17
　　　　　ホームページ　https://www.daiichihoki.co.jp/

コロナ就業規則　ISBN 978-4-474-07635-8　C2032（6）